古代歷史文化研究輯刊

十七編

王明蓀 主編

第 5 冊

北魏與南齊、南梁戰略關係研究（下）

蔡金仁 著

國家圖書館出版品預行編目資料

北魏與南齊、南梁戰略關係研究（下）／蔡金仁 著 — 初版 —
新北市：花木蘭文化出版社，2017〔民106〕
目 12+224 面；19×26 公分
（古代歷史文化研究輯刊 十七編：第 5 冊）
ISBN 978-986-404-945-5（精裝）
1. 戰略 2. 魏晉南北朝史
618   106001379

ISBN-978-986-404-945-5

9 789864 049455

古代歷史文化研究輯刊
十七編　第 五 冊   ISBN：978-986-404-945-5

北魏與南齊、南梁戰略關係研究（下）

作　　者　蔡金仁
主　　編　王明蓀
總 編 輯　杜潔祥
副總編輯　楊嘉樂
編　　輯　許郁翎、王筑　美術編輯　陳逸婷
出　　版　花木蘭文化出版社
社　　長　高小娟
聯絡地址　235 新北市中和區中安街七二號十三樓
　　　　　電話：02-2923-1455／傳眞：02-2923-1452
網　　址　http://www.huamulan.tw 信箱 hml 810518@gmail.com
印　　刷　普羅文化出版廣告事業
初　　版　2017 年 3 月
全書字數　684234 字
定　　價　十七編 34 冊（精裝）台幣 68,000 元

北魏與南齊、南梁戰略關係研究(下)

蔡金仁 著

第十章　東西二線的衝突
——魏孝明帝前期與南梁之戰略關係（515～517）

　　魏孝明帝元詡510年（魏永平三年、梁天監九年）三月丙戌生於宣光殿東北，乃魏宣武帝唯一僅存之皇子，故於512年（魏延昌元年、梁天監十一年）十月即冊立為皇太子，時年三歲，〔註1〕而其於515年（魏延昌四年、梁天監十四年）正月即皇帝位不過六歲之齡，因此由其生母靈太后臨朝聽政。魏孝明帝自515年即位至528年（魏武泰元年、梁大通二年）遭靈太后所殺，共在位十四年，這十四年間皇權旁落，其中有權臣于忠、元叉等人的專擅，又有靈太后兩次的臨朝聽政，魏孝明帝政由己出的時間不多，其所處之朝局，乃北魏政治鬥爭相當激烈之時期。另一方面，魏孝明帝一朝內憂外患加劇，524年（魏正光五年、梁普通五年）三月沃野鎮人破落汗拔陵點燃叛亂之火，此後各地的叛亂運動風起雲湧，烽火兵災瀰漫北魏大地。正因受到內亂不斷的影響，北魏軍隊需奔赴各地鎮壓亂事，因此對南方無法採取積極的攻勢，是故魏孝明帝一朝對南梁的戰略關係，與魏宣武帝時採取積極南侵的戰略關係明顯不同，轉而以防禦態勢為主，魏軍甚少主動大舉南伐。至於南梁，正逢梁武帝尚有作為的初期與中期，因此對北魏採取積極的攻勢，不斷發兵北討，不但有區域性的邊界衝突，更有大型戰爭的爆發，頗有扭轉北強南弱態勢之意味。

〔註1〕參見《魏書》卷9〈肅宗紀〉，頁221。

　　魏孝明帝與南梁的戰略關係大致可分為前、中、後三期，前期從其 515 年（魏延昌四年、梁天監十四年）正月繼位至 517 年（魏熙平二年、梁天監十六年）九月，此時期主要是衝突的緊繃關係，不過這是為魏宣武帝做善後工作，因其後期仍與南梁在東、西兩條戰線作戰。中期則是從 517 年九月至 524 年（魏正光五年、梁普通五年）六月，北魏於 517 年九月結束與梁軍在東部戰線的衝突狀態後，魏梁戰略關係進入和緩期，雙方未見大型戰爭，不過邊界糾紛與衝突仍難避免。至於後期則是從 524 年六月迄至 528 年（魏武泰元年、梁大通二年）二月魏孝明帝遭靈太后所殺，此時期南梁利用六鎮之亂後北魏各地戰亂四起之際，開始發動一連串的攻勢，北魏與南梁戰略的關係再度進入戰爭衝突狀態，且規模與力道比前期更為強烈，所不同的是，北魏以往北強南弱的戰略優勢並未彰顯，反而是梁軍攻城掠地，魏軍陷入節節抵抗的窘境，最後甚至都城洛陽亦告淪陷，可見魏孝明帝後期乃與南梁衝突最為激烈時期。不過，雖云是魏孝明帝與南梁的戰略關係，但魏孝明帝乾綱獨斷的時間不多，北魏實權大部分操之於靈太后及權臣之手，故魏孝明帝一朝與南梁的作戰規畫與軍隊部署，以及與南梁是戰？是和？其戰略決策率多出自靈太后及其統治集團之手。

第一節　戰略環境分析

　　魏宣武帝崩逝頗為突然，北魏軍隊當時正在東部、西部兩條戰線和南梁軍隊作戰，因此當魏孝明帝繼位後，即要面對魏宣武帝末期留下來的戰爭狀態，欲繼續與南梁作戰？亦或干戈暫息緩和與南梁的戰略關係？北魏朝廷鑑於主少國疑，政治局勢不穩，決定中止東、西兩條戰線與南梁的軍事對峙，不願繼續與南梁作戰。不過停止軍事衝突並非單方面即可決定，若梁軍不斷北侵，北魏自然要予以反擊，如此衝突必然持續。而梁武帝顯然不願因北魏國喪而停止衝突，雙方的戰火仍然延續。因此，魏孝明帝前期與南梁的戰略關係，可謂繼承了魏宣武帝末期與南梁的衝突，不過此時的戰略環境與魏宣武帝時已有極大不同，因為魏宣武帝猝逝，魏孝明帝又是幼主繼位，政治局勢陷入紛亂與不安，史載：「世宗（魏宣武帝）夜崩，時事倉卒，高肇擁兵於外，肅宗（魏孝明帝）沖幼，朝野不安。」〔註 2〕影響朝野不安的政治因

〔註 2〕《魏書》卷 19 中〈景穆十二王中・任城王雲附子澄傳〉，頁 473。

素有：在魏宣武帝一朝權傾內外的高肇是否會以所領十萬兵馬掀起亂事？而魏孝明帝僅有六歲，皇權勢必由他人執掌，是魏宣武帝皇后高氏？或魏孝明帝生母當時僅爲貴嬪的胡充華？還是其他權臣？可見魏宣武帝崩逝後的權力轉移充滿變數，而這些變數會造成戰略環境的改變，進而影響北魏與南梁在東、西部戰線的戰略關係。至於南梁，雖然梁武帝崇尚佛教，但是也未見「禮不伐喪」的堅持，不過他也未趁北魏政治動盪時刻發動大規模的北伐，與北魏的衝突仍局限在區域戰爭層次。

一、魏宣武帝猝逝

　　515 年（魏延昌四年、梁天監十四年）正月丁巳，魏宣武帝突然猝逝於式乾殿，〔註3〕這無疑爲北魏政局投下一顆震撼彈。魏宣武帝駕崩的頗爲突然，史載：「世宗夜崩，時事倉卒。」〔註4〕而在其崩逝前三天的甲寅日，《魏書・世宗紀》載「帝不豫。」〔註5〕不過三天時間便猝逝，史書未載是何病因，故不知其是何病症而亡。即便他自己也未意料會突然猝逝，因爲他當時僅三十三歲，正當青壯年，自認雖有病疾，應是普通病症休養後即可痊癒，故他並未安排顧命大臣輔政。若魏宣武帝意識自己不久人世，以太子元詡僅六歲之齡，繼位後必然無執政能力，按理魏宣武帝會安排輔政團隊或顧命大臣，然其並未作如此安排，可見應是患了突發性疾病，以致讓他措手不及未對身後事做任何布局。其實魏宣武帝的身體狀況實有跡可尋，《魏書・王顯傳》載：〔註6〕

> 世宗自幼有微疾，久未差愈，顯攝療有效，因是稍蒙眄識。……出入禁中，仍奉醫藥。賞賜累加，爲立館宇，寵振當時。延昌二年秋，以營療之功，封衛南伯。

御醫王顯因醫術精湛深得魏宣武帝信任，且在魏宣武帝未出世前即展現高超醫術：〔註7〕

> 初文昭皇太后之懷世宗也，夢爲日所逐，化而爲龍而繞后，后寤而驚悸，遂成心疾。文明太后敕召徐謇及（王）顯等爲后診脈。謇云是微風入藏，宜進湯加針。顯云：「案三部脈非有心疾，將是懷孕生

〔註3〕參見《魏書》卷8〈世宗紀〉，頁215。
〔註4〕《魏書》卷19中〈景穆十二王中・任城王雲附子澄傳〉，頁473。
〔註5〕《魏書》卷8〈世宗紀〉，頁215。
〔註6〕《魏書》卷91〈術藝・王顯傳〉，頁1969。
〔註7〕《魏書》卷91〈術藝・王顯傳〉，頁1968～1969。

男之象。」果如顯言。

另一位北魏宮廷御醫徐謇，曾有「徐謇當世之上醫也」〔註8〕之美譽，但是高氏起初懷魏宣武帝時，徐謇並未能診斷出來，反而是王顯斷定高氏懷孕且是龍子，這段往事在魏宣武帝成長過程中，可能從其母高氏口中得知，或是從宮廷軼事中獲知，因此對王顯的醫術頗為信任。而據前引文可知，「世宗自幼有微疾。」是靠王顯的醫治才漸有效果，史書未載微疾是何病症，但是由此亦可知魏宣武帝自幼即被某種病症所苦。加上在 513 年（魏延昌二年、梁天監十二年）王顯「以營療之功，封衛南伯。」可證魏宣武帝長期患有病疾，且由王顯負責治療，所以才因醫治之功封衛南伯，而這已是魏宣武帝駕崩前兩年之事。當然，也有可能王顯無法完全治癒魏宣武帝所患之疾，以致在兩年後再次發病，而這次卻藥石罔效而駕崩了。

　　魏宣武帝可能認為這次病症應該還是能在王顯的醫治下康復，故未對其身後之事預作安排，導致政局出現動盪，北魏朝廷成為各方勢力競逐之所。太子元詡雖在崔光、于忠、王顯、侯剛等四位大臣擁戴下繼位，但因其僅有六歲，且生母胡充華僅為貴嬪，〔註9〕後宮地位不高，遂啓權臣竊奪大政之機。而在擁立魏孝明帝的四位大臣中，其官銜分別為：侍中、中書監、太子少傅崔光；侍中、領軍將軍于忠；太子詹事王顯；太子中庶子侯剛。〔註10〕從四人的官銜可看出兩個現象，其一：太子少傅崔光、太子詹事王顯、〔註11〕太子中庶子侯剛，這三人都與太子關係密切，他們出來力保元詡登基也是情理之中。其中侯剛尚為右衛將軍，右衛將軍乃禁衛武官統領禁軍；〔註12〕崔光

〔註8〕《魏書》卷21下〈獻文六王・彭城王勰傳〉，頁574。

〔註9〕《魏書》卷13〈皇后傳〉，頁321載：「高祖改定內官，左右昭儀位視大司馬，三夫人視三公，三嬪視三卿，六嬪視六卿，世婦視中大夫，御女視元士。」貴嬪應是在六嬪之列，其上尚有三嬪、三夫人、左右昭儀、皇后等，可見胡貴嬪在當時北魏後宮的品秩並不高。

〔註10〕參見《魏書》卷108之4〈禮志四〉，頁2806。

〔註11〕《魏書》卷91〈術藝・王顯傳〉，頁1969載：「（王）顯前後歷職，所在著稱。……後世宗詔顯撰藥方三十五卷，班布天下，以療諸疾。東宮既建，以為太子詹事，委任甚厚。」可見王顯不僅醫術深得魏宣武帝信任，其本人亦深獲寵信，否則也不會在東宮時就任命王顯為太子詹事，等於東宮總管，管理東宮大小事宜。

〔註12〕《魏書》卷93〈恩倖・侯剛傳〉，頁2004載：「侯剛，字乾之，河南洛陽人，其先代人也。……（魏宣武帝）詔曰：『……其以剛為右衛大將軍。』後領太子中庶子。」右衛大將軍之「大」字當為衍字，詳見《魏書》卷93，〈校勘記〉8，頁2004所載：「其以剛為右衛大將軍。《墓誌集釋侯剛墓誌》圖版二四九之二稱『延昌元年，進右衛將軍。』按此時左、右衛將軍不見加『大』之例，

又為侍中、中書監，典掌機要負責詔書起草與下達，官位最隆權勢最大。其二：于忠為領軍將軍，領軍將軍一職在魏孝文帝官制改革時被賦予執掌禁軍大權的職能，〔註13〕負責宿衛宮廷安全，故任領軍將軍者，即掌握禁軍兵權，可見于忠為四位大臣中最具實力者。

　　分析四位擁立大臣的官銜與權力可發現，侍中一職因接近皇帝權力核心，容易造就權臣的出現。北魏自魏宣武帝以後，中書事移門下，門下總攬尚書奏事與草詔出詔於一省，成了唯一的決策機構，侍中權力日漸提升。〔註14〕而崔光和于忠二人皆為侍中，可見二人能參決國政與掌握皇帝詔令。至於掌握禁軍兵權的領軍將軍于忠與右衛將軍侯剛，于忠是禁軍最高指揮官，而侯剛則隸屬其下。魏孝文帝改革時在領軍將軍之下設左、右衛將軍，左、右衛將軍是僅次於領軍將軍的禁軍武官。〔註15〕由此可見，于忠既是侍中又是領軍將軍，權勢最大又手握禁軍兵權，在掌握軍政大權的情形下，便容易擅權攬政，「（于）忠既居門下，又總禁衛，遂秉朝政，權傾一時。」〔註16〕四人中王顯僅為太子詹事，未能參預國政且未掌兵權，故實力與影響力最小。崔光雖為侍中身處決策核心，但他未控有武力，不過空有威望罷了。至於侯剛雖是右衛將軍，但他仍隸屬于忠麾下，且未兼侍中一職，故無法參預朝政。綜上可知，于忠最具權勢與實力，而魏宣武帝並未安排顧命或輔政大臣，值此北魏朝廷的權力空窗期，遂為于忠的專權提供了絕佳的時機與環境。若魏宣武帝安排宗室元老或重臣輔政，則這些人便擁有協助魏孝明帝理政的正當性與合法性，可壓制其他勢力的蠢動，而在魏宣武帝未有這些規劃之時，北魏朝廷便成為各方勢力競逐之所，權勢、實力強者便能脫穎而出掌握大權，于忠便是一例。

二、靈太后臨朝聽政

　　靈太后胡充華為安定臨涇（今甘肅鎮原）人，其父胡國珍、祖父胡淵，

　　　下文說『熙平中，除左衛將軍』，也不加『大』，這裏「大」字當衍。」
〔註13〕參見張金龍，《魏晉南北朝禁衛武官制度研究》下冊，第十八章〈北魏後期禁衛武官制度〉，頁760～761。
〔註14〕參見筆者著，《北魏皇位繼承不穩定性之研究》（臺北：花木蘭文化出版社，2010年9月），頁210。
〔註15〕參見張金龍，《魏晉南北朝禁衛武官制度研究》下冊，第十八章〈北魏後期禁衛武官制度〉，頁778。
〔註16〕《魏書》卷31〈于栗磾附忠傳〉，頁743。

〔註17〕胡淵曾爲赫連屈丐給事黃門侍郎，魏太武帝平統萬時降北魏。〔註18〕
安定胡氏於北魏並非高門大族，故胡充華雖入後宮且爲魏宣武帝誕下皇子元
詡，之後元詡又被立爲太子，然胡充華不過是貴嬪而已，可見她在北魏朝廷
及後宮並未受到太多重視。再從另一事件觀之，魏孝明帝於 515 年（魏延昌
四年、梁天監十四年）正月丁巳即皇帝位後，〔註19〕於「二月庚辰，尊皇后
高氏爲皇太后。……己亥，尊胡充華爲皇太妃。」〔註20〕高皇后乃高肇姪女，
魏宣武帝表妹，「宣武皇后高氏，文昭皇后弟偃之女也。世宗納爲貴人，……
後拜爲皇后，甚見禮重。」〔註21〕高氏乃魏宣武帝正宮皇后，被尊爲皇太后
理所當然，但是胡充華乃新君生母，卻僅尊爲皇太妃而非皇太后，可見在魏
孝明帝初即位時刻，胡充華仍和魏宣武帝朝一樣並未遭受太多關注，甚至在
魏宣武帝猝逝的動盪時刻，因其在朝中無任何親信勢力，差點捲入政治鬥爭
而遭殺害。

　　胡充華在魏孝明帝甫繼位的北魏政治亂象中，能從一開始不被重視至最
後臨朝聽政，實得利於其先後排除「名」、「實」兩大障礙：名者，乃高氏及
其所屬的高肇集團；實者，則爲大權獨攬的于忠，而這兩項障礙的剷除，皆
非胡充華發動，反而是時勢所趨被動配合。所謂名正而言順，當高氏得知魏
宣武帝猝崩、魏孝明帝順利繼位後，由於胡充華乃魏孝明帝生母，高氏爲防
日後出現兩個太后威脅自己的地位，以及爲鞏固自己權力爲臨朝聽政做準
備，遂決定殺胡充華。胡充華於北魏朝廷、後宮無親信亦無政治勢力，根本
無法和高氏抗衡，故極有可能遭到高氏殺害，幸而于忠、崔光等人決定伸出
援手，使其免於遭高氏所殺。其實當時于忠可以不用理會胡充華任由高氏殺
之，然爲何于忠、崔光等人要在高氏和胡充華間選擇胡充華，原因很簡單，
因其魏孝明帝生母身分，是當時唯一可與高氏具魏宣武帝皇后之名望抗衡
者。高肇係因魏宣武帝母舅的關係而得寵信，〔註22〕魏宣武帝因其生母早卒，

〔註17〕《北史》作胡深，避唐高祖李淵諱。參見《北史》卷 80〈外戚‧胡國珍傳〉，
　　　　頁 2687。
〔註18〕參見《魏書》卷 83 下〈外戚傳下〉，頁 1833。
〔註19〕參見《魏書》卷 9〈肅宗紀〉，頁 221。
〔註20〕《魏書》卷 9〈肅宗紀〉，頁 221。
〔註21〕《魏書》卷 13〈皇后‧宣武皇后高氏傳〉，頁 336。
〔註22〕《魏書》卷 83 下〈外戚下‧高肇傳〉，頁 1829 載：「高肇，字首文，文昭皇
　　　　太后之兄也。自云本勃海蓨人，五世祖顧，晉永嘉中避亂入高麗。父颺，字
　　　　法脩。……（魏孝文帝）遂納颺女，是爲文昭皇后，生世宗。颺卒。景明初，

故將對生母的眷戀轉移至高肇身上，而高肇深得魏宣武帝信賴後，開始結黨形成高肇集團，北魏朝廷盡爲高肇勢力。如果于忠、崔光等人聽任高氏殺了胡充華，則魏孝明帝幼主繼位，高氏以皇太后之姿臨朝聽政乃理所當然，而北魏朝廷本來即爲高肇集團政治勢力所籠罩，如此一來，政權定落入高肇集團之手，其政治勢力必然較魏宣武帝時有過之而無不及。而高肇藉由魏宣武帝的寵信，將反對自己的力量，不論是宗室諸王或代人貴族，都予以殘酷的打擊，因此反對高肇的力量逐漸集結形成反高肇集團。而今魏宣武帝崩逝，正是清除高肇集團的大好時機，若讓高氏如願臨朝聽政，則高肇集團政治勢力勢必延續，反高肇集團將繼續遭受打壓與迫害，因此集結在崔光、于忠周圍的反高肇集團，決定出手干預，遂由控制禁軍的于忠將胡充華遷移至安全處所，並派兵保護。

崔光、于忠等人會支持胡充華，乃因其出身不高，安定胡氏雖是北地大姓，但在全國影響力不大，無法和河北大姓相比，加上胡充華在北魏朝廷並無任何政治勢力與親信，于忠及反高肇集團爲了自身的政治利益與政治算計，認爲控制胡充華較高氏容易得多，而且一旦胡充華被殺，高氏成爲唯一一位皇太后，反高肇集團欲利用胡充華爲魏孝明帝生母這張王牌抗衡高氏的計畫恐將落空，因此必須確保胡充華性命無虞始能與高氏對抗。

高肇能擁有龐大政治力量乃魏宣武帝寵信，而其權力來源消失後，欲維持其政治勢力恐有困難。魏宣武帝崩逝時，高肇爲平蜀大都督領兵在外，無法在朝中應變，且禁軍又控制在于忠手中，皇后高氏身邊無兵無將，因此于忠等人能從容布置消滅高肇集團之計畫。而高肇面對這種變局，惶惶無計，《魏書‧高肇傳》載：〔註23〕

> 世宗崩，敕罷征軍。肅宗與（高）肇及征南將軍元遙等書，稱諱言，以告凶問。肇承變哀愕，非唯仰慕，亦私憂身禍，朝夕悲泣，至于羸悴。

據上可知高肇毫無政治應變能力，面對政治變局，未思如何自保，只能「朝夕悲泣」而「私憂身禍」。高肇在 515 年（魏延昌四年、梁天監十四年）二月回到洛陽，當時距魏宣武帝崩逝已一個月，掌控大權的于忠早利用這一個月時間從容布置，故高肇完全沒有任何反抗能力，反高肇集團隨即以魏孝明帝

世宗追思舅氏，徵肇兄弟等。」
〔註23〕《魏書》卷 83 下〈外戚下‧高肇傳〉，頁 1830～1831。

名義下詔賜死，「（二月）辛巳，司徒高肇至京師，以罪賜死。」〔註24〕隨後高肇集團的黨羽也一一遭到清算，最後已為皇太后的高氏，也在次月被迫出家為尼，「居瑤光寺，非大節慶，不入宮中。」〔註25〕高肇集團勢力徹底遭到清除。

胡充華雖為魏孝明帝生母，有望以太后身份臨朝聽政，但是在高肇集團覆滅後，北魏大權落入于忠手中，他並沒有馬上尊胡充華為皇太后，仍將她止為皇太妃，因為一旦尊為皇太后，她便擁有北魏朝廷最高的名望，雖未具實權，但仍會對自己的專權造成妨礙，故于忠將胡充華的政治地位暫時凍結在皇太妃。

北魏朝廷剛剷除權臣高肇，但是于忠的專權卻造就另一個權臣出現，「（于）忠秉權門下，且居宰執，又總禁旅，為崇訓衛尉，身兼內外，橫干宮掖。」〔註26〕當時的北魏朝廷並無人可制衡于忠，即便擁立魏孝明帝四大臣中的崔光，雖能參贊機要，然其面對于忠的權勢也只能選擇妥協，「于忠擅權，（崔）光依附之。」〔註27〕于忠畢竟是武將出身，政治歷練不足，在集中權力過程中一味整肅反對派，此作為與高肇何異？因此引起了宗室、朝臣的不滿，然而于忠並未順勢疏導，反而用高壓手段持續打擊，最後竟然矯詔殺尚書裴植、尚書左僕射郭祚及都水使者杜陵、韋儁等大臣，〔註28〕連高陽王元雍亦差點被殺，「（于忠）廢雍以王歸第。……忠尋復矯詔，將欲殺雍，以問侍中崔光，光拒之，乃止。」〔註29〕于忠矯詔殺宗室、大臣引起宗室諸王及大臣的不滿，于忠在大失人心情況下，其專權基礎已搖搖欲墜。而于忠為了挽救危機，希望能繼續保有權力並操控政局，他想到加強自己威望與權勢的辦法，即是透過控制胡充華，讓其擁有皇太后尊號，以其壓制宗室及大臣。

515年（魏延昌四年、梁天監十四年）八月「丙子，尊皇太妃為皇太后。」〔註30〕就在魏孝明帝登基八個月後，胡充華終於如願成為皇太后，成為北魏

〔註24〕 《魏書》卷9〈肅宗紀〉，頁221。
〔註25〕 《魏書》卷13〈皇后・宣武皇后高氏傳〉，頁336。
〔註26〕 《魏書》卷21上〈獻文六王上・高陽王雍傳〉，頁555。
〔註27〕 《魏書》卷67〈崔光傳〉，頁1492。
〔註28〕 參見《魏書》卷71〈裴植傳〉，頁1571。《魏書》卷9〈肅宗紀〉，頁222。《資治通鑑》卷148〈梁紀四〉，武帝天監十四年，頁4616～4617。
〔註29〕 《魏書》卷21上〈獻文六王上・高陽王雍傳〉，頁555。
〔註30〕 《魏書》卷9〈肅宗紀〉，頁222。

王朝繼文明太后後第二位臨朝聽政的皇太后，因其諡號曰「靈」，〔註31〕故稱靈太后。而靈太后有皇太后之名望後，自然不願再受于忠之控制，「帝朝皇太后於宣光殿，大赦天下。」〔註32〕接受魏孝明帝朝覲及大赦天下，標誌靈太后已在行使皇太后權力脫離于忠控制。

　　靈太后的出場猶如一座燈塔，爲害怕遭受于忠迫害的王公大臣指引方向，於是宗室諸王、各方文武官員反對于忠專權的政治力量全匯聚至靈太后處，靈太后見時機成熟且于忠已漸孤立，遂開始啓用宗室諸王以抗衡于忠。同月「己丑，司徒、清河王懌進位太傅，領太尉；司空、廣平王懷爲太保，領司徒；驃騎大將軍、任城王澄爲司空。」〔註33〕經過這一系列人事調整，靈太后藉由宗室諸王鞏固自己的權力，而于忠的失勢已成定局，於是在「群臣奏請皇太后臨朝稱制」〔註34〕的情形下，靈太后於「九月乙巳，皇太后親覽萬機。」〔註35〕揭開靈太后第一次臨朝聽政的序幕。至於于忠，「靈太后臨朝，解忠侍中、領軍、崇訓衛尉，止爲儀同、尚書令，加侍中。」〔註36〕其權力遭到徹底剝奪，于忠專權時代至此結束，但是靈太后仍擔心他待在朝中恐再次爲亂，遂將其調至地方，「乃出忠使持節、都督冀定瀛三州諸軍事、征北大將軍、冀州刺史。」〔註37〕至此靈太后已盡數清除于忠之威脅。而靈太后雖然藉由臨朝聽政取得相當於皇帝之權力，但她首先需面對的，是魏宣武帝末期即與南梁在東、西戰線的軍事衝突，是要繼續作戰取得勝果；或暫停對外衝突先鞏固內部權力，端賴靈太后的戰略思維及南梁的後續動作。

三、南梁攻勢持續

　　自 515 年（魏延昌四年、梁天監十四年）正月魏宣武帝崩逝、魏孝明帝繼位，至八月靈太后臨朝聽政的這八個月間，北魏政局發生劇烈變動，權臣高肇被殺，于忠專權及其失敗被貶出朝。梁武帝面對北魏上述種種變局，似

〔註31〕　參見《北史》卷 13〈后妃上・宣武靈皇后胡氏傳〉，頁 505。《魏書》卷 13〈皇后・宣武靈皇后胡氏傳〉，頁 340。《資治通鑑》卷 148〈梁紀四〉，武帝天監十四年，頁 4618。
〔註32〕　《魏書》卷 9〈肅宗紀〉，頁 222。
〔註33〕　《魏書》卷 9〈肅宗紀〉，頁 222。
〔註34〕　《魏書》卷 9〈肅宗紀〉，頁 222。
〔註35〕　《魏書》卷 9〈肅宗紀〉，頁 222。
〔註36〕　《魏書》卷 31〈于栗磾附忠傳〉，頁 743。
〔註37〕　《魏書》卷 31〈于栗磾附忠傳〉，頁 743。

乎沒有停止對北魏的軍事動作，如東部戰線，浮山堰曾在四月時潰堤，梁武帝下令儘速修復，而在修復過程中，不僅耗費大量物力、財力，百姓也遭致大量傷亡，「負擔者肩上皆穿，夏日疾疫，死者相枕。」〔註38〕從「死者相枕」來看，受徵召前往修堰的南梁百姓傷亡不少，而犧牲如此多的百姓也未動搖梁武帝欲令浮山堰繼續運作的決心，這也表示梁武帝不會因北魏的政治變動而影響他對北魏的戰略作為。另外在西部戰線，南梁地方將領對北魏的攻擊亦未停止，同年二月，「蕭衍寧州刺史任太洪，率眾寇關城。（北魏）益州長史成興孫擊破之。」〔註39〕據上可知梁武帝的戰略思維並未改變，尤其任太洪的戰略任務是要煽動氐、羌等少數民族叛亂並襲擊魏軍，因為當時傅豎眼率魏軍經略蜀地取得不錯的成績，梁軍敗多勝少，而當魏軍因魏宣武帝崩逝撤軍北返時，任太洪遂乘機偷襲，《魏書·傅豎眼傳》：〔註40〕

> 蕭衍聞大軍西伐，遣其寧州刺史任太洪從陰平偷路入益州北境，欲擾動氐蜀，以絕運路。乘國諱班師，遂扇誘土民，奄破東洛、除口二戍，因此詐言南軍繼至，氐蜀信之，翕然從逆。太洪率氐蜀數千圍逼關城，

梁武帝在東、西戰線的戰略作為，表明其對北魏持續施加軍事壓力的決心，不會因北魏的政治變動而有所改變，尤其當蜀地的魏軍退走時，若不願繼續與魏軍衝突，實不需製造紛爭，而任太洪的襲擊及利用少數民族製造動亂，表明魏梁在蜀地的軍事衝突暫時不會有結束的跡象。

　　梁武帝雖然未停止自魏宣武帝末年以來與北魏在東、西線的軍事衝突，但似乎也未利用北魏皇位交替、權臣專擅的紛亂時刻，大舉增兵進攻北魏，何以如此？梁武帝可能有其內部與外部因素的考量。內部因素應是浮山堰這一龐大工程，已損耗南梁不少國力，財政上的負擔自不待言。另外如本書前章曾述及，民間傳言浮山堰會潰堤乃「江、淮多有蛟，能乘風雨決壞崖岸，其性惡鐵。」〔註41〕由於梁武帝深信不疑，故他並未運用正常工法修復，反而「運東、西冶鐵器數千萬斤沉之。」〔註42〕其實不只南梁，每個國家每年的鐵器產量大約有一定數量，北魏亦然。是故將這些鐵器沉於浮山堰，勢必排擠南梁其他地方鐵

〔註38〕　《資治通鑑》卷148〈梁紀四〉，武帝天監十四年，頁4615。
〔註39〕　《魏書》卷9〈蕭宗紀〉，頁221。
〔註40〕　《魏書》卷70〈傅豎眼傳〉，頁1558。
〔註41〕　《梁書》卷18〈康絢傳〉，頁291。
〔註42〕　《資治通鑑》卷148〈梁紀四〉，武帝天監十四年，頁4615。

器的需求，最直接的即是影響軍隊兵械之更新，兵械未更新，必然會影響梁軍戰力發揮。另外，徵召構築浮山堰的百姓，糧食的供應也是一大負擔，加上南梁因爲與魏軍在淮南對峙，需在淮南地區及浮山堰周遭駐紮大量軍隊，若只是軍隊的話僅供應軍糧即可，現加上浮山堰百姓的糧食及構築浮山堰所需的器械工具，這對南梁的糧食、器械等後勤供應乃一大考驗。另外，百姓的大量傷亡會造成家庭破碎、生產力量的喪失，這些都會引起社會不安，凡此種種，都是梁武帝必須考慮，一旦對北魏擴大攻勢需付出的代價。

　　至於外部因素則是北魏政局並未因內部紛亂而影響對外的團結。如尙書左僕射郭祚因厭惡、反對于忠專權，欲聯合高陽王元雍排擠于忠，「尙書左僕射郭祚、尙書裴植以忠權勢日盛，勸雍出忠。」〔註43〕郭祚最後雖被于忠矯詔殺害，但于忠並不因人廢言。郭祚曾在三月上表對淮南局勢提出警訊，其表曰：〔註44〕

> 蕭衍狂悖，擅斷川瀆，役苦民勞，危亡已兆。然古諺有之，「敵不可
> 縱。」夫以一酌之水，或爲不測之淵，如不時滅，恐同原草。宜命
> 一重將，率統軍三十人，領羽林一萬五千人，并科京東七州虎旅九
> 萬，長驅電邁，遄令撲討。

當時于忠專政，覽表後亦覺淮南局勢嚴峻，遂立即遣將增兵淮南，「魏詔平南將軍楊大眼督諸軍鎮荊山。」〔註45〕雖然是由魏孝明帝下詔，但當時國家大政操之於于忠，必然是獲于忠同意才會派楊大眼至淮南。可見郭祚不會因不滿于忠專權而棄國家安危於不顧，仍希望于忠對淮南緊繃的形勢做出處置；而于忠亦不會因郭祚反對自己而因人廢言，反而採納其議遣將淮南，嚴密監控浮山堰及梁軍的動向。由此可見北魏朝廷雖有權臣專擅，但並未有意氣之爭的情況發生，即對立者互相批評對方，將對方意見束之高閣。綜合上述，梁武帝在內外因素的考量下，擴大戰爭並未具備絕對的戰略優勢，北魏內部的政治紛擾並未影響其國防力量，對南梁的防禦也未出現空隙，而浮山堰龐大的人力、物力、財政的支出，以及淮南軍隊的軍費、軍糧等負擔，若大舉北伐，上述支出與負擔必定增加，凡此種種都是梁武帝發動大規模攻勢必須嚴肅面對的，是故維持目前的軍事力量與強度，待浮山堰能運行無礙後，再

〔註43〕《魏書》卷31〈于栗磾附忠傳〉，頁743。
〔註44〕《魏書》卷64〈郭祚傳〉，頁1425～1426。
〔註45〕《資治通鑑》卷148〈梁紀四〉，武帝天監十四年，頁4614。另參見《魏書》卷9〈肅宗紀〉，頁221。

視情況利用浮山堰水勢結合梁軍的武力發動對北魏的進攻，應是梁武帝現階段較佳的戰略選擇。

南梁欲爭奪壽春構築浮山堰的戰略計畫，以及和北魏爭奪益州，這都是魏宣武帝末期即與南梁衝突的東、西戰場，而魏孝明帝繼位後，北魏內部經過一番權力鬥爭，最後靈太后勝出臨朝聽政，掌控北魏國政。而在這段時間，北魏內部的政爭並未對南梁的戰略方針有太大改變，也未影響與南梁的作戰能力。而梁武帝也因北魏政爭並未引起大規模動亂，以及浮山堰負擔過重等因素考量下，並未趁機大舉進攻，同時也不願暫時休兵，因為如此一來費盡苦心建造的浮山堰將無法發揮功用，故仍維持既定的軍事動作，因此從魏宣武帝崩逝至靈太后臨朝聽政，戰略環境變動不大。而于忠專權、靈太后獨掌大權，基本上都繼承了魏宣武帝對南梁的戰略態度，雙方皆處於軍事對抗的狀態；至於實力對比，與魏宣武帝時相較亦改變不大，魏孝明帝前期與南梁的戰略關係仍是處於魏強梁弱的態勢。由於魏孝明帝並未親政，皇權由靈太后代為執掌，故北魏對南梁的戰略態度及戰略決策，不可能由魏孝明帝決定，必定是由靈太后拍板定案，故稱之為靈太后前期與南梁的戰略關係似乎較符合實際情形。不過封建帝制時期的主體是君主，靈太后只是代掌，同時尚要與本書前面篇章「魏孝文帝前期與南齊之戰略關係」一致，當時魏孝文帝亦未親政，由文明太后臨朝聽政，但是與南齊的戰略關係仍以魏孝文帝為名，未書文明太后，故為求其一致性及兼顧以君主為中心的封建帝制，本章仍書「魏孝明帝前期與南梁之戰略關係」較為妥適。

第二節　戰略規畫與作戰經過

北魏統治者雖然由魏宣武帝更易為魏孝明帝，但是前者末期東、西二線的軍事衝突，毫無疑問的被後者所繼承，而以靈太后為中心的北魏執政當局，在她的權力定於一尊後，開始調兵遣將，北魏與南梁在東、西兩個戰場的爭端，也到了決戰的時刻。東部戰線主要是壽春的爭奪；西部戰線則是益州地域的衝突，茲分東、西二條戰線分述之。

一、東部戰線

北魏與南梁在東部戰線的衝突，不論是梁軍的進攻與魏軍的防守，均聚

焦於壽春的爭奪，雙方戰爭過程可分爲前中後三個階段，前期爲李崇獨立抗梁；中期爲硤石之戰；後期則爲浮山堰之役。

（一）前期：李崇獨立抗梁

李崇身爲北魏揚州刺史，對南梁的節節進逼壽春，自有守土抗戰之責，但是在 515 年（魏延昌四年、梁天監十四年）九月梁將趙祖悅襲據西硤石之前，李崇面對梁軍在揚州各地的攻勢，幾乎都是以揚州的地方武力與梁軍周旋。也因李崇的指揮有方，均能擊退梁軍對揚州各城戍的進攻，反而使北魏朝廷未意識淮南戰局的嚴重性，直至南梁遣趙祖悅佔領西硤石後始知其嚴重性，遂於同月遣崔亮、蕭寶夤等率軍增援。因此可以說自 515 年正月魏孝明帝即位，至九月北魏朝廷派出援軍協防淮南地區止，這九個月時間都是李崇獨立抗戰時期。

李崇獨力抗梁的九個月，梁武帝派出多股梁軍，對淮南各城戍發動攻勢，當時的情勢頗爲嚴峻，「（梁將）田道龍寇邊城，路長平寇五門，胡興茂寇開霍。揚州諸戍，皆被寇逼。（李）崇分遣諸將，與之相持。」〔註46〕由「揚州諸戍，皆被寇逼。」即可知南梁對淮南地區的攻勢可謂鋪天蓋地而來，且攻勢不斷，「蕭衍霍州司馬田休等率眾寇建安，（李）崇遣統軍李神擊走之。又命邊城戍主邵申賢要其走路，破之於濡水，俘斬三千餘人。」〔註47〕由此可見李崇不僅能抵擋多股梁軍對各城戍的攻擊，尚能擊退來犯梁軍且俘斬三千餘人獲得不小戰績，但是隨著西硤石遭梁軍攻佔，南梁又準備以擅長的水軍進窺壽春，「及蕭衍遣其游擊將軍趙祖悅襲據西硤石，更築外城，逼徙緣淮之人於城內。又遣二將昌義之、王神念率水軍泝淮而上，規取壽春。」〔註48〕淮南局勢愈來愈危急，這已非李崇一人之力所能承擔，而北魏揚州官員見情勢漸趨不利，遂有以所屬城戍投降南梁之舉，「許昌縣令兼紵麻戍主陳平玉南引（蕭）衍軍，以戍歸之。」〔註49〕這代表南梁對淮南地區的威脅日漸加重，北魏揚州各級官員對北魏政府的向心力產生動搖，若不遏止住，恐會有其他官員或將領以城降梁，屆時不待梁軍來攻，北魏在淮南的防禦體系恐將崩盤，於是李崇一再向北魏朝廷請援，〔註50〕而甫臨朝聽政一個月的靈太后也意識

〔註46〕《魏書》卷 66〈李崇傳〉，頁 1469。
〔註47〕《魏書》卷 66〈李崇傳〉，頁 1470。
〔註48〕《魏書》卷 66〈李崇傳〉，頁 1469。
〔註49〕《魏書》卷 66〈李崇傳〉，頁 1470。
〔註50〕「（李）崇自秋請援，表至十餘。」《魏書》卷 66〈李崇傳〉，頁 1470。

到淮南戰局的嚴重性，遂派大軍增援，「詔遣鎮南將軍崔亮救硤石，鎮東將軍蕭寶夤於（蕭）衍堰上流決淮東注。」〔註51〕北魏援軍兵發二路，戰略目標分別為硤石及浮山堰，其目的不僅要收復遭梁軍攻佔的西硤石，更期望一舉摧毀浮山堰，解決壽春城的威脅，雙方於是在硤石爆發激烈戰鬥，繼之又衝突於浮山堰。而北魏援軍抵達淮南後，李崇獨立抗戰的階段至此結束，與北魏援軍合軍展開硤石之戰與浮山堰之役。

（二）中期：硤石之戰

硤石（今安徽鳳台淮河兩岸硤石山上）為壽春外圍衛星堡壘，欲攻佔壽春城需控有硤石，乃淮河中游重要的軍事鎮戍，其形勢據《水經注疏·淮水》云：「（淮河）又東過壽春縣北，……淮水又北逕山硤中，謂之硤石。（對）岸山上，結二城以防津要。」〔註52〕以淮河中流為界，西岸者謂之西硤石，其城屬下蔡；東岸者屬壽春。由此可見，西硤石遭梁軍攻陷，便能控制淮河西岸的津渡權，還能居高臨下俯瞰壽春城，故壽春需要安穩，即需奪回西硤石。

魏軍在硤石的作戰起初尚稱順利，崔亮於515年（魏延昌四年、梁天監十四年）十二月擊敗趙祖悅梁軍，《魏書·肅宗紀》：「己酉，鎮南崔亮破祖悅，遂圍硤石。」〔註53〕另據《魏書·崔亮傳》對戰鬥過程有較詳細記載：「亮至硤石，祖悅出城逆戰，大破之。賊（梁軍）復於城外置二柵，欲拒官軍（魏軍），亮焚擊破之，殺三千餘人。」〔註54〕崔亮其實並無太多領兵作戰經驗，和梁將趙祖悅初戰能大勝，實乃其別將崔延伯功勞，《魏書·崔延伯傳》：〔註55〕

> 蕭衍遣其左遊擊將軍趙祖悅率眾偷據峽石，詔（崔）延伯為別將，與都督崔亮討之。亮令延伯守下蔡。延伯與別將伊瓮生挾淮為營。延伯遂取車輪，去輞，削銳其輻，兩兩接對，揉竹為絙，貫連相屬，並十餘道，橫水為橋，兩頭施大轆轤，出沒任情，不可燒斫。既斷祖悅等走路，又令舟舸不通，由是衍軍不能赴救。

崔延伯原為南齊武將，魏孝文帝時入北魏，因其勇武且有謀略，時常領兵作戰立下不少戰功，頗獲魏孝文帝重用：〔註56〕

〔註51〕《魏書》卷66〈李崇傳〉，頁1470。
〔註52〕酈道元注，楊守敬、熊會貞疏，《水經注疏》卷30〈淮水〉，頁2522～2525。
〔註53〕《魏書》卷9〈肅宗紀〉，頁223。
〔註54〕《魏書》卷66〈崔亮傳〉，頁1478。
〔註55〕《魏書》卷73〈崔延伯傳〉，頁1637。
〔註56〕《魏書》卷73〈崔延伯傳〉，頁1636。

（崔）延伯有氣力，少以勇壯聞。……膽氣絕人，兼有謀略，所在
征討，咸立戰功。積勞稍進，除征虜將軍、荊州刺史，賜爵定陵男。
荊州土險，蠻左為寇，每有聚結，延伯輒自討之，莫不摧殄，由是
穰土帖然，無敢為患。

崔延伯阻斷淮河水道，使趙祖悅梁軍遭受魏軍攻擊時，沿淮其他梁軍無法及
時援救，更因水路被斷，趙祖悅見戰況不利欲撤退又無法順利後撤，在孤立
無援且遭魏軍截擊下，趙祖悅梁軍大敗。雖然崔亮甫與梁軍接戰即取得勝
利，但是後續殲滅梁軍的行動並不順利，其因在李崇與崔亮的不和，〔註57〕
將領不和無法齊心對外，恐使戰爭延宕甚至令梁軍反敗為勝，幸而北魏朝廷
即時於516年（魏熙平元年、梁天監十五年）正月遣吏部尚書、鎮軍大將軍
李平為行臺趕赴淮南節制各路魏軍，〔註58〕而魏軍內部整合成功後，隨即水
陸齊出大舉進攻硤石。李平「令崔亮督陸卒攻其城西，李崇勒水軍擊其東面。」
〔註59〕李平命崔亮、李崇各率不同軍種進攻硤石，其所慮者，應是懼二人因
指揮問題或作戰過程中彼此無法配合再起波瀾，而分率不同軍種即能避免不
和問題再度發生。而魏軍在李平單一指揮下，終能發揮最大戰力力挫梁軍，
「（李）崇遣李神乘鬬艦百餘艘，沿淮與李平、崔亮合攻硤石。李神水軍克
其東北外城，（趙）祖悅力屈乃降。」〔註60〕

前引文李崇的水軍是由征虜將軍、驃騎將軍李神所率，「蕭衍將趙祖悅率
眾據硤石，（李）神為別將，率揚州水軍受刺史李崇節度，與都督崔亮、行臺
僕射李平等攻硤石克之。」〔註61〕淮南地區江河交錯、水澤遍布，水軍並非
北魏強項，但李崇任揚州刺史十年，勢必因應當地水文形勢建立水軍，這支
水軍由其從弟李神統領，「（李）神少有膽略，以氣尚為名。早從征役，其從
兄（李）崇深所知賞。累遷威遠將軍、新蔡太守，領建安戍主。轉寧遠將軍、
陳留太守，領狄丘戍主。頻有軍功。」〔註62〕佔據硤石的趙祖悅梁軍實無法

〔註57〕　「（崔）亮與李崇為水陸之期，日日進攻，而崇不至。」《魏書》卷66〈崔亮
　　　　傳〉，頁1478。另李崇與崔亮不和原因，本書前章已有詳細論述，參見頁459、
　　　　477～481。
〔註58〕　「（北魏）朝廷以諸將乖角，不相順赴，乃以尚書李平兼右僕射，持節節度之。」
　　　　《魏書》卷66〈李崇傳〉，頁1470。
〔註59〕　《魏書》卷65〈李平傳〉，頁1454。
〔註60〕　《魏書》卷66〈李崇傳〉，頁1470。
〔註61〕　《魏書》卷70〈李神傳〉，頁1561。
〔註62〕　《魏書》卷70〈李神傳〉，頁1561。

抵擋水陸魏軍的合擊，而南梁見硤石情況危急亦迅速遣將赴援，《梁書·昌義之傳》：「魏又遣大將李平攻硤石，圍直閣將軍趙祖悅，（昌）義之又率朱衣直閣王神念等救之。時魏兵盛，神念攻硤石浮橋不能克，故援兵不得時進，遂陷硤石。」〔註63〕由於昌義之無法攻克浮橋，因而使其所率南梁援軍被阻絕於外，而硤石城內的趙祖悅在無法獲得外援的情況下，硤石終遭魏軍奪回，趙祖悅被斬，其餘梁軍士兵盡成俘虜，「鎮南崔亮、鎮軍李平等克硤石，斬（蕭）衍豫州刺史趙祖悅，傳首京師，盡俘其眾。」〔註64〕

硤石之戰的梁軍主要將領乃趙祖悅，他於 497 年（魏太和二十一年、齊建武四年）歸降北魏，「十有一月甲午，蕭鸞前軍將軍韓秀方、弋陽太守王副之、後軍將軍趙祖悅等十五將來降。」〔註65〕趙祖悅原事南齊，魏孝文帝時改投北魏，但不知何故、何時又回到南方，因《南齊書》、《梁書》均未為其立傳，故不知趙祖悅在南北政權間轉換之梗概，不過南北對峙期間，雙方官員、將領忽而投北、忽而降南實為常態，趙祖悅非第一人、亦非最後一人，可嘆的是，若趙祖悅於魏孝文帝時投歸北魏後不再南奔，或許可避免因事南梁而領軍投入硤石之戰遭北魏斬殺之命運。

（三）後期：決戰浮山堰

浮山堰對北魏的威脅，自梁武帝於 514 年（魏延昌三年、梁天監十三年）開始建造時即存在，所以魏、梁二軍圍繞在浮山堰周圍的衝突一直沒有停過。然浮山堰之役會列在東部戰線後期的戰爭，乃是在硤石戰後，浮山堰的整體戰略形勢有了決定性的改變。由於北魏在硤石之戰中獲勝，遂決定乘勝大舉進攻浮山堰，欲徹底解決其對壽春城的威脅，但是北魏大軍尚未南下，浮山堰已然崩塌。

梁武帝決定構築浮山堰以灌壽春時，時為北魏揚州刺史的李崇相當瞭解浮山堰對壽春的威脅，但是光憑其揚州的地方兵力，實不足以對浮山堰進行大規模的破壞，尤其李崇尚需分兵對抗梁軍對淮南各城戍的侵略，因此要他撥出部分兵力進攻浮山堰實力有未逮，故需北魏中央遣軍支援。515 年（魏延昌四年、梁天監十四年）三月尚是于忠專權時期，北魏朝廷派名將楊大眼至淮南欲解決浮山堰問題，「三月……蕭衍於浮山堰淮，規為揚徐之害，詔

〔註63〕 《梁書》卷 18〈昌義之傳〉，頁 295。
〔註64〕 《魏書》卷 9〈肅宗紀〉，頁 224。
〔註65〕 《魏書》卷 7 下〈高祖紀下〉，頁 182。

平南將軍楊大眼討之。」〔註66〕這是北魏針對浮山堰問題首次派人專責處理，而非由當地最高行政長官揚州刺史李崇負責，顯然北魏朝廷已意識到浮山堰對壽春的威脅。不過，未待楊大眼進行大規模破壞，浮山堰竟自行潰決，「夏，四月，浮山堰成而復潰。」〔註67〕按理這是北魏發動大規模破壞浮山堰的最佳戰機，但是從北魏朝廷至楊大眼並無進一步動作，原因可能有二：一為于忠的擅權專政已引起如高陽王元雍、尚書裴植、尚書左僕郭祚等宗室、大臣的不滿，北魏朝廷暗潮洶湧，于忠可能忙於處理內部紛爭，如他殺了裴植、郭祚，甚至欲殺元雍，因此暫時無暇顧及浮山堰情勢。另一為浮山堰的自然潰決，既然浮山堰能在四月潰決，難保六月、七月及往後的時間不會二度、三度潰決。事實上，浮山堰工程違背許多自然及工程規律，但是梁武帝視而不見執意為之，相信北魏應有水利工程專家看出端倪，而且一旦潰決後，南梁需耗費大量人力、物力修復，對其國家、社會是沉重的負擔。是故從楊大眼至北魏朝廷，或許都抱持這種心態，讓其自動潰決可省卻北魏在軍事上的損耗，因為此乃解決浮山堰問題的最佳方案。

不過，九月之後戰略形勢丕變，由於北魏內外情勢發生劇變，促使北魏執政當局對浮山堰不再採聽之任之態度，決定一勞永逸解決浮山堰。其中北魏內部情勢的變化是于忠專權結束，靈太后臨朝聽政，「九月乙巳，皇太后親覽萬機。」〔註68〕至於外部情勢則是壽春外圍重鎮硤石中的西硤石遭梁軍攻佔，「蕭衍遣其左游擊將軍趙祖悅偷據西硤石，眾至數萬，以逼壽春。」〔註69〕南梁佔據西硤石居高臨下對壽春形成地理優勢，再結合浮山堰水灌壽春，壽春岌岌可危，壽春危機到了需正視的時刻。而靈太后取得大權後，北魏政治情勢趨於穩定，為解決浮山堰創造了最佳時機。她派崔亮增援硤石，另遣蕭寶夤進攻浮山堰，魏梁雙方遂在東部戰線進入決戰時刻。

蕭寶夤領軍進至浮山堰，與之前北魏派駐淮南對浮山堰嚴密監控的楊大眼聯合，準備破壞浮山堰。不過二人對浮山堰的進攻與破壞似乎未達到效果，《梁書・康絢傳》：〔註70〕

　　（515、魏延昌四年、梁天監十四年）十一月，魏遣將楊大眼揚聲決

〔註66〕《魏書》卷9〈肅宗紀〉，頁221。
〔註67〕《資治通鑑》卷148〈梁紀四〉，武帝天監十四年，頁4615。
〔註68〕《魏書》卷9〈肅宗紀〉，頁222。
〔註69〕《魏書》卷65〈李平傳〉，頁1453。
〔註70〕《梁書》卷18〈康絢傳〉，頁292。

堰，（康）絢命諸軍撤營露次以待之。遣其子悦挑戰，斬魏咸陽王府
司馬徐方興，魏軍小却。十二月，魏遣其尚書僕射李曇定督眾軍來
戰，絢與徐州刺史劉思祖等距之。高祖（梁武帝）又遣右衛將軍昌
義之、太僕卿魚弘文、直閤曹世宗、徐元和相次距守。

康絢是浮山堰工程的總督導及最高指揮官，[註71]他化解了楊大眼、李曇定
等魏將對浮山堰的攻勢，而梁武帝又遣軍增援，使楊大眼無法突破梁軍的防
禦。至於蕭寶夤亦對浮山堰發動多次的攻勢，「（魏軍）夜渡淮，燒其竹木營
聚，破賊三壘，殺獲數千人。……寶夤又遣軍主周恭叔率壯士數百，夜渡淮
南，焚賊徐州刺史張豹子等十一營。」[註72]雖然蕭寶夤魏軍獲得一定勝果，
梁軍遭到不小的損傷，且成功減緩浮山堰的水勢，但是結果仍和楊大眼魏軍
一樣，依舊無法突破梁軍防線對浮山堰實施毀滅性攻擊。其間，由於蕭寶夤
迭獲勝仗，梁武帝為了減輕浮山堰的壓力，遂招降蕭寶夤，希望他能回歸南
方，同時答應將南齊國廟及其家室送還北方，不過蕭寶夤並未接受梁武帝招
降。蕭寶夤為齊明帝第六子，梁武帝乃滅亡其國之人，且梁武帝舉兵攻入建
康後，「將害寶夤。」[註73]蕭寶夤只得變裝緊急逃出，梁武帝對蕭寶夤而
言乃國仇家恨。蕭寶夤不僅未接受梁武帝招降，反而將此書信送交北魏朝
廷，[註74]藉以表達自己對北魏的忠心，梁武帝的招降之計遂告失敗。

由於魏軍多次對浮山堰的攻勢都無法發揮效果，且自515年（魏延昌四
年、梁天監十四年）四月潰決後，便未再有潰決情事發生，至少現有史籍均
未見相關記載。於是南梁上下期待的浮山堰終於在516年（魏熙平元年、梁
天監十五年）四月竣工。北魏上下對浮山堰的完工感到震驚，如此一來水淹
壽春的情況將有可能發生。不過，北魏在硤石之戰獲勝後，壽春的威脅減去
一半，正好可以集中全力解決浮山堰危機，而這也是靈太后的戰略思維，從
其在硤石戰後褒獎崔亮的璽書中即可窺知一二，「硤石既平，大勢全舉，淮
堰孤危，自將奔遁。若仍敢遊魂，此當易以立計，擒彼蟻徒，應在旦夕。」

〔註71〕「（梁武帝）假（康）絢節、都督淮上諸軍事，並護堰作，役人及戰士，有眾
二十萬。」《梁書》卷18〈康絢傳〉，頁291。
〔註72〕《魏書》卷59〈蕭寶夤傳〉，頁1316。
〔註73〕《魏書》卷59〈蕭寶夤傳〉，頁1313。
〔註74〕「寶夤之在淮堰，蕭衍手書與寶夤。……寶夤表送其書，陳其忿毒之意。朝
廷為之報答。」《魏書》卷59〈蕭寶夤傳〉，頁1316～1317。另參見《資治通
鑑》卷148〈梁紀四〉，武帝天監十五年，頁4623。

〔註75〕就當時的戰略形勢而言，的確有利北魏對浮山堰發動全面進攻，因為魏軍在東、西部戰場都取得勝利。首先是東部戰線，硤石之戰乃魏孝明帝前期非常重要的一場戰役，此戰的獲勝，證明北魏並未因內部皇位的更迭及權臣專擅等政治紛爭，影響其對南梁的軍事態勢，也未減損對外作戰的戰力，令壽春不會同時面臨硤石和浮山堰梁軍的雙重威脅，北魏在東部戰線的兵力可全力對抗浮山堰。其次是西部戰線，516 年（魏熙平元年、梁天監十五年）四月浮山堰完工之時，也是北魏在益州地域反敗為勝之時。北魏名將傅豎眼四月進入益州，連戰皆捷，各少數民族的叛亂因傅豎眼的到來紛紛停止，「（四月）豎眼入境，轉戰三日，行二百餘里，九遇皆捷。五月……民、獠聞豎眼至，皆喜，迎拜於路者相繼。張齊退保白水。」〔註76〕據前引文可知，北魏在西部戰線取得決定性勝利，內部亂事盡皆平定，僅剩驅逐入寇的梁軍，故傅豎眼魏軍可全力對梁軍作戰，不需擔憂少數民族動亂的掣肘，而根據傅豎眼的作戰態勢，必然持續對張齊梁軍施加打擊，故將梁軍逐出益州的勝利當可期待。

　　靈太后便是根據上述東、西戰場魏軍已獲優勢的戰略背景下，決定對浮山堰施以全面性的進攻，而為了避免重蹈硤石之戰將領不和的覆轍，統軍主帥必須慎選。當時北魏的揚州刺史仍是李崇，其實李崇軍事素養優秀兼之富戰略眼光，他在硤石戰後已瞭解勢必要決戰浮山堰，因此對浮山堰做了許多準備工作，為預防水淹壽春城進行多項積極性的防禦措施，以待北魏朝廷遣軍支援合力擊破浮山堰，《魏書‧李崇傳》：〔註77〕

　　（蕭）衍淮堰未破，水勢日增。（李）崇乃於硤石戍間編舟為橋，北更立船樓十，各高三丈，十步置一籬，至兩岸，蕃板裝治，四箱解合，賊至舉用，不戰解下。又於樓船之北，連覆大船，東西竟水，防賊火栰。又於八公山之東南，更起一城，以備大水，州人號曰魏昌城。

鑑於李崇的實戰經驗多、戰略素養佳、政治地位高，前文已述他十四歲即「襲爵陳留公，鎮西大將軍。」〔註78〕因此若再以崔亮之輩為主帥，領軍至淮南聯合李崇進攻浮山堰，將領不和恐再度上演，因此必須尋覓各項條件優於

〔註75〕《魏書》卷66〈崔亮傳〉，頁1478。
〔註76〕《資治通鑑》卷148〈梁紀四〉，武帝天監十五年，頁4625。
〔註77〕《魏書》卷66〈李崇傳〉，頁1470。
〔註78〕《魏書》卷66〈李崇傳〉，頁1465。

李崇之人，任城王元澄因此出線。〔註79〕元澄戰功彪炳，隨魏孝文帝南征北討，且在宗室間輩分極高，與魏獻文帝同輩，不論政治聲望、軍事威望均較李崇有過之而無不及，因此靈太后以元澄爲進攻浮山堰的最高統帥，如此布局相信必能整合淮南各地魏軍與浮山堰之梁軍決戰。詎料，正當元澄整軍待發之際，浮山堰竟潰決崩壞，《梁書‧康絢傳》：「至其秋八月，淮水暴長，堰悉壞決，奔流于海。」〔註80〕浮山堰崩壞時間南北史書略有不同，《魏書‧肅宗紀》載：「九月丁丑，淮堰破。」〔註81〕至於《資治通鑑》則與《魏書》所載相同均是九月丁丑，〔註82〕不論是八月或九月崩壞，浮山堰都僅存在百餘天，更重要的是浮山堰自己崩壞而不需北魏動用武力解決，對北魏而言乃最好結果，北魏上下都頗爲振奮，「及淮堰破，靈太后大悅。」〔註83〕對靈太后而言，浮山堰之役的勝利，徹底解決浮山堰對壽春的威脅，也使靈太后的權力更加鞏固，有利於其臨朝聽政。對北魏而言，東部戰線的軍事衝突從魏宣武帝末期綿延至魏孝明帝初期，而今北魏經由硤石之戰的勝利與浮山堰的潰決，終使雙方在淮南的對抗暫告一段落。由於南梁歷經硤石大敗與浮山堰潰決，尤其浮山堰工程耗費財力無算，潰決後對南梁百姓的生命、財產、土地等造成重大傷害，因此南梁在浮山堰潰決後，進入了戰後休整期。

〔註79〕「蕭衍於浮山斷淮爲堰，以灌壽春，乃除使持節、大將軍、大都督、南討諸軍事，勒眾十萬，將出彭宋，尋淮堰自壞，不行。」《魏書》卷 19 中〈景穆十二王中‧任城王雲附子澄傳〉，頁 476。

〔註80〕《梁書》卷 18〈康絢傳〉，頁 292。

〔註81〕《魏書》卷 9〈肅宗紀〉，頁 224。

〔註82〕參見《資治通鑑》卷 148〈梁紀四〉，武帝天監十五年，頁 4626。

〔註83〕《魏書》卷 65〈李平傳〉，頁 1454。

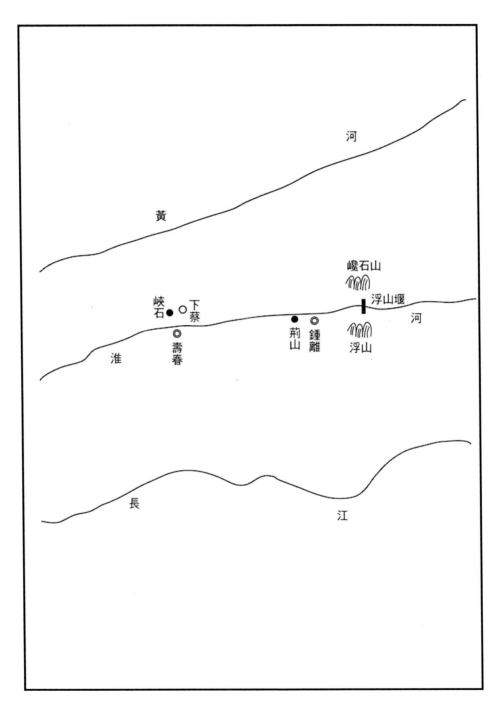

圖八：魏孝明帝前期與南梁戰爭東部戰線相關形勢圖

二、西部戰線

西部戰線的戰場主要集中在漢水上游的北魏益州地域，由於益州是氐、獠等少數民族聚居的區域，因此北魏與南梁都對該區域著力甚深，不僅攻佔對方領土，更煽動對方治下的氐、獠等少數民族製造動亂，以便趁機進攻。有鑑於益州情勢複雜，北魏與南梁對該地域皆高度重視，故均選派具政治、軍事才幹的能臣為地方軍政長官。北魏由昭武將軍、益州刺史傅豎眼經營益州；〔註84〕南梁則是信武將軍、巴西梓潼二郡太守張齊，〔註85〕故西部戰線也可稱之為傅豎眼與張齊二人的對抗。至於西部戰線的戰爭經過，則可分為前中後三期。

（一）前期：梁將襲擾邊關遭魏軍逐回

高肇十萬伐蜀大軍，在魏宣武帝死後被北魏朝廷召回，只有傅豎眼部有作戰紀錄，且獲致不錯勝果。〔註86〕而在 515 年（魏延昌四年、梁天監十四年）正月魏宣武帝崩逝至八月靈太后臨朝聽政的這段時間，北魏、南梁在西部戰線仍有不少衝突發生。二月，南梁寧州刺史任太洪領其所屬攻擊關城，〔註87〕這應只是南梁邊將與其地方部隊對北魏邊關的騷擾行動，因為未見其他南梁軍隊的配合，以及襲擊關城後，後續未見其他衝突或再襲擊北魏其他城戍。由於僅是小型的騷擾行動，故由北魏益州長史成興孫即迅速將其驅離。其實任太洪侵襲關城的行動有其前因及後續，前因是當高肇率十萬魏軍大舉西伐時，南梁面對北魏如此龐大的大軍事壓力，除了加強戰備迎戰外，更煽動氐、蜀等少數民族騷擾魏軍側翼、後方，或斷其糧道，此乃能遲滯魏軍攻擊力的戰術作為，而梁武帝命任太洪負責這項任務，「上遣寧州刺史任太洪自陰平間道入其州，招誘氐、蜀，絕魏運路。」〔註88〕不過北魏大軍尚未與梁軍爆發全面戰鬥時，即因魏宣武帝崩而班師，但是已有部分氐、蜀響應任太洪掀起亂事，因此西部戰線前期的戰事主要是氐、蜀的反叛及任太洪對關城的侵擾。任太洪對關城的進攻很快被擊退，至於氐、蜀的亂事，則有賴北魏其他地方部隊分別加以平定。《魏書・肅宗紀》：「夏四月，梁州刺史

〔註84〕《魏書》卷 70〈傅豎眼傳〉，頁 1557。另參見張光明，〈山東淄博市發現北魏傅豎眼墓志〉，《考古》，1987 年第 2 期。

〔註85〕《梁書》卷 17〈張齊傳〉，頁 282。

〔註86〕參見本書，頁 455～456。

〔註87〕參見《魏書》卷 9〈肅宗紀〉，頁 221。

〔註88〕《資治通鑑》卷 148〈梁紀四〉，武帝天監十四年，頁 4614。

薛懷古破反氐於沮水。五月甲寅，南秦州刺史崔暹擊破氐賊，解武興圍。」
〔註89〕可見在四月、五月時，北魏梁州、南秦州的地方部隊已將這些少數民族動亂分別加以平定，前期在益州的紛亂暫告結束。

（二）中期：元法僧治理無方益州危急

北魏益州刺史傅豎眼治理益州政通人和，「豎眼性既清素，不營產業，衣食之外，俸祿粟帛皆以饗賜夷首，賑恤士卒。」〔註90〕獲得少數民族的愛戴，史載其「撫蜀人以恩信爲本，保境安民，不以小利親竊。……遠近雜夷相率款謁，仰其德化，思爲魏民矣。是以蜀民請軍者旬月相繼。」〔註91〕由於傅豎眼對益州的投入與用心，使北魏在益州的統治得以鞏固。然而在擊退任太洪對關城的侵擾後，傅豎眼上表希望能離開益州回到北魏朝廷任職，「屢請解州，乃以元法僧代之。」〔註92〕北魏朝廷鑑於氐、蜀動亂已平息，益州局勢暫時穩定，故同意解除其益州刺史一職，不過並未滿足其願望調回中央，原因在於東部戰線局勢緊張，浮山堰的威脅愈來愈大，北魏朝廷需借重他的軍事長才，於是以傅豎眼爲持節、鎮南軍司，赴淮南協助鎮南將軍崔亮對梁軍的作戰。

繼任益州刺史的元法僧，乃魏道武帝三子陽平王拓跋熙曾孫。〔註93〕元法僧實爲典型的富貴宗室，並非行政幹才，他一改傅豎眼的恩撫政策，不僅嚴刑峻法更殺戮過甚，加上貪財好利，益州幾乎全境皆反，《魏書·元法僧傳》載：〔註94〕

> （元法僧）益州刺史，素無治幹，加以貪虐，殺戮自任，威怒無恒。
> 王賈諸姓，州內人士，法僧皆召爲卒伍，無所假縱。於是合境皆反，
> 招引外寇。

能將傅豎眼治理下已安穩的益州，翻轉成烽火遍地更招致梁軍入侵，元法僧難辭其咎。至於梁武帝，當然不願放過益州局勢動盪的機會，立刻對益州發動攻勢，「蕭衍遣將張齊率眾攻逼。」〔註95〕依元法僧的能力，根本無法處理

〔註89〕《魏書》卷9〈肅宗紀〉，頁222。
〔註90〕《魏書》卷70〈傅豎眼傳〉，頁1558。
〔註91〕《魏書》卷70〈傅豎眼傳〉，頁1558。
〔註92〕《魏書》卷70〈傅豎眼傳〉，頁1558。
〔註93〕參見《資治通鑑》卷148〈梁紀四〉，武帝天監十四年，頁4620。
〔註94〕《魏書》卷16〈道武七王·陽平王熙附法僧傳〉，頁394。
〔註95〕《魏書》卷16〈道武七王·陽平王熙附法僧傳〉，頁394。

內有叛亂、外有梁軍進攻的嚴峻情勢，因此梁軍攻勢開展順利，迅速攻下多座城戍，「法僧既至，大失民和。……（梁軍）入寇晉壽，頻陷葭萌、小劍諸戍，進圍州城。」〔註96〕元法僧無法抵禦梁軍攻勢，遂緊急上表請求速遣援軍，其表曰：〔註97〕

> 臣忝守邊方，變生慮表，賊眾倅張，所在強盛。統內城戍悉已陷沒，近州之民亦皆擾叛。唯獨州治僅存而已，亡滅之期，非旦則夕。……今募使間行，偷路奔告，若臺軍速至，猶希全保。

由「統內城戍悉已陷沒。」即可知益州情況異常危急，整個益州「唯獨州治僅存而已。」

　　梁軍之所以能在益州地域攻城掠地，除了因益州內部此仆彼起的亂事，使益州魏軍兵力多分無法全力防禦梁軍進攻外，另一個原因是得力於優秀的指揮官張齊。張齊自505年（魏正始二年、梁天監四年）領軍入蜀赴援起，「（天監）四年，魏將王足寇巴、蜀，高祖（梁武帝）以（張）齊為輔國將軍救蜀。」〔註98〕即開始在巴蜀各地任職，曾任巴西太守、巴西梓潼二郡太守。張齊字子響，馮翊郡人，他在南梁政壇誠為一異數，「（張）齊手不知書，目不識字，而在郡有清政，吏事甚脩。」〔註99〕雖不識字卻頗具行政長才，將其所轄治理的井然有序、漢夷和諧，史載：〔註100〕

> （張）齊在益部累年，討擊蠻獠，身無寧歲。其居軍中，能身親勞辱，與士卒同其勤苦。自畫頓舍城壘，皆委曲得其便，調給衣糧資用，人人無所困乏。既為物情所附，蠻獠亦不敢犯，是以威名行於庸、蜀。

張齊率軍進攻元法僧治下的益州，已是516年（魏熙平元年、梁天監十五年）四月，時張齊已在蜀地經營十七載，對當地複雜的民族情緒非常瞭解，加上有多次與魏軍作戰的實戰經驗，因此能迅速攻佔益州多座城戍並包圍州城。張齊與傅豎眼可謂一時瑜亮，傅豎眼轄下的益州亦是一派和諧，甚少有民族衝突發生，其施政成績獲得氐、蜀等少數民族讚揚。也因北魏在益州得能人治理，故張齊以武力征討遲遲無法突破，雙方因此成對峙之局。不過，就在

〔註96〕《魏書》卷70〈傅豎眼傳〉，頁1558～1559。
〔註97〕《魏書》卷16〈道武七王・陽平王熙附法僧傳〉，頁394。
〔註98〕《梁書》卷17〈張齊傳〉，頁281～282。
〔註99〕《梁書》卷17〈張齊傳〉，頁281。
〔註100〕《梁書》卷17〈張齊傳〉，頁282。

北魏以元法僧接替傅豎眼任益州刺史後，讓張齊找到了突破的缺口。元法僧初來乍到，對當地民情、夷情尚不熟悉，且貪虐好殺，如何能與在蜀地十七年且通曉夷情的張齊相較，故張齊才能趁元法僧處理益州民亂焦頭爛額之際，發兵進攻，一舉佔領益州大部，《梁書·張齊傳》：「（天監）十五年，魏東益州刺史元法僧遣子景隆來拒齊帥。……（梁軍）大破魏軍於葭萌，屠十餘城，魏將丘突、王穆等皆降。」〔註101〕北魏當然不可能任由益州情勢惡化，甫臨朝聽政的靈太后，為了避免益州全境淪陷，最有效的辦法，即是調傅豎眼速回益州救援：〔註102〕

> （北魏）朝廷以西南為憂，乃驛徵豎眼於淮南。既至，以為右將軍、益州刺史，尋加散騎常侍、平西將軍、假安西將軍、西征都督，率步騎三千以討張齊。

以靈太后為首的執政當局，擔憂傅豎眼未至而益州全境已遭攻陷，特命其兼程速行，透過魏孝明帝的詔書可知當時益州的危急，其詔曰：「比敕傅豎眼倍道兼行，而猶未達，可更遣尚書郎堪幹者一人馳驛催遣，庶令拔彼倒懸，救茲危急。」〔註103〕而傅豎眼至益州後，立即投入對梁軍的作戰，雙方在西部戰線的衝突遂進入後期階段。

（三）後期：傅豎眼重回益州穩定局勢

傅豎眼抵益州後，面對益州內外交迫的局勢，他決定全力抵禦梁軍的入侵。當時各少數民族不滿元法僧的苛政紛紛叛亂，何以傅豎眼未將鎮壓內部亂事及抵禦外侮兩項危機同時進行，是否兵力不足？非也，因傅豎眼一到益州，少數民族的亂事自動歸於平靜，「獠聞豎眼至，莫不欣然，拜迎道路。」〔註104〕「蜀民聞豎眼復為刺史，人人喜悅，迎於路者日有百數。」〔註105〕益州動亂的根由是元法僧的暴虐統治，如今該項原因已消失，傅豎眼再回任益州刺史，這些內部亂事自然消弭於無形，由此可見，仁德施政在百姓心中留下的感念勝過以武力鎮壓叛亂。也因傅豎眼少了後顧之憂，不會遭內部亂事掣肘，故能以全部兵力抗擊南梁的入侵。

〔註101〕《梁書》卷17〈張齊傳〉，頁282。
〔註102〕《魏書》卷70〈傅豎眼傳〉，頁1559。
〔註103〕《魏書》卷16〈道武七王·陽平王熙附法僧傳〉，頁394。
〔註104〕《魏書》卷101〈獠傳〉，頁2250。
〔註105〕《魏書》卷70〈傅豎眼傳〉，頁1559。

　　南梁張齊長期與傅豎眼在益州對峙，而傅豎眼儼然是張齊的剋星，之前傅豎眼任益州刺史時，張齊往往受制於傅豎眼，故南梁在蜀地的經略難以突破，而今亦然，魏軍在傅豎眼的指揮下開始反擊，梁軍節節敗退：〔註106〕

> （蕭）衍冠軍將軍勾道恃、梁州刺史王太洪等十餘將所在拒塞，豎眼三日之中，轉戰二百餘里，甲不去身，頻致九捷。土民統軍席廣度等處處邀擊，斬太洪及衍征虜將軍楊伏錫等首。張齊引兵西退，遂奔葭萌。

據上引文可知傅豎眼對作戰的投入，「甲不去身，頻致九捷。」將領能以身作則，其所屬士卒自然奮勇爭先大敗梁軍。襲擾益州的南梁軍隊雖大部分遭傅豎眼驅逐，益州局勢暫時穩定，但是危機尚未解除，尚有梁軍盤據白水舊城、陰平、葭萌等城戍，隨時窺探並有武力進犯的可能。是故為了讓益州安穩無虞，需清除上述軍事威脅，傅豎眼決定展開第二波驅逐梁軍的行動，雙方圍繞白水、陰平、葭萌等處展開三個階段的戰鬥。

　　第一階段傅豎眼遣將收復白水舊城、陰平等兩個重要鎮戍，氐族勢力在這一階段的戰事中，分別為魏軍、梁軍所用，《魏書・傅豎眼傳》：〔註107〕

> 蕭衍信義將軍、都統白水諸軍事楊興起，征虜將軍李光宗襲據白水舊城。豎眼遣虎威將軍強虯與陰平王楊太赤率眾千餘，夜渡白水，旦而交戰，大敗賊軍，斬興起首，克復舊城。又遣統軍傅曇表等大破衍寧朔將軍王光昭於陰平。

益州是氐族聚集區，氐族勢力乃一股不可忽視的力量，北魏、南梁皆欲爭取，不但可壯大自己實力，還可利用氐族武力進攻對方。而氐人也長久以來在南北兩大政權的夾縫中求生存，忽而降北、忽而附南，或游移兩端擇其利者而事之。上述引文中出現的楊興起、楊太赤，應當都是氐族酋首級人物，只不過依各自部落所需，楊興起為南梁政權服務、楊太赤替北魏政權服務。至於強虯，依其姓氏推斷，不排除亦是氐人的可能。梁軍雖然結合部分氐族勢力，但是依舊無法和魏軍及其附屬的氐族武力抗衡，魏軍大勝，斬楊興起收復白水舊城，接著克復陰平。魏軍在白水與陰平兩地的接觸戰皆獲勝後，傅豎眼開始佈署與張齊的梁軍主力決戰，因為戰略重鎮葭萌仍遭梁軍佔領，還有其他重要鎮戍亦由梁軍控制，故唯有擊潰梁軍主力才能收復這些鎮戍，雙方於

〔註106〕《魏書》卷70〈傅豎眼傳〉，頁1559。
〔註107〕《魏書》卷70〈傅豎眼傳〉，頁1559。

是進入第二階段的戰鬥：〔註108〕

> 張齊仍阻白水，屯寇葭萌。豎眼分遣諸將水陸討之。齊遣其寧朔將
> 軍費忻督步騎二千逆來拒戰，軍主陳洪起力戰破之，乘勝追奔，遂
> 臨夾谷三柵。統軍胡小虎四面攻之，三柵俱潰。張齊親率驍勇二萬
> 餘人與諸軍交戰，豎眼命諸統帥同時奮擊。軍主許暢斬（蕭）衍雄
> 信將軍牟興祖，軍主孔領周射齊中足，於是大破賊軍（梁軍），斬獲
> 甚眾。齊乃柵於虎頭山下，賊帥任令崇屯據西郡。豎眼復遣討之，
> 令崇棄眾夜遁。

魏軍在傅豎眼指揮下大破二萬梁軍，梁軍遭受重創，但是張齊仍率殘部立柵
負隅頑抗，傅豎眼決定實施第三階段的追擊戰，徹底掃蕩益州的梁軍，《魏書·
傅豎眼傳》：〔註109〕

> （傅豎眼）乃進討（張）齊，破其二柵，斬首萬餘，齊被重創，奔
> 竄而退。小劍、大劍賊亦捐城西走，益州平。靈太后璽書慰勞，賜
> 驊騮馬一匹，寶劍一口。

雖然上引文未提及葭萌是否重回北魏，但由「益州平」一語可知益州全境收
復，葭萌自然也在其中，其實另外從《梁書·張齊傳》即可獲得明確證明：
「而魏更增傅豎眼兵，復來拒戰，齊兵少不利，軍引還，於是葭萌復沒於魏。」
〔註110〕從515年（魏延昌四年、梁天監十四年）四月張齊率梁軍入寇益州，
於葭萌大敗元法僧之子元景隆並陷十餘座城戍開始，至七月傅豎眼盡逐梁軍
規復益州全境止，〔註111〕這三個多月時間是西部戰事最激烈時刻，此後因
傅豎眼仍在益州，南梁很難再有進一步發展，故益州情勢歸於平靜，北魏與
南梁在西部戰線的衝突也暫告一段落。

第三節　戰爭檢討

　　魏孝明帝前期與南梁在淮南與益州的戰事，乃承襲魏宣武帝後期與南梁
在東、西戰場的衝突而來。雖然有部份戰爭過程及戰爭檢討在本書第八章已
有論述，如浮山堰之役魏勝梁敗的緣由，梁武帝以張豹子取代康絢任浮山堰

〔註108〕《魏書》卷70〈傅豎眼傳〉，頁1559。
〔註109〕《魏書》卷70〈傅豎眼傳〉，頁1559。
〔註110〕《梁書》卷17〈張齊傳〉，頁282。
〔註111〕參見《資治通鑑》卷148〈梁紀四〉，武帝天監十五年，頁4624～4625。

總指揮乃一大關鍵，但是解析觀點不同，前章著重於梁武帝的決策；本章則是聚焦在康絢對浮山堰的貢獻及其離職後的影響。另外，傅豎眼對益州戰場的關鍵影響，及行臺設置對北魏在東、西戰場戰力整合的助益，都是全新檢討的角度。當然，北魏朝廷對兩地戰場的運籌帷幄，定然影響戰場形勢及戰事進行，故必須對當時的執政者靈太后，分析其戰略思維與軍事調度，以明其領導下的北魏朝廷，何以在其執政之初，便能取得對南梁戰爭的勝利。

一、南梁內部對浮山堰的爭鬥

梁武帝不惜耗費巨大人力、物力、財力興建的「浮山堰國家工程」，雖然因違反自然規律，最後以失敗收場，不過仍有人為因素在內，若認真檢討起來，即便浮山堰最終仍歸失敗，但是排除人為因素或許可讓浮山堰存在更久時間而非僅有四個月而已。516 年（魏熙平元年、梁天監十五年）四月浮山堰完工後，梁武帝將負責浮山堰工程的康絢調離而以徐州刺史張豹子代之，自結果論而言乃一大失策。

張豹子接手浮山堰後，並未積極投入浮山堰的保養與維修，導致八月淮河暴漲浮山堰潰決，使南梁投入龐大資源視之為國家工程的浮山堰，自此消失殆盡，損失不可謂不大。事實上康絢為建造浮山堰耗盡心力，尤其梁武帝聽信王足建議欲在淮河下游的浮山（今安徽五河一帶）攔淮修築浮山堰時，遭到水工陳承伯、材官將軍祖暅等水利專家的反對，認為該河段沙土鬆軟不適合築壩，然梁武帝堅持為之，而浮山堰最終得以完成，乃康絢逐一克服了水文障礙。由於淮河在浮山一帶泥土鬆軟，堵塞河道極其不易，康絢先後用了三個方式：先用砂石填堵河道，但是砂石填入淮河中即被水流沖走。接著用鐵器堵塞河道，從各地徵用鐵器「數千萬斤，沉於堰所。」〔註112〕效果也不盡理想。最後則是砍伐樹木做成木籠，裝上石頭再填埋河道，這項作法幾乎砍盡淮南地區的樹木，「緣淮百里內，岡陵木石，無巨細必盡。」〔註113〕而在構築浮山堰過程中，曾於515 年（魏延昌四年、梁天監十四年）四月首度潰決，「四月，浮山堰成而復潰。」〔註114〕也是康絢將潰決的地方逐一修復，可見他對浮山堰的優劣利弊知之甚詳，工程的每個階段皆親身參與，故梁武帝實應讓他繼續主持浮山堰的後續工作。

〔註112〕《梁書》卷 18〈康絢傳〉，頁 291。
〔註113〕《梁書》卷 18〈康絢傳〉，頁 291。
〔註114〕《資治通鑑》卷 148〈梁紀四〉，武帝天監十四年，頁 4615。

其實張豹子並非對浮山堰一無所知，他也曾參與其中，梁武帝命康絢總理浮山堰工程，張豹子因任徐州刺史故歸屬其下協助工程進行，張豹子有可能在四月浮山堰崩毀時參與修復，但是畢竟非主其事者，無法瞭解修復工程全貌。而浮山堰在建造過程中因沙土鬆軟曾崩毀過，雖然修補後竣工，但是沙土漂輕的水文條件仍然一樣。張豹子欠缺警覺性，既然浮山堰有崩毀紀錄，便有可能再次崩毀，然而他卻未積極維修。果然次年八月浮山堰再度潰決，梁武帝的心血全部付諸東流。是故梁武帝若未受張豹子讒言影響，而持續以康絢為浮山堰總負責人，應能對完工後的浮山堰持續維護而讓其存在更長一段時間，並發揮戰略功用水淹壽春，再配合陸地上的梁軍進攻，或許淮南戰場的情勢會有所改變也未可知。只不過梁武帝未有如此思維，以經驗與認知不足的張豹子接替康絢，自然要承擔浮山堰整個崩潰後巨大的損失了，胡三省曾云：「絢還則堰壞矣。」〔註115〕誠為至評。

二、靈太后的戰略思維與軍事調度

靈太后515年（魏延昌四年、梁天監十四年）九月臨朝聽政後，對於初掌北魏大權的靈太后而言，似乎抱持戰戰兢兢、如履薄冰的心態，對於前線的戰事，會召見將領討論戰略戰術，並對出征的將士，不吝惜地給予各項獎賞，如靈太后準備在硤石之戰獲勝後進圖浮山堰，即曾召見崔延伯、楊大眼二員猛將徵詢他們對進攻浮山堰的看法，《魏書・崔延伯傳》：〔註116〕

> 延伯與楊大眼等至自淮陽，靈太后幸西林園引見延伯等。太后曰：「卿等志尚雄猛，皆國之名將，比平硤石，公私慶快，此乃卿等之功也。但淮堰仍在，宜須豫謀，故引卿等親共量算，各出一圖以為後計。」大眼對曰：「臣輒謂水陸二道，一時俱下，往無不克。」延伯曰：「臣今輒難大眼，既對聖顏，答旨宜實，水南水北各有溝瀆，陸地之計如何可前？愚臣短見，願聖心愍水兵之勤苦，給復一年，專習水戰，脫有不虞，召便可用，往無不獲。」靈太后曰：「卿之所言，深是宜要，當敕如請。」

由於浮山堰在北魏即將大舉進攻之前已先行崩潰，故無法檢驗楊大眼的水陸並進或崔延伯的以水軍為主力的進攻戰術何者較佳。至於辛苦作戰的魏軍士

〔註115〕《資治通鑑》卷148〈梁紀四〉，武帝天監十五年，頁4624。
〔註116〕《魏書》卷73〈崔延伯傳〉，頁1637。

兵，靈太后也不會吝於獎賞，如「詔兵士征硤石者復租賦一年。」〔註117〕甚至將硤石之戰俘獲的南梁軍民，亦當作戰利品賞賜百僚，「以硤石俘虜分賜百僚。」〔註118〕靈太后會如此重視並獎勵將領、士兵，應與其初掌大權有關。由於靈太后在北魏並無特殊背景，特別是胡貴嬪時期深居後宮，無法結納前朝各種勢力，何況當時高肇專權，即便想要經營勢力亦不可能。之後雖然其子魏孝明帝繼位，她也是歷經剷除高肇、驅逐于忠才得以以皇太后之姿臨朝聽政，也因她經歷上述種種政治洗禮，對權力的不穩必然有所領悟，唯有穩固的權力才能讓她真正的臨朝聽政。而靈太后對北魏朝廷的政治勢力、軍界力量等，在以前並無交結也無淵源，現在為了鞏固自己的力量，積極展現對將領的重視並賞賜士兵，便成為靈太后拉攏軍界力量的手段之一。

其實換個面向思考，由於靈太后甫執政，對北魏朝廷的政治勢力與權力運作尚在熟悉當中，尤其在她為貴嬪時期，無法涉入北魏的權力運作，而今成為實際上的一國之君，自不免戒慎恐懼，故容易接受臣下意見，更重要的是將領的向背關乎政權的穩定與否。因此，靈太后願意傾聽將領的作戰方略，除了表現對將領的尊重並順勢拉攏他們外，還能彌補自己軍事素養的不足。

仔細觀察靈太后執政之後的幾次軍事調度，頗有值得稱許之處。第一：東部戰線因李崇與崔亮不和，延誤進攻硤石的戰機，若情勢惡化下去，北魏在淮南恐會失去更多城戍，因此迅速以李平為行臺，節制諸軍，亦即以李平為淮南戰場最高指揮官，果然李崇與崔亮不再內訌，各部魏軍在李平指揮下通力合作收復硤石。〔註119〕第二：當元法僧在益州的統治，因貪暴引起少數民族叛亂更招引梁軍入寇時，靈太后果斷的召回正往淮南戰場支援的傅豎眼，令其回任益州刺史。而傅豎眼率軍兼程趕回蜀地後，果然穩定內部複雜的民族情緒，使叛亂得以平息，並擊退梁將張齊的入侵，收復益州全境。第三：徵調傅豎眼回任益州刺史時，為免東部戰線將領不和戲碼於西部戰線上演，故未雨綢繆以薛和為西道行臺節制各軍，果然益州戰場未發生內訌，各部魏軍在薛和的節制下均能真誠合作為收復益州而戰。〔註120〕第四：硤石戰

〔註117〕《魏書》卷9〈肅宗紀〉，頁224。
〔註118〕《魏書》卷9〈肅宗紀〉，頁224。
〔註119〕李平為行臺節制諸軍獲得硤石之戰勝利的經過，參見本書，頁477～481、542～544。
〔註120〕薛和為西道行臺節制諸軍與梁軍作戰的經過，將在後文中論述，可先參見本書，頁562～565。

後爲全力破壞浮山堰，時李崇仍爲揚州刺史，正全力備戰浮山堰，爲了避免李崇與中央所遣將領不合情形再度發生，以及整合淮南各部兵馬一致對梁軍作戰，需有一德高望重、政治經歷豐富、富戰略素養之人出任進攻浮山堰的最高指揮官，而靈太后選擇了任城王元澄，這無疑是一張好牌，他的資歷即便當時的李崇亦難望其項背，故憑藉元澄的威望，必能整合淮南各路兵馬對浮山堰作戰。

　　上述軍事調度實在不像出自甫執政未久、政治歷練不多的靈太后之手，從時間的排比分析，靈太后在515年（魏延昌四年、梁天監十四年）「九月乙巳，皇太后親覽萬機。」〔註121〕此爲其執政之始。四個月後的516年（魏熙平元年、梁天監十五年）正月，以李平「爲行臺，節度討硤石諸軍。」〔註122〕五月，「蕭衍衡州刺史張齊寇益州，復以傅豎眼爲刺史以討之，頻破賊軍，斬其將任太洪首。」〔註123〕至於薛和爲西道行臺時間，各相關史籍並無明確記載，〔註124〕但是依戰爭作爲判斷，傅豎眼在五月接到北魏朝廷命令急赴益州馳援，進入益州地界後即連戰皆捷，並擊殺南梁梁州刺史任太洪，因此薛和欲與傅豎眼商討兵力佈署及戰略戰術，不可能在傅豎眼迭獲多場勝仗後，是故薛和爲西道行臺的時間至遲不會超過五月，較有可能的是北魏朝廷以薛和爲西道行臺和命傅豎眼回任益州刺史的兩道命令同時發布。當然，也不排除有了東部戰線以李平爲行臺節制諸軍的成功典範，先發布薛和爲行臺再發布傅豎眼爲益州刺史，如此就有可能將薛和爲西道行臺的時間提早到四月。最後是靈太后以元澄「爲大將軍、大都督南討諸軍事，勒眾十萬，將出徐州來攻堰。」〔註125〕浮山堰在八月崩壞，故靈太后以元澄爲進攻浮山堰的總指揮，應在八月或在八月之前。

　　綜上所述，516年（魏熙平元年、梁天監十五年）正月以李平爲行臺；五月以薛和爲行臺並召傅豎眼回任益州刺史；八月以元澄爲進攻浮山堰最高統帥，這些軍事調度，都距前一年九月靈太后親掌大政不到一年時間，很難想像這是僅有一年政治經驗的靈太后所能夠做出的決策。她在成爲皇太后之前深居後宮，而沒有政治背景的胡氏，幾乎不能也不會涉足政治事務。迨其子

〔註121〕《魏書》卷9〈肅宗紀〉，頁222。
〔註122〕《魏書》卷9〈肅宗紀〉，頁223。
〔註123〕《魏書》卷9〈肅宗紀〉，頁224。
〔註124〕參見本書，頁564～565。
〔註125〕《資治通鑑》卷148〈梁紀四〉，武帝天監十五年，頁4626。

魏孝明帝繼位後，又有高太后的爭權及高肇集團與反高肇集團的鬥爭，旋又有于忠專權，而在這些過程中，靈太后幾乎都未曾擁有主動權，雖然最後得以臨朝聽政，但是在此之前都處於政治弱勢，而政治上的運籌帷幄及政治歷練，並非僅僅幾個月的時間即可成熟，是故上述的軍事調度，有可能出自其執政團隊的建議。高陽王元雍、清河王元懌、任城王元澄等宗室都是靈太后施政重要的輔弼者，這三位親王的政治經歷都頗為豐富，元雍在魏孝文帝時即為侍中，在魏孝文帝南討時，曾「總攝留事。」〔註 126〕負責京師洛陽的一切事務，可見元雍具有處理大小政務的經驗。元懌「才長從政，明於斷決，割判眾務，甚有聲名。」〔註 127〕魏宣武帝初年即「拜侍中，轉尚書僕射。」〔註 128〕開始參與政事決策。至於元澄，無需多言，乃三人中政治經驗、軍事經歷最豐富之人，政治上在魏孝文帝時即為侍中，「後徵為中書令，改授尚書令。」〔註 129〕軍事上南征北討功勳卓著，不但曾北擊柔然，也曾平定氐、羌等少數民族叛亂，更多次與南齊、南梁作戰，〔註 130〕可見元澄參與北魏各個領域與型態的戰爭，在北魏政壇及軍界皆享有崇高聲望。

上述三位親王從政經歷豐富，尤其元澄軍事素養佳，能洞察東部、西部戰線的戰略形勢，又曾任揚州刺史，對淮南的敵我態勢了然於胸，因此靈太后的軍事調度，出自元澄建議的可能性最大。雖然現有史料對這些軍事調度的決策過程並無清晰、具體的記載，不過就靈太后而言，由於她以往並無豐富的政治經歷，故首次執政後抱持較謙卑心態，如召見崔延伯、楊大眼等將領詢問戰略戰術等作為，可見初掌大權時較容易接受臣下意見。因此，李平、傅豎眼、薛和、元澄等人的調派，當是出自執政團隊的建議，而經靈太后裁示同意。其中決定對浮山堰進行總攻擊時，元澄因曾任揚州刺史，對淮南局勢頗為憂心，基於自身使命感，有可能是他自願擔任浮山堰決戰的最高指揮官，才能以其威望整合淮南各地兵力，徹底破壞浮山堰，一勞永逸解決壽春城的威脅；當然，也不排除出自其他人的建議，而元澄也願意接下這項艱鉅任務，同時靈太后也同意他暫時離開中樞至淮南戰場督戰。雖然無法得知中間決策過程的詳細經過，但是結果的確是遣元澄至淮南戰場，只不過還未動

〔註 126〕《魏書》卷 21 上〈獻文六王上‧高陽王雍傳〉，頁 552。
〔註 127〕《魏書》卷 22〈孝文五王‧清河王懌傳〉，頁 591。
〔註 128〕《魏書》卷 22〈孝文五王‧清河王懌傳〉，頁 591。
〔註 129〕《魏書》卷 19 中〈景穆十二王中‧任城王雲附子澄傳〉，頁 464。
〔註 130〕參見《魏書》卷 19 中〈景穆十二王中‧任城王雲附子澄傳〉，頁 463～473。

身前往，浮山堰即自行崩塌潰決了。

三、北魏益州刺史傅豎眼異動之影響

　　北魏在西方戰線一度挫敗，甚至發生益州全境遭梁軍攻佔的危機，幸而最後化險爲夷。檢討北魏西線發生危機的主因，乃陣前易將，將治理益州頗有績效且能調和漢夷民情的傅豎眼調至淮南，代之以宗室元法僧。甫執政的靈太后做出這項人事決策，雖有可議之處，但也不能全盤否定，究其原因有二，首先：由於浮山堰的威脅愈來愈大，淮南戰場局勢緊繃，北魏與南梁在淮南衝突的機率與規模勢必提高，因此東部戰線的重要性自然高於西部戰線，調軍事素養佳的傅豎眼至淮南協助作戰實無可厚非。其次：北魏益州在傅豎眼長年治理下已逐漸穩定，獲魏宣武帝讚揚，也獲得百姓肯定，從其離開益州時，「益州民追隨戀泣者數百里。」〔註131〕即可知傅豎眼在益州獲尊敬與景仰的程度。其實傅豎眼的施政原則頗爲簡單，「撿勒部下，守宰肅然。」〔註132〕先約束各級官員及軍隊，不使他們擾民、虐民，再施恩信於少數民族，「豎眼施恩布信，大得獠和。」〔註133〕透過傅豎眼的治理，北魏在益州的統治力趨於穩固。綜合上述二點，在益州情勢穩定及淮南戰場緊繃的情形下，加上傅豎眼亦希望調離益州，北魏朝廷因此將他調往淮南戰場當可理解，不可謂因傅豎眼調離益州導致情勢惡化險些淪陷於南梁，而歸咎調其至淮南之決策錯誤。

　　靈太后決策之可議者，乃繼任者未加揀擇，益州刺史一職所託非人。繼傅豎眼爲益州刺史者乃元宗室元法僧，自《魏書》其本傳觀之，並未述及出生由來及少年、青年時期事蹟，傳文內容一開始即敘述其官宦生涯，「法壽弟法僧，自太尉行參軍稍轉通直郎，寧遠將軍，司徒、司馬掾，龍驤將軍，益州刺史。」〔註134〕可見元法僧因具宗室身份，官宦生涯尚稱順暢，但是也無太多行政經驗及郡太守等地方首長的歷練，而北魏朝廷爲何令其擔任漢夷雜處又是直接面對南梁西南前線的益州刺史，史未明載不得而知。不過似乎可從其兄的官宦生涯看出端倪，「長子法壽，侍御中散，累遷中散大夫。出除龍驤將軍、安州刺史。法壽先令所親微服入境，觀察風俗，下車便大行

〔註131〕《魏書》卷70〈傅豎眼傳〉，頁1558。
〔註132〕《魏書》卷70〈傅豎眼傳〉，頁1558。
〔註133〕《魏書》卷101〈獠傳〉，頁2250。
〔註134〕《魏書》卷16〈道武七王・陽平王熙附法僧傳〉，頁394。

賞罰，於是境內肅然。更滿還朝，吏人詣闕訴乞，肅宗嘉之，詔復州任。」
〔註 135〕可能元法壽在安州的治績不錯，故而庇蔭其弟，靈太后等人認為有
其兄必有其弟，加上宗室血緣佔有優勢。不料，元法僧和其兄元法壽才幹和
德行頗有差異，史書稱元法僧「素無治幹，加以貪虐。」〔註 136〕德行不如
其兄遠甚，從二人之下場即可知其兄弟德行之高下。元法壽於河陰之變遇
害；〔註137〕而元法僧竟然舉兵反，失敗後甚至投降南梁，「孝昌元年（525、
梁普通六年），法僧殺行臺高諒，反於彭城，自稱尊號，號年天啓。大軍致
討，法僧攜諸子，擁掠城內及文武，南奔蕭衍。」〔註 138〕靈太后未審慎考
慮，即以行政能力不強、德行不佳的元法僧出任益州刺史，最終仍需承擔益
州爆發動亂的結果。

　　其實靈太后可以先將元法僧調至環境單純的小州歷練刺史，如其兄元法
壽曾任刺史的安州，僅有三郡、八縣、二萬三千餘人，〔註 139〕趁機觀察他
的施政能力，若能力不佳，在安州引起的禍患當不致太大。而今於首任州刺
史即派任民族問題複雜兼之與南梁直接對抗的益州，加上個性貪暴，無怪乎
激起民變招引外敵入侵，幾乎危及北魏在益州的統治。當然，也有可能靈太
后甫臨朝聽政，對大臣、將領、宗室尚未完全熟悉，以致所用非人。不過北
魏朝廷的危機處理尚稱得當，當益州動亂一發不可收拾，南梁趁機入寇在益
州地域攻城掠地，而元法僧卻束手無策時，緊急將傅豎眼從淮南調回益州平
亂。如果當時北魏朝廷之決策乃將傅豎眼留在淮南戰場，另遣將率大軍增援
元法僧，以武力高壓平亂，即便能將亂事鎮壓下去，但是這些少數民族日後
一定會藉機作亂，因為他們只是暫時屈服於武力，而非心悅誠服，唯有如傅
豎眼在益州的仁德施政，才能令少數民族發自內心服從北魏的統治。

四、北魏與南梁在益州戰場的勝負分析

（一）北魏置行臺節制諸軍統一指揮

　　西部戰線 516 年（魏熙平元年、梁天監十五年）四月至八月，北魏傅豎
眼和南梁張齊在益州的對抗，雖然以魏勝梁敗結束，魏軍盡逐梁軍收復益州

〔註135〕《魏書》卷 16〈道武七王・陽平王熙附法壽傳〉，頁 394。
〔註136〕《魏書》卷 16〈道武七王・陽平王熙附法僧傳〉，頁 394。
〔註137〕參照《魏書》卷 16〈道武七王・陽平王熙附法壽傳〉，頁 394。
〔註138〕《魏書》卷 16〈道武七王・陽平王熙附法僧傳〉，頁 395。
〔註139〕參見《魏書》卷 106 上〈地形志上〉，頁 2485。

全境，但是這場戰役呈現兩個非常特殊的戰爭樣貌，第一是傅豎眼和張齊皆非最高統帥，對各項戰略規畫與戰術作為並未擁有最後決策權。先看張齊，前文已述他乃巴西梓潼二郡太守，其上尚有益州刺史，而當時南梁的益州刺史，乃梁武帝之弟鄱陽王蕭恢，據《梁書·武帝紀》載：「（天監）十三年春正月……，以平西將軍、荊州刺史鄱陽王恢為鎮西將軍、益州刺史。」〔註140〕「（天監十七年）六月乙酉，以益州刺史鄱陽王恢為領軍將軍。」〔註141〕可見蕭恢在 514 年至 518 年（魏延昌三年至熙平三年、梁天監十三年至十七年）任益州刺史。雖然張齊勇猛善戰，又擅於與氐、蜀等少數民族相處，但是梁武帝仍然未以張齊為益州刺史，畢竟不識字對他而言乃一項致命傷，若為刺史，如何處理一州的章奏表報等文書作業？而且身處與北魏直接對抗的巴蜀地域，以其為一州軍政長官，也會擔憂他是否會有舉州降魏的情事發生，因此不如以有血緣之親的弟弟蕭恢出鎮益州。事實上蕭恢不僅是益州刺史而已，另據《梁書·鄱陽王恢傳》：「（天監）十三年，（蕭恢）遷散騎常侍、都督益寧南北秦沙（南北梁）七州諸軍事、鎮西將軍、益州刺史，使持節如故。」〔註142〕據上可知，梁武帝等於將巴蜀地域的軍政大權全數託付蕭恢。不過實際與魏軍對抗周旋的乃是張齊，故張齊所轄之郡仍是南梁益州最重要的地區，「巴西郡居益州之半，又當東道衝要。」〔註143〕由此可見，張齊率梁軍與魏軍作戰，擔任第一線的指揮官，諸般戰術作為當可視當面敵情自主判斷，但是因蕭恢為其上司，且都督益寧南北秦沙南北梁七州諸軍事，因此在戰略規畫、後勤支援、調派援軍等戰略作為上，尚需由蕭恢定奪。

　　至於傅豎眼，北魏朝廷徵召他重回益州時，「以為右將軍、益州刺史，尋加散騎常侍、平西將軍、假安西將軍、西征都督。」〔註144〕由引文可知傅豎眼確為益州刺史，其時因南北分裂，蜀地亦分別由南北政權各佔一部份，因此北魏、南梁皆在蜀地各置益州。按理傅豎眼為益州刺史，當為益州地區的軍政長官，故其率魏軍與梁軍作戰時，應是最高指揮官，不論是戰略規畫或

〔註140〕《梁書》卷 2〈武帝紀中〉，頁 54。
〔註141〕《梁書》卷 2〈武帝紀中〉，頁 58。
〔註142〕《梁書》卷 22〈太祖五王·鄱陽王恢傳〉，頁 351。「按此只有五州，疑脫南北梁二州。南梁，天監中分益州置，始興忠武王憺傳謂憺於天監九年，都督益寧南梁南北秦沙六州諸軍事，其中有南梁。又上文十一年都督荊湘雍益寧南北梁南北秦九州諸軍事，亦有南北梁。」詳見《梁書》卷 22〈校勘記〉13，頁 357。
〔註143〕《梁書》卷 17〈張齊傳〉，頁 282。
〔註144〕《魏書》卷 70〈傅豎眼傳〉，頁 1559。

戰術作為都有最高決策權，其實不然，北魏朝廷派出西道行臺薛和統合西部戰線後期的作戰，「蕭衍遣將張齊寇晉壽，詔（薛）和兼尚書左丞，為西道行臺，節度都督傅豎眼諸軍，大破齊軍。」〔註145〕從「節度都督傅豎眼諸軍」一語觀之，薛和乃北魏朝廷派至益州整合各路魏軍對梁軍作戰的最高統帥。當時在益州的各部魏軍，除了益州原有的州軍外，尚有傅豎眼帶去的三千步騎，甚至薛和本身也帶領兵馬入益州，若仍無法逐退來犯梁軍，則需北魏其餘各州遣軍支援，故北魏朝廷以薛和節制各路兵馬，俾便統整戰力對梁軍作戰。由此可見，傅豎眼雖為益州刺史，但並非最高統帥，仍需與西道行臺薛和協商對梁軍的戰略與戰術，張金龍認為：「這是北魏末年戰爭中首次見到行臺指揮作戰的記載。」〔註146〕而這也成為北魏在這次戰役中第二個特殊的戰爭樣貌。

　　薛和為西道行臺是否為北魏首次以行臺指揮作戰實有待商榷，與此同時，東部戰線亦有以鎮軍大將軍、兼尚書右僕射李平為行臺節度諸軍的記載。〔註147〕行臺首見於北魏記載是在魏道武帝天興元年（398、晉隆安二年），當時衛王拓跋儀敗慕容德攻克鄴城（今河北臨漳），「（魏道武）帝至鄴，巡登臺榭，遍覽宮城，將有定都之意。乃置行臺，以龍驤將軍日南公和跋為尚書，與左丞賈彝率郎吏及兵五千人鎮鄴。」〔註148〕不過魏道武帝所置行臺並未實際指揮作戰，其目的應只是甫克鄴城懼當地情勢不穩，故令和跋及賈彝領五千人鎮守，防止動亂發生。而魏孝明帝時，執政的靈太后在東、西戰線皆有設置行臺之舉，西部戰線以尚書左丞薛和為西道行臺可節度傅豎眼諸軍；〔註149〕同樣的，東部戰線「以吏部尚書李平為鎮軍大將軍兼尚書右僕

〔註145〕《魏書》卷42〈薛辯附和傳〉，頁945。

〔註146〕張金龍，《北魏政治史（九）》卷11〈孝明帝時代（515～520）〉，頁110。

〔註147〕《魏書》卷65〈李平傳〉，頁1453載：「詔（李）平以本官使持節、鎮軍大將軍、兼尚書右僕射為行臺，節度諸軍，東西州將一以稟之。」

〔註148〕《魏書》卷2〈太祖紀〉，頁31。行臺初起於魏晉時期中央朝廷在外設置的臨時性機構，又稱「行尚書臺」或「行臺省」。至北魏時，設置行臺一般是因應地方重大事務，「行臺」成為君主派出的特使，具代表朝廷之意涵，任行臺者，往往需貫徹君主意志。北魏前期、中期行臺尚不多見，至後期為了因應各地蜂起的動亂，需置行臺整合各路軍隊與資源平亂，史籍中設置行臺之記載始逐漸增多，如《魏書》卷9〈肅宗紀〉，頁223、228、234～241、244～248。同書卷10〈孝莊紀〉，頁257～258、260～262、264、266～268。同書卷11〈廢出三帝紀〉，頁276～281、287～289、291。

〔註149〕參見《魏書》卷42〈薛辯附和傳〉，頁945。

射，爲行臺，節度討硤石諸軍。」〔註150〕李平同樣亦可節度諸軍，故據此可知李平、薛和都有節制諸軍的權力，可實際指揮戰爭。而這兩處行臺設置時間雖在同一年，但是從相關紀傳仍可區分出時間，《魏書・李平傳》雖未見李平爲行臺時間，《魏書・肅宗紀》卻明確列在熙平元年（516、梁天監十五年）正月之下。〔註151〕至於薛和任西道行臺時間，《魏書》〈肅宗紀〉、〈薛和傳〉雖然皆未載時間，但是張齊率梁軍進攻益州，《魏書・肅宗紀》和《資治通鑑》都明確載於516年（魏熙平元年、梁天監十五年）四月，〔註152〕而同年二月，李平早已率崔亮、李崇等將攻克硤石，「二月……乙丑，鎮南崔亮、鎮軍李平等克硤石。」〔註153〕北魏朝廷不可能在益州尚未遭受南梁侵略，即未卜先知該地將遭梁軍攻擊，而先行任命薛和爲西道行臺，因此李平在東部戰線爲行臺指揮作戰實早於西部戰線的薛和。

（二）北魏設置行臺的正負意涵

北魏朝廷在東、西戰線置行臺指揮作戰，展現了正負兩種不同的意涵。在正面部分，表現出北魏朝廷對淮南和益州戰事的關注，何以如此？魏宣武帝和南梁的長期軍事衝突，一般都由中央派出將領領軍出征或邊關守將直接禦敵，未見行臺之設置。靈太后臨朝聽政後，繼承魏宣武帝末年與南梁在東、西二條戰線的戰爭，由於靈太后在執政前，歷經多次政治兇險及政治鬥爭，如今好不容易取得最高權力，因此需力保政治的穩定，避免因政治動盪影響東、西戰場的戰爭。事實上，內部政治與外在戰爭乃互爲影響，若北魏在其中之一或二個戰場失利，都有可能因戰爭挫敗引起政治不安，屆時好不容易穩定下來的北魏政局必會再生波瀾，這也是以靈太后爲首的執政團隊所不願見到的局面，是故以行臺指揮戰事介入戰局，在在都展現了北魏朝廷對東、西戰場的強烈關心。

在靈太后首次臨朝聽政的執政團隊中，主要以元宗室爲主，「司徒、清河王懌進位太傅，領太尉；司空、廣平王懷爲太保，領司徒；驃騎大將軍、任城王澄爲司空。」〔註154〕至於靈太后的父親胡國珍，也是執政決策的核

〔註150〕《魏書》卷9〈肅宗紀〉，頁223。
〔註151〕參見《魏書》卷9〈肅宗紀〉，頁223。
〔註152〕參見《魏書》卷9〈肅宗紀〉，頁224。《資治通鑑》卷148〈梁紀四〉，武帝天監十五年，頁4624。
〔註153〕《魏書》卷9〈肅宗紀〉，頁223～224。
〔註154〕《魏書》卷9〈肅宗紀〉，頁222。

心成員，「肅宗踐祚，以國珍爲光祿大夫。靈太后臨朝，加侍中，封安定郡公。……乃令入決萬幾。尋進位中書監、儀同三司，侍中如故。」〔註155〕靈太后的執政團隊當然不只這些，但是核心的決策成員是以其父胡國珍、任城王元澄、清河王元懌、高陽王元雍爲主，據《魏書・胡國珍傳》：「國珍與太師、高陽王雍，太傅、清河王懌，太保、廣平王懷，入居門下，同釐庶政。」〔註156〕其中廣平王元懷爲魏宣武帝之弟，亦即魏孝明帝叔父，然而因《魏書・廣平王懷傳》僅剩三十五字記載，〔註157〕其餘內容多已亡佚，故無法得知元懷在靈太后首次執政時參與政治運作的情形，不似其他成員均有明確之記載，如元懌，「肅宗初，遷太尉，侍中如故。詔懌裁門下之事。……靈太后以懌肅宗懿叔，德先具瞻，委以朝政，事擬周霍。懌竭力匡輔，以天下爲己任。」〔註158〕元雍，「肅宗初，詔雍入居太極西栢堂，諮決大政，給親信二十人。又詔雍爲宗師，進太傅、侍中，領太尉公，王如故。」〔註159〕當時于忠專權，由於他長期擔任武職，政事的決策與政務的處理非其所長，加上高肇集團剛覆滅，政治尚不穩定，于忠又懼其專權引起諸多反對，因此以元雍參決國政，所看中者，乃是他在宗室間的地位及對政事又有一定熟悉度這二點，前者指的是元雍乃魏孝文帝之弟、魏宣武帝叔父，等於魏孝明帝祖父輩，在宗室間有一定份量；後者則是元雍早在485年（魏太和九年、齊永明三年）即已爲侍中參決國政，〔註160〕更重要的是，當魏孝文帝率軍南討時，將朝廷政務皆委其處理，「車駕南伐，雍行鎮軍大將軍，總攝留事。」〔註161〕雖然元雍得以參決大政，乃出自于忠的同意與支持，但是他對於忠專權甚爲不滿，二人政治立場嚴重衝突，于忠甚至欲殺元雍，雖被崔光阻止，但元雍得知後非常不滿且不安，遂極力支持靈太后以與于忠抗衡。

靈太后執掌大權後，「增（元）雍封一千戶，除侍中、太師，又加使持節，以本官領司州牧。……詔雍乘步挽出入掖門。又以本官錄尚書事。……詔侍中敦諭。詔雍朝夕侍講。」〔註162〕至於元澄，前引《魏書・肅宗紀》

〔註155〕《魏書》卷83下〈外戚下・胡國珍傳〉，頁1833。
〔註156〕《魏書》卷83下〈外戚下・胡國珍傳〉，頁1833～1834。
〔註157〕參見《魏書》卷22〈孝文五王・廣平王懷傳〉，頁592。
〔註158〕《魏書》卷22〈孝文五王・清河王懌傳〉，頁591～592。
〔註159〕《魏書》卷21上〈獻文六王上・高陽王雍傳〉，頁554。
〔註160〕參見《魏書》卷21上〈獻文六王上・高陽王雍傳〉，頁552。
〔註161〕《魏書》卷21上〈獻文六王上・高陽王雍傳〉，頁552。
〔註162〕《魏書》卷21上〈獻文六王上・高陽王雍傳〉，頁556。

載靈太后執政後，以「驃騎大將軍、任城王澄爲司空。」〔註163〕對照《魏書·任城王澄傳》他的職權不只這些，「又加散騎常侍、驃騎大將軍，尋遷司空，加侍中，俄詔領尙書令。」〔註164〕可見元澄以侍中參與國政成爲決策成員，更以尙書令一職監督政令、政務的推動與執行。綜合上述，除元懷因史料漏失事蹟不顯外，靈太后首次臨朝的執政團隊與核心決策成員，大致爲元澄、元雍、元懌等宗室及其父胡國珍。

在魏宣武帝一朝，胡國珍沒有什麼政治歷練，而這些宗室諸王中，以元澄輩份最高，因他爲景穆太子拓跋晃之孫，與魏獻文帝同輩，故爲魏孝文帝叔父輩，而魏孝明帝乃魏孝文帝之孫，由此可見元澄在宗室間的德高望重。同時他的政治歷練亦最豐富，魏孝文帝時即受到重用，如遷都洛陽時銜命和保守派溝通，也隨魏孝文帝南征北討，更在魏宣武帝時任揚州刺史一職，爲北魏在淮南地區的最高軍政長官，「除都督淮南諸軍事、鎮南大將軍、開府、揚州刺史。」〔註165〕從元澄的諸般經歷可知，他對北魏朝廷的政治脈動及北魏與南朝的戰略形勢都有詳細且透徹的瞭解。而他成爲靈太后的執政團隊後，更殫精竭慮全力輔弼，「政無大小，皆引參決。澄亦盡心匡輔，……內外咸敬憚之。」〔註166〕據上引文可知元澄在靈太后首次執政初期，對北魏朝廷的政治運作具有極大的影響力。

關於靈太后甫執政即在東、西戰場置行臺指揮作戰，雖然史未明載其原因及決策經過，但是出自執政團隊建議的可能性極大，至於是哪位核心決策成員，先論胡國珍，其政治地位及歷練皆是從靈太后執政開始，對北魏政治、軍事均不熟悉，不太可能有此見解；而元懌、元雍，雖然有一定的政治歷練，然而二人政治經歷及與南朝作戰的資歷皆不如元澄，加上他對北魏的戰略形勢與軍事政策提出非常多的看法與建議，〔註167〕足證其戰略敏感度實優於元

〔註163〕《魏書》卷9〈肅宗紀〉，頁222。
〔註164〕《魏書》卷19中〈景穆十二王中·任城王雲附子澄傳〉，頁473。
〔註165〕《魏書》卷19中〈景穆十二王中·任城王雲附子澄傳〉，頁470。
〔註166〕《魏書》卷19中〈景穆十二王中·任城王雲附子澄傳〉，頁480。
〔註167〕任城王元澄對北魏所處的戰略環境有深刻瞭解，因此在靈太后臨朝聽政引其爲執政團隊後，元澄對南北邊防的威脅及北魏的軍事政策，都提出見解深刻且獨到的主張，如《魏書》卷19中〈景穆十二王中·任城王雲附子澄傳〉，頁475～476載：「時四中郎將兵數寡弱，不足以襟帶京師，澄奏宜以東中帶滎陽郡，南中帶魯陽郡，西中帶恒農郡，北中帶河內郡，選二品、三品親賢兼稱者居之，省非急之作，配以強兵，如此則深根固本、強幹弱枝之義也。……澄又重奏曰：固本宜強，防微在豫，故雖有文事，不忘武功。況今南蠻仍獷，北妖頻結，來

懌、元雍，故此人以元澄的可能性較大。

　　靈太后在東部戰線設置行臺獲得硤石之戰的勝利後，隨後也在西部戰線設置行臺，當時北魏朝廷派傅豎眼重回益州解決益州危機，同時擔憂東部戰線將領不合情況於西部戰線再度上演，畢竟元法僧乃宗室，是否會倚仗其身份不願配合傅豎眼作戰，不得而知。因此北魏朝廷亦希望西部戰線設置行臺以節制各軍，故以薛和爲西道行臺，結果證明，益州戰場並未有將領不合情況發生，同時也將入侵梁軍盡數驅逐，北魏在益州的統治力再次得到鞏固，也說明靈太后執政團隊具獨到的戰略眼光，能防範於未然，同時也表明靈太后對東、西戰場的高度重視。

　　至於負面部分，則是對前線將帥的不信任以及對其決策的干預，同時也會發生行臺與將帥不合進而影響戰力的情況。既然命將出征，即要對其完全信任，且前線指揮官要根據當面敵情擬定並逐行各項戰略戰術，若行臺負有朝廷意旨或需貫徹皇帝意志，一旦不顧當前戰略情勢進而干預各種作戰方略，則會有行臺與將帥不合情事發生。以行臺節制各軍原是欲消弭將領間的不合俾便統合戰力，結果是欲滅其弊反生一弊。然此現象最終並未發生，李平和薛和都能整合東、西戰線各部兵馬發揮最大戰力，力挫淮南、益州戰場的梁軍。西道行臺的薛和，其威望似乎不足以震懾傅豎眼和元法僧，觀察其爲西道行臺前的仕途：〔註168〕

> （薛和）字導穆。解褐大將軍劉昶府行參軍。轉司空長流參軍，除太尉府主簿，遷諫議大夫。永平四年（511、梁天監十年）正月，山賊劉龍駒擾亂夏州，詔和發汾、華、東秦、夏四州之眾討龍駒，平之。……。又行正平、潁川二郡事，除通直散騎常侍。

僅有的軍事經歷是率四州的地方部隊討平山賊劉龍駒之亂，雖然順利討平，但既爲山賊，可見規模不大，故以現有記載實無法知悉薛和的軍事素養與指

事難圖，勢同往變。脫暴勃忽起，振動關畿，四府羸卒，何以防擬。平康之世，可以寄安，遺之久長，恐非善策。如臣愚見，郎將領兵，兼總民職，省官實祿，於是乎在。求還依前增兵益號，將位既重，則念報亦深，軍郡相依，則表裏俱濟，朝廷無四顧之憂，姦宄絕窺覦之望矣。」又如同書同卷頁 476 載：「澄以北邊鎮將選舉彌輕，恐賊虜闚邊，山陵危迫，奏求重鎮將之選，修警備之嚴，詔不從。賊虜入寇，至於舊都，鎮將多非其人，所在叛亂，犯逼山陵，如澄所慮。澄奏都城府寺猶未周悉，今軍旅初寧，無宜發眾，請取諸職人及司州郡縣犯十杖已上百鞭已下收贖之物，絹一匹，輸磚二百，以漸修造。詔從之。」

〔註168〕《魏書》卷 42〈薛辯附和傳〉，頁 945。

揮長才。不過薛和是出自強宗豪族河東蜀薛中的「西祖」一系，河東薛氏分
爲「北祖」、「西祖」、「南祖」三個房系。在南北對立時期，河東薛氏各房系
爲自身利益分別爲南北政權服務，〔註169〕以薛安都而言，先依附北魏、後
奔劉宋，最後又回歸北魏。由於河東薛氏具強烈尚武性格，且因強宗豪族關
係地方實力雄厚，故爲各政權積極拉攏對象。薛和的祖上薛辯帶領「西祖」
一系投靠北魏後，獲得不錯的優遇，政治地位不斷上升，如薛洪祚得魏太武
帝賜名「初古拔」，尙西河長公主；〔註170〕而河東薛氏也在魏孝文帝時成功
的列入族姓，等於北魏爲其社會地位背書；另外河東太守一職幾乎皆由薛氏
子孫承襲，〔註171〕可見河東薛氏在北魏具一定的政治地位與影響力。

　　傅豎眼乃北魏後期名將，「從（王）肅征伐，累有戰功，稍遷給事中、
步兵校尉、左中郎將，常爲統軍，東西征伐。」〔註172〕其軍功與軍事素養
勝過薛和，不過傅豎眼並未有河東薛氏在北魏的政治地位與實力。傅豎眼祖
上亦是奔於南北政權間，「傅豎眼，本清河人。七世祖伷。伷子邁，石虎太
常。祖父融南徙渡河，家于磐陽。」〔註173〕其父傅靈越曾入北魏，魏文成
帝「拜靈越鎭遠將軍、青州刺史、貝丘子，鎭羊蘭城。」〔註174〕後奔劉宋，
宋孝武帝以「靈越爲太原太守，戍升城。」〔註175〕傅豎眼因其父響應晉安
王劉子勛與宋明帝爭位，失敗後爲避禍乃投北魏。當時傅豎眼二位伯父傅靈
慶、傅靈根皆亡，〔註176〕可見傅豎眼在北魏並無所謂的家族可形成政治力
量。再加上傅豎眼的人格特質，「豎眼性既清素，不營產業，衣食之外，俸
祿粟帛皆以饗賜夷首，賑恤士卒。」〔註177〕足證傅豎眼不喜浮華，凡事皆
以百姓福祉爲優先，因此不會是爭權奪利之輩。在以盡快恢復益州秩序爲優
先考量下，若魏軍內部因薛和與傅豎眼的不合抵銷戰力，則北魏在益州戰事

〔註169〕關於蜀薛在北魏的活動與政治地位，參見劉淑芬，〈北魏時期的蜀薛〉，黃寬重、
　　　　劉增貴主編，《家族與社會》（北京：中國大百科全書出版社，2005年4月），
　　　　頁274。
〔註170〕《魏書》卷42〈薛辯附和傳〉，頁942。
〔註171〕參見《魏書》卷42〈薛辯傳〉，頁941～945。
〔註172〕《魏書》卷70〈傅豎眼傳〉，頁1557。
〔註173〕《魏書》卷70〈傅豎眼傳〉，頁1555。
〔註174〕《魏書》卷70〈傅豎眼傳〉，頁1556。
〔註175〕《魏書》卷70〈傅豎眼傳〉，頁1557。
〔註176〕參見《魏書》卷70〈傅豎眼傳〉，頁1555～1556。
〔註177〕《魏書》卷70〈傅豎眼傳〉，頁1558。

恐會推延下去甚至導致敗戰，這恐非以百姓利益爲先的傅豎眼所樂見。至於元法僧，雖是元宗室，但因其無能的統治引發動亂招引梁軍入寇，將益州全境捲入烽火中，元法僧僅能困守州城待援，事後論罪恐免不了，若再不配合薛和的指揮調度，一旦州城再陷或波及其他州郡，其罪恐會加重，故元法僧應不致有宗室之高貴心態不願配合薛和的調度與指揮，至少現有史料中未見元法僧不服薛和之情事發生。事實上，上述薛和能節制益州各部魏軍的原因僅是部分，最重要的是西道行臺薛和代表北魏朝廷，身負詔命，若前線將帥不願配合，等同不服從朝廷，其罪大矣，也因薛和有此權力背景，故能整合益州魏軍驅逐入侵梁軍，順利收復益州。

（三）北魏設置行臺之思維及其成功之因

淮南戰場因李崇與崔亮的不合，使北魏朝廷決定以李平爲行臺節制諸軍，何以北魏在東部戰線的二員大將會爆內訌，在於二人在北魏中央與地方均歷任多項要職，有一定的政治地位，因此互不相服。本書第八章已對李崇、崔亮在北魏的政治歷練有詳細描述，尤其李崇的政治背景、仕途歷練、軍事經歷說明詳細，故不再重覆，僅約略述之。〔註178〕此處從李平、李崇、崔亮三人背後家族勢力切入，分析崔氏家族、李氏家族在北魏的崛起及政治力量，以明何以北魏朝廷會以李平爲行臺節制諸軍，而李崇、崔亮願意奉其號令的原因。

李崇出身外戚，「文成元皇后第二兄誕之子。年十四，召拜主文中散，襲爵陳留公，鎮西大將軍。」〔註179〕他在魏孝文帝時逐漸嶄露頭角，如任梁州、兗州刺史時，「甚有稱績。」魏孝文帝「賞賜隆厚。」〔註180〕更討平氏族楊靈珍之亂，可見李崇在魏孝文帝一朝已是封疆大吏且有軍功。至魏宣武帝時益見重用，領軍平定魯陽蠻、東荊州蠻亂事，〔註181〕軍功更顯。任揚州刺史時捍衛南疆，穩定了北魏在淮南的統治，史載：「寇賊（梁軍）侵邊，所向摧破，號曰『臥虎』，賊甚憚之。」〔註182〕

崔亮之父崔元孫爲劉宋尙書郎，後遭青州刺史沈文秀所殺，其母攜崔亮

〔註178〕參見本書，頁 464～471、477～481。
〔註179〕《魏書》卷 66〈李崇傳〉，頁 1465。
〔註180〕《魏書》卷 66〈李崇傳〉，頁 1465。
〔註181〕李崇平定魯陽蠻、東荊州蠻的經過，可參見《魏書》卷 66〈李崇傳〉，頁 1467。以及本書，頁 431～433、469～470。
〔註182〕《魏書》卷 66〈李崇傳〉，頁 1469。

依冀州刺史崔道固，「及慕容白曜之平三齊，內徙桑乾，爲平齊民，時年十歲。」〔註183〕魏孝文帝時李沖當朝任事，透過從兄崔光的引薦，李沖對崔亮頗爲欣賞，遂開啓崔光在北魏的仕宦生涯，《魏書·崔亮傳》：〔註184〕

> （李）沖薦之爲中書博士。轉議郎，尋遷尚書二千石郎。高祖在洛，欲創革舊制，……馳驛徵亮兼吏部郎。俄爲太子中舍人，遷中書侍郎，兼尚書左丞。……世宗親政，遷給事黃門侍郎，仍兼吏部郎，領青州大中正。……尋除散騎常侍，仍爲黃門。遷度支尚書，領御史中尉。自遷都之後，經略四方，又營洛邑，費用甚廣。亮在度支，別立條格，歲省億計。……亮性公清，敏于斷決，所在並號稱職，三輔服其德政，世宗嘉之，……後納其女爲九嬪，徵爲太常卿，攝吏部事。肅宗初，出爲撫軍將軍、定州刺史。

據上引文可知，崔亮經歷的官職皆是文職，尤其在財政收支方面別有所長，能爲北魏政府節省大筆經費，同時也可知他並無帶兵打仗經驗，故當「蕭衍將趙祖悅襲據硤石。癸亥，詔定州刺史崔亮假鎮南將軍，率諸將討之。」〔註185〕北魏朝廷爲何會派兵事非其所長的崔亮領兵赴援，筆者認爲崔光的因素極大，他是漢人重臣，在魏孝文帝、魏宣武帝二朝已頗獲重用，〔註186〕且是擁護魏孝明帝繼位的四位大臣之一，故不論在于忠專權時期或靈太后臨朝聽政後，崔光在北魏朝廷都有一定份量，515 年（魏延昌四年、梁天監十四年）「四月，遷特進。五月，以奉迎肅宗之功，封光博平縣開國公，食邑二千戶。七月，領國子祭酒。八月，詔光乘步挽於雲龍門出入。尋遷車騎大將軍、儀同三司。」〔註187〕八月時于忠失勢，靈太后臨朝聽政，據上引文可知崔光仍恩寵不衰，故當九月梁將趙祖悅率軍襲據硤石時，崔光有可能爲了增加對崔亮的歷練，讓其往後在北魏的仕途能更順利，因其之前多是文職，故向靈太后建議以崔亮領軍赴援，而以崔光當時在北魏朝廷的份量，兼之有擁立魏孝明帝之功，靈太后納其言的可能性極大，否則在北魏增援的將領中尚有另外二人：「蕭衍左游擊將軍趙祖悅率眾偷據硤石。齊王蕭寶夤鎮東將軍，章武王融安南將軍，並使持節、都督諸軍事以討之。」〔註188〕齊

〔註183〕《魏書》卷 66〈崔亮傳〉，頁 1476。
〔註184〕《魏書》卷 66〈崔亮傳〉，頁 1476～1477。
〔註185〕《魏書》卷 9〈肅宗紀〉，頁 223。
〔註186〕參見《魏書》卷 67〈崔光傳〉，頁 1487～1491。
〔註187〕《魏書》卷 67〈崔光傳〉，頁 1492。
〔註188〕《魏書》卷 66〈崔亮傳〉，頁 1478。

王蕭寶夤爲南齊宗室降魏；章武王元融更是元宗室，二人都有一定的政治地位，對比崔亮的政治份量，若非有重臣崔光的支持，實難以理解多在中階文職官員歷練，未曾任侍中、尚書令等可以參與國政決策職務的崔亮，能膺選赴硤石救援的將領之一。此外，崔亮在魏孝明帝即位後外放爲定州刺史，定州在今河北、山西一帶，令其千里迢迢南下渡黃河、越淮河至淮南戰場，就時間與空間而言，顯然不符兵法上迅速快捷的救援原則。靈太后以遠在北方的定州刺史崔亮作爲支援硤石的統帥，若非有上述崔光因素的考量，實無法解釋靈太后的思考邏輯及決策過程。雖然現有史籍未明確載明崔亮何以能領軍赴淮南戰場的原因，但崔光位居中樞參贊機要，顯然可合理推測他在決策過程中發揮了其政治影響力。

李平，出身外戚，「字曇定，頓丘人也，彭城王嶷之長子。」〔註 189〕其父彭城王李嶷乃魏獻文帝生母亦即魏文成帝皇后李氏之兄（或弟？），「文成元皇后李氏，梁國蒙縣人，頓丘王峻之妹也。……及生顯祖（魏獻文帝），拜貴人。」〔註 190〕「李峻，字珍之，梁國蒙縣人，元皇后兄也。……峻與五弟誕、嶷、雅、白、永等前後歸京師。拜峻鎮西將軍、涇州刺史、頓丘公。雅、嶷、誕等皆封公位顯。後進峻爵爲王。」〔註 191〕綜合上述三條史料，李峻、李誕、李嶷、李雅、李白、李永、李氏爲七兄妹，只是不知李氏排行第幾，故李嶷可能是李氏之兄或李氏之弟。李峻等六兄弟在李氏進入魏文成帝後宮，又生下魏獻文帝後，開始受封爵位。李峻以頓丘公進爵爲王，故李嶷亦由彭城公進爵爲王，而爵位照例由其長子李平襲爵，「後以例降，襲爵彭城公。」〔註 192〕李平雖然在魏孝文帝時開始其仕途，也頗受魏孝文帝重視，但是並未有特殊事蹟，「太和初，拜通直散騎侍郎，高祖禮之甚重。……拜太子中舍人，遷散騎侍郎，舍人如故，遷太子中庶子。……車駕南伐，以平兼冀州儀同開府長史，甚著聲稱，仍除正長史，太守如故。未幾，遂行河南尹，豪右權貴憚之。」〔註 193〕至魏宣武帝時，因時任冀州刺史的京兆王元愉謀反，魏宣武帝鑑於李平曾在冀州任長史，熟悉冀州情勢，遂以其爲平叛統帥，「冀州刺史、京兆王愉反於信都，以平爲使持節、都督北討諸軍事、

〔註 189〕《魏書》卷 65〈李平傳〉，頁 1451。

〔註 190〕《魏書》卷 13〈皇后·文成元皇后李氏傳〉，頁 331。

〔註 191〕《魏書》卷 83 上〈外戚上·李峻傳〉，頁 1824。

〔註 192〕《魏書》卷 65〈李平傳〉，頁 1451。

〔註 193〕《魏書》卷 65〈李平傳〉，頁 1451。

鎮北將軍，行冀州事以討之。」〔註194〕李平率朝廷軍與元愉叛軍作戰，初始戰況不利，但最後仍平定冀州擒獲元愉，《魏書・李平傳》載：〔註195〕

> 諸將合戰，無利而還，憚於更進。平親入行間，勸以重賞，士卒乃前，大破逆眾。……乘勝逐北，至於城門，斬首數萬級，遂圍城燒門。愉與百餘騎突門出走，遣統軍叔孫頭追之，去信都十里擒愉。冀州平。

平定元愉之亂展現了李平在軍事上的指揮長才，在魏宣武帝一朝政治地位逐步上升，「遷中書令，尚書如故。」〔註196〕魏孝明帝繼位後仍獲重用，且因平定冀州之功得元澄推薦，除獲得靈太后封賞外，也開始受到她的關注：〔註197〕

> 肅宗初，轉吏部尚書，加撫軍將軍。（李）平高明強濟，所在有聲，但以性急為累。尚書令、任城王澄奏理平定冀之勳，請酬以山河之賞。靈太后乃封武邑郡開國公，食邑一千五百戶，縑二千五百匹。

因此，當淮南戰局因李崇、崔亮不合嚴重抵銷魏軍戰力時，「高明強濟」且善於鼓舞士氣的李平，即被賦予弭平內部紛爭並整合淮南戰場的重責大任，靈太后以其為行臺節度諸軍，並對其長子李獎大加賞賜，「詔平長子獎以通直郎從，賜平縑帛百段、紫納金裝衫甲一領，賜獎縑布六十段、絳袷襖一領。父子重列，拜受家庭，觀者榮之。」〔註198〕上述引文中的「父子重列，拜受家庭，觀者榮之。」顯然刻意提升李平父子的政治地位並增加其榮耀，同時亦是凸顯北魏朝廷對李平的重視，增加其威權，以便於至淮南後能有效指揮各部魏軍。事實上李氏家族在北魏政壇一直有一定的地位，如李崇為李誕之子，十四歲襲爵陳留公；〔註199〕李平為李嶷之子，而李誕為李嶷之兄，故可知李平、李崇為堂兄弟。靈太后以李平為行臺節制李崇、崔亮諸軍，不排除也是著眼於二人的家族兄弟關係，讓李平除了北魏朝廷賦予的使持節、行臺、軍法等權力外，尚能以家族力量完全約束李崇，畢竟以政治力量高壓約束，雖能聽命行事，但內心並非完全折服，若以宗親力量使李崇心悅誠服，

〔註194〕《魏書》卷65〈李平傳〉，頁1452。
〔註195〕《魏書》卷65〈李平傳〉，頁1452～1453。
〔註196〕《魏書》卷65〈李平傳〉，頁1453。
〔註197〕《魏書》卷65〈李平傳〉，頁1453。
〔註198〕《魏書》卷65〈李平傳〉，頁1453。
〔註199〕參見《魏書》卷66〈李崇傳〉，頁1465。

才能完全接受李平指揮。若靈太后眞能有此思維，代表其戰略思考靈活。

李平至硤石戰地後，果然能有效制止李崇、崔亮的不合，「嚴勒崇、亮，令水陸兼備，剋期齊舉。崇、亮憚之，無敢乖互。」〔註200〕而二人所屬魏軍也能完全服從李平調度，終能大破梁軍，「斬（趙）祖悅，送首於洛，俘獲甚眾。」〔註201〕不過硤石戰後崔亮即不願再聽從李平的指揮，上表稱疾欲北返。崔亮認爲北魏朝廷以李平爲行臺節制諸軍乃硤石之戰而已，今硤石已獲勝，李平欲乘勝追擊進攻浮山堰，這並非北魏朝廷授權範圍，因此表明不願配合。爲此李平亦上表陳述崔亮不服指揮之罪狀，希以軍法從事。〔註202〕李平或許認爲靈太后應能支持他以軍法處死崔亮，不料靈太后並未贊同李平的主張：〔註203〕

> 靈太后令曰：「（崔）亮爲臣不忠，去留自擅，既損威稜，違我經略。雖有小捷，豈免大咎。但吾攝御萬幾，庶茲惡殺，可特聽以功補過。」
>
> 及（李）平至，亮與爭功於禁中，形於聲色。

靈太后考量其甫臨朝聽政，不願有太多殺戮，但從另一角度觀察，靈太后初掌大權，權力尚未全面鞏固，尤其又與南梁在東、西二條戰線作戰，若此時誅殺大臣，恐會對正在收攏北魏上下權力的靈太后有所影響，且崔亮背後勢力乃是重臣崔光，雖是漢人，但是靈太后需借助之處甚多，故爲了自己權力的集中及顧及對南梁的戰事，遂對崔亮予以寬宥。而從崔亮與李平爭功於禁中可看出，崔亮在外受制於李平需聽其號令，然而回朝之後有崔光的力量，便敢於與李平爭功。而靈太后對李氏家族與崔氏家族的爭端，只能以封賞解決，「魏論硤石之功，……以李崇爲驃騎將軍，加儀同三司。李平爲尚書右僕

〔註200〕《魏書》卷65〈李平傳〉，頁1454。
〔註201〕《魏書》卷65〈李平傳〉，頁1454。
〔註202〕參見《魏書》卷66〈崔亮傳〉，頁1478～1479載：李平表曰：「臣以蕭衍將湛僧珍、田道龍遊魂境內，猶未收跡，義之、神念尚住梁城，令都督崔亮權據下蔡，別將瓫生即往東岸，與亮接勢，以防橋道。臣發引向堰，舍人曹道至，奉敕更有處分，而亮已輒還京。按亮受付東南，推轂是託，誠應憂國忘家，致命爲限。而始居汝陰，磐桓不進；暨到寇所，停淹八旬；所營土山攻道，並不克就。損費糧力，坐延歲序。賴天威遠被，士卒憤激，東北騰上，垂至北門；而亮遲回，仍不肯上，臣逼之以白刃，甫乃登陴。及平硤石，宜聽處分，方更肆其專恣，輕輒還歸。此而不糾，法將焉寄？按律『臨軍征討而故留不赴者死』，又云『軍還先歸者流』。軍罷先還，尚有流坐，況亮被符令停，委棄而反，失乘勝之機，關水陸之會？緣情據理，咎深『故留』。今處亮死，上議。」
〔註203〕《魏書》卷66〈崔亮傳〉，頁1479。

射，崔亮進號鎮北將軍。亮與平爭功於禁中，太后以亮爲殿中尚書。」〔註204〕足證靈太后臨朝聽政之初，權力尚未全部集中，需靠各方勢力的支持，雖然元宗室、代人貴族的支持甚爲重要，但是漢臣的支持亦不可或缺。另外從此處也可看出，北魏自遷都洛陽積極漢化改革後，漢人的政治勢力逐漸興起，影響力也愈來愈大，不再像北魏前期平城時代，漢臣多是幕僚諮詢及規畫等性質，甚少領兵作戰，如平城時期的崔浩、高允、李沖等漢人重臣，〔註205〕其中崔浩雖有不錯的軍事思想與戰略思維，卻未有統領大軍獨立作戰的經驗。〔註206〕北魏後期如李崇、李平、薛和皆是漢臣，李崇多次率軍平定各地亂事，李平更領軍平定元愉的叛亂，這在北魏前期恐怕不易發生，宗室叛亂竟然由漢臣領軍討平，應是由宗室或代人領軍平亂才是。而李平、薛和各爲東、西戰場行臺可節制各路魏軍，當然亦包括宗室或代人所領部隊，如薛和可指揮益州元法僧所屬部隊，這在北魏前期漢臣政治地位不高時是不容易發生的，由此可證明漢人的政治力量在北魏後期逐漸升高且日益重要。

第四節　小　結

　　魏孝明帝前期與南梁的戰略關係，繼承魏宣武帝後期與南梁在東部淮南戰場、西部益州戰場的戰事，而這兩地的戰事，由於魏宣武帝後期的戰略思想與前期、中期已有不同，逐漸趨向保守，原因在於北魏長期與南朝的戰爭，對經濟生產與社會負擔都極爲沉重，因此魏宣武帝後期與南梁的戰事少見大型戰爭，多以區域型的中小型戰爭爲主。雖有積極攻勢入侵蜀地，但那也是建立在以往經略蜀地卓有績效的信心下。而魏宣武帝後期保守的戰略思維，相當程度爲魏孝明帝前期的執政者，靈太后及其執政團隊所繼承。

　　魏孝明帝因是幼主繼位，自然不可能有任何戰略決策，靈太后身爲魏孝明帝前期與南梁戰略關係的主導者，她在一開始即遭遇困境，擺在她眼前的有兩個戰略選擇，是繼續魏宣武帝與南梁在淮南戰場、益州戰場的戰事？亦或停止。靈太后選擇了後者，究其原因，乃是她初掌大權，權力基礎尚不穩固，尤其從魏宣武帝崩後至其臨朝聽政的八個月時間，北魏朝廷政爭不斷，從高肇集

〔註204〕《資治通鑑》卷148〈梁紀四〉，武帝天監十五年，頁4623。
〔註205〕參見《魏書》卷48〈高允傳〉，頁1067～1090。《魏書》卷53〈李沖傳〉，頁1179～1189。
〔註206〕參見《魏書》卷35〈崔浩傳〉，頁807～828。

團、反高肇集團的鬥爭；于忠專權；到權力定於靈太后一尊，她在經歷這些政治波折後，即便想要一改魏宣武帝保守的戰略思維，對南梁採積極的攻勢作為，並發動大型戰爭，就當時北魏的戰略環境恐怕也無法配合。北魏朝廷的政治勢力盤根錯節，不是甫執政的靈太后能馬上掌握的，軍方勢力及將領是否對其效忠，都尚有疑問，若靈太后對南梁發動大型戰爭，一旦戰敗，必會影響其領導威信，她脆弱的權力基礎會面臨嚴苛考驗。因此，對靈太后最有利的戰略思考，乃是維持魏宣武帝後期的戰略思維，避免採積極攻勢發動大型戰爭入侵南梁，需將政治重心置於內部權力的鞏固上，亦即以安內為主。

依上述之戰略思維，靈太后表現在其戰略行動上，東、西戰線都未展現積極的攻勢，皆是以守勢的防禦戰略為主。在西線的益州戰場方面，北魏朝廷在靈太后臨朝聽政前已召回伐蜀大軍，而她執政後，並未命十萬魏軍再度攻蜀，完成魏宣武帝未竟的伐蜀大業。另外，當益州刺史元法僧在益州的統治出現危機，招致梁軍藉機入侵時，緊急將遣往淮南戰場支援的前益州刺史傅豎眼調回益州，而在傅豎眼平定益州動亂並擊退張齊梁軍的入侵後，靈太后也未乘勝追擊，趁機大舉伐蜀，僅將益州境內的梁軍全數逐出後，便結束西線戰事。至於東線的淮南戰場，浮山堰的存在，對壽春的安全極具威脅，而在魏軍對其多次的攻擊行動中，雖然有硤石之戰的勝利，但是始終無法對浮山堰施以摧毀性的打擊，而就在靈太后決定以任城王元澄為統帥，準備發大軍對浮山堰進行毀滅性攻擊時，浮山堰已先行崩塌。雖然靈太后對南梁發動大型攻勢，但是並非積極性侵略型的戰略，因其戰略目標是要破壞浮山堰，發動攻勢的目的是要確保壽春城的安全，不是為入侵南梁，攻佔其城戍與土地，此從浮山堰潰決後，靈太后並未因南梁遭受重創，趁勢命元澄率大軍南侵一事即可知，反而在壽春城免除浮山堰的威脅後，順勢結束與南梁在淮南的戰事。

魏孝明帝前期與南梁之戰略關係，由於北魏內部經歷一連串的政治紛擾，靈太后在鞏固內部權力的前提下，欲與南梁維持和緩的戰略關係，雖在益州和淮南與南梁有所衝突，但主要目的都在固求兩地的安全，且不願與南梁擴大戰爭。不過，戰爭行為並非單方即可決定，梁武帝並未因北魏發生皇位更迭而停止對北魏的攻勢，對浮山堰仍持續加強構築，並趁元法僧統治益州無方爆發動亂時，趁機入侵。兩國之戰略關係，遂在梁武帝不願罷手情況下，衝突不斷，靈太后欲求和緩的戰略關係而不可得，使魏孝明帝前期與南梁的戰略關係，仍處於緊繃的衝突狀態。

第十一章 綜合國力的對抗
——魏孝明帝後期與南梁之戰略關係（524～528）

　　梁武帝執意進行違反自然及水利規則的浮山堰在 516 年（魏熙平元年、梁天監十五年）九月崩壞後，北魏與南梁的衝突暫歇，直至 524 年（魏正光五年、梁普通五年）六月梁武帝再度對北魏用兵，「以員外散騎常侍元樹爲平北將軍、北青兗二州刺史，率眾北伐。」〔註1〕北魏與南梁再度爆發戰爭，而魏孝明帝與南梁的戰略關係也進入後期的戰略緊繃狀態。然而在探討魏孝明帝後期與南梁緊張的戰略關係時，不可忽視北魏與南梁的戰略關係曾有一段平和的時期。從 516 年九月至 524 年六月中間這段將近八年的時間，依據本書前章魏孝明帝與南梁戰略關係的分期，乃屬魏孝明帝中期與南梁的戰略關係，此時雙方的戰略關係進入和緩期。西線戰事方面，北魏以傅豎眼回任益州刺史穩定當地情勢，梁武帝若持續用兵益州，恐無法獲得太多利益，在無法確保可因戰爭獲得利益的前提下，未若暫時偃兵息鼓觀察西境動態。至於東線淮南戰場則是浮山堰的潰決令南梁蒙受巨大損失，「緣淮城戍村落十餘萬口皆漂入海。」〔註2〕加上因修築浮山堰投入的巨大資源，都嚴重耗損南梁元氣，因此梁武帝的首要之務在進行戰後復原，其施政重點置於內政，先令因浮山堰工程及戰爭摧殘的淮南地域恢復元氣，再論對北魏的軍事行動。

〔註1〕《梁書》卷3〈武帝紀下〉，頁68。
〔註2〕《資治通鑑》卷148〈梁紀四〉，武帝天監十五年，頁4626。

　　至於北魏，雖然靈太后首度執政即在與南梁的對抗中取得勝利，但是因為她甫經歷過于忠專權始臨朝聽政，故其執政重點置於內部政治事務，需收攏北魏朝廷各政治勢力，才能成為擁有實權的皇太后，因此不宜對南梁採取積極的攻勢作為，若在浮山堰崩壞後，靈太后擴大戰場乘勝追擊，有太多不可預測的因素，尤其靈太后的權力基礎尚未穩固，貿然提高戰爭強度，如若戰敗，對權力基礎尚不穩的靈太后是一大危機，北魏會再度發生何種政治動盪實未可知，尤其北魏朝廷在魏宣武帝逝世後一連串的政治紛擾：魏孝明帝繼位的波折、高肇集團與反高肇集團的鬥爭、于忠的專權擅政，如今好不容易各風波先後平息，靈太后並得以臨朝聽政，且在其帶領下，在淮南及益州戰場皆力挫梁軍取得勝利，實應見好就收，不應乘勝攻入南梁境內，避免因敗戰引起政治風暴。靈太后的戰略思維也確是朝這方向思考，並未趁東、西戰線皆獲勝之際命將繼續南伐，而是穩定北魏內部為先，維持安定的政治秩序，並持續鞏固權力。而要進行這些政治作為，即需有穩定的外部環境，亦即需與南梁維持平和的戰略關係，始能讓靈太后無後顧之憂戮力進行這些政治行動。

　　然靈太后不過執政四年，在 520 年（魏正光元年、梁普通元年）七月即遭侍中元乂、中侍中劉騰「幽皇太后於北宮。」[註3] 北魏政權落入元乂、劉騰等人手中。元乂雖然掌握大權，但對南梁並未採取積極的戰略行動，其因在於若元乂貿然對南梁尋釁開戰，若戰勝尚可，一但戰敗勢必影響元乂的領導威信，甚或引起北魏朝廷反元乂勢力的反撲，趁機推翻元乂迎靈太后重新執政，故在對南梁戰事無必勝把握下，一動不如一靜，持保守的戰略作為鞏固南疆防線，至少不會因主動出擊導致敗戰進而影響其執政。再者，若對南梁開戰，勢必遣一上將率軍南伐，將數萬或數十萬軍隊交由一人統領，萬一此人有二心，對元乂專權及幽禁靈太后、魏孝明帝不滿，突然發動武力政變，從前線率軍回攻洛陽，一旦成功，元乂會有何下場，實難預料。故元乂為確保執政無虞，必須減少將領領兵機會，而與南梁維持平和的戰略關係即可減少衝突，相對的讓將領領兵出征的機會也不多，將將領欲兵變推翻元乂專政的機率減至最低。

　　綜合上述，516 年（魏熙平元年、梁天監十五年）九月至 524 年（魏正光五年、梁普通五年）六月這八年時間，北魏政權在前面四年由靈太后執掌，

─────────────

〔註3〕《魏書》卷9〈肅宗紀〉，頁 230。

後面四年則是落到元叉手中，但二人或是出自自身政治利益的考量，或是北魏長期與南梁的戰事已使社會負擔過重極需休養生息，不論是何者，二人對南梁的戰略思維均一致，即維持與南梁平和的戰略關係。另一方面，梁武帝亦有同樣的戰略思維，前文已述，南梁因浮山堰工程損失甚鉅，亦需休息恢復元氣。於是在南北執政者皆有同樣戰略思維下，這八年時間北魏與南梁的戰略關係緩和許多，不復見區域戰爭及大型戰爭，不過交界地帶的小型糾紛與衝突仍無法避免，但總體言之，相較於魏孝明帝前期、後期和南梁均爆發嚴重的戰爭而言，〔註4〕魏孝明帝中期這八年與南梁的戰略關係的確平和許多。

　　梁武帝如同其他南朝的漢人皇帝一樣，對北魏的企圖心始終未曾改變，只不過在北強南弱的態勢下，從魏宣武帝末期至魏孝明帝前期，南梁對北魏的攻勢屢被瓦解，因此唯有趁北魏內部動亂或政治紛爭自顧不暇時，利用該有利戰機發動攻勢。而524年（魏正光五年、梁普通五年）「三月，沃野鎮人破落汗拔陵聚眾反。」〔註5〕揭開了北魏大動亂的序幕，梁武帝見時機成熟，遂於六月以員外散騎常侍元樹為平北將軍，大舉北伐，〔註6〕開啓了魏孝明帝後期魏梁戰爭的序幕。由於南梁上距516年（魏熙平元年、梁天監十五年）九月浮山堰潰決，休養生息已近八年，國力逐漸恢復，梁武帝認為南梁已有力量支撐對北魏的戰爭，遂決定對北魏開戰。而這也是北魏與南梁最後一次的較量，因為十年後的534年（魏永熙三年、梁中大通六年），北魏分裂成東、西魏，南梁北方對手也由北魏轉為東魏、西魏了。

　　靈太后在525年（魏孝昌元年、梁普通六年）四月奪回政權二度臨朝聽政，「夏四月，……辛卯，皇太后復臨朝攝政。」〔註7〕立即面對南梁的大舉入侵，與首次執政時一樣，都是繼承前任執政者與南朝的戰事，首次是魏宣武帝時與南梁的戰爭；這次則是元叉與南梁的戰事，但是與首次不同的是，靈太后在前次尚可無後顧之憂對付南梁，這次則是伴隨六鎮之亂後的各地民亂，讓北魏兵力二分，軍隊調度更加困難。靈太后在二次主政時面對的是北魏的內憂外患，尤其梁武帝在經過八年的養精蓄銳後，南梁國力復甦；與此

〔註4〕魏孝明帝前期與南梁的戰略關係與戰爭，參見本書529～576；後期與南梁的戰略關係與戰爭則參見本書577～658。

〔註5〕《魏書》卷9〈肅宗紀〉，頁235。

〔註6〕參見《梁書》卷3〈武帝紀下〉，頁68。

〔註7〕《魏書》卷9〈肅宗紀〉，頁240。

同時北魏各地卻是動亂迭起，因此在魏孝明帝後期北魏與南梁的戰事當中，靈太后和魏孝明帝面對的是較前期更嚴苛且複雜的戰略環境。

第一節　戰略環境分析

　　北魏與南朝的對抗，除劉宋初年宋武帝在位時南朝力量能與北魏抗衡外，其餘大部分時期皆是北強南弱的態勢，但是這種態勢在魏孝明帝後期產生變化，南梁逐漸扭轉北強南弱的態勢，故魏孝明帝後期與南梁的戰略關係雖然仍是衝突與戰爭，然其結果和過程卻與以往大為不同。往昔北魏對南朝的戰爭，雖然無法獲得全面性的勝利消滅南朝，但在聲勢上總是壓過南方且是勝多敗少。然而魏孝明帝後期對南梁的戰爭卻是勝少敗多，頻頻失城陷地，何以致此？原因之一乃南北所處的戰略環境已有所不同。北魏內部政治動盪、叛亂迭起，加上財政惡化，使北魏社會支撐戰爭的力道減弱，軍隊除需剿平各地亂事外，尚需備禦南梁，可見北魏處於劣勢的戰略環境中。反觀南梁，梁武帝在位四十八年，〔註8〕前期與中期奮發有為在政治上較為積極，又無宋、齊二朝殘殺宗室造成政治動盪及內部亂事，國家和社會處於穩定狀態，故在戰略環境中佔有優勢。現將魏孝明帝後期北魏與南梁所處的戰略環境詳述如下。

一、元叉專政與靈太后復辟

　　靈太后自515年（魏延昌四年、梁天監十四年）九月開始臨朝聽政，因緣際會成為北魏王朝最高統治者，但其權力基礎並不穩。首先，她乃「子貴母死」之倖免者，北魏開國太祖魏道武帝為防止外家干政，在決定以拓跋嗣（魏明元帝）為儲君後，仿效漢武帝立劉弗陵為太子遂殺其母鉤弋夫人故事，殺拓跋嗣母劉貴人，「（魏明元）帝母劉貴人賜死，太祖告帝曰：『昔漢武帝將立其子而殺其母，不令婦人後與國政，使外家為亂。汝當繼統，故吾遠同漢武，為長久之計。』」〔註9〕魏道武帝將立其子而殺其母的這項行為，遂成為北魏王朝的祖宗家法，一旦被立為太子，其母免不了遭處死。不過魏宣武帝於512年（魏延昌元年、梁天監十一年）「冬十月乙亥，立皇子詡為

〔註8〕 梁武帝在位從天監元年至太清三年（502～549、魏景明三年至東魏武定七年）共四十八年。

〔註9〕 《魏書》卷3〈太宗紀〉，頁49。

皇太子。」〔註10〕並未賜死元詡生母胡充華，魏宣武帝成為北魏「子貴母死」制的終結者，靈太后遂得以存活突破第一道生存障礙，爾後才有機會掌控北魏大權，開展其政治生涯。其次，靈太后首度臨朝聽政即需應付與南梁的戰爭，在有外敵入侵之際，需團結內部才能一致對外，因此北魏朝廷各政治勢力暫時先聚集在靈太后的指揮之下一致對外，但是在魏梁戰事暫告平息後，若靈太后沒有政治實力能完全掌控大權，則各政治勢力恐會競逐權力，于忠權臣專擅的局面將會再度發生。

靈太后在魏宣武帝時僅為充華嬪，無政治實力亦無班底，故在執政後需迅速建立親信集團掌握文武大權，而能得到自己信任的當然是有血緣或親屬關係者，有血緣關係者如妹妹、父親等至親之人，但其妹乃女性，在男女不平等的封建社會，女性在政治權力的爭奪上不若男性，因此其丈夫即靈太后妹婿元乂就在這樣的背景下進入北魏政治舞臺。至於靈太后父胡國珍，自靈太后臨朝後官職一路攀升，「加侍中，封安定郡公。……乃令入決萬幾。尋進位中書監、儀同三司，侍中如故。」〔註11〕靈太后以其父入決萬幾參與決策，便是希望將政策制定權掌握在自己手中，尤其胡國珍在靈太后臨朝前並無太多政治歷練，故靈太后以「國珍與太師、高陽王雍，太傅、清河王懌，太保、廣平王懷，入居門下，同釐庶政。」〔註12〕上述安排目的有二：其一是增加胡國珍政治歷練與政事處理經驗；其二則是透過胡國珍便於在政策上貫徹自己意志，同時也可知悉各項政事處理、執行的經過，但是胡國珍畢竟年紀太大，在靈太后臨朝後不過兩年多時間，即於518年（魏神龜元年、梁天監十七年）過世，「夏四月丁酉，司徒胡國珍薨。」〔註13〕如此一來，使靈太后的權力布局往其妹這端傾斜，造就其妹婿元乂權勢日隆，進而幽禁靈太后奪權專政。

元乂雖為元宗室，但相對於魏孝明帝而言已是「屬籍疏遠。」〔註14〕元乂乃魏道武帝之子陽平王拓跋熙四世孫，與魏獻文帝同輩，但因是宗室疏屬，在政治權力的競爭上並未具優勢，他之所以能夠在北魏政壇崛起，與胡國珍的去世及其父江陽王元繼的疾病纏身有關。靈太后原本之布局乃是重用

〔註10〕　《魏書》卷 8〈世宗紀〉，頁 212。
〔註11〕　《魏書》卷 83 下〈外戚下・胡國珍傳〉，頁 1833。
〔註12〕　《魏書》卷 83 下〈外戚下・胡國珍傳〉，頁 1833～1834。
〔註13〕　《魏書》卷 9〈肅宗紀〉，頁 227。
〔註14〕　《魏書》卷 16〈道武七王・江陽王繼附子乂傳〉，頁 406。

其父、妹兩支力量助她控制朝政掌握大權，而代表其妹力量的是其夫元乂以及元乂之父元繼。在胡國珍去世後，靈太后最信任的人僅剩其妹，於是靈太后所有的榮寵、權力全部加諸在元乂父子身上，「靈太后臨朝，以乂妹夫，除通直散騎侍郎。乂妻封新平郡君，後遷馮翊郡君，拜女侍中。乂以此意勢日盛，尋遷散騎常侍，光祿少卿，領嘗食典禦，轉光祿卿。」〔註15〕雖然元乂在靈太后臨朝後政治地位迅速上升，不過一開始因元乂威望、資歷不足，靈太后先重用其父元繼，他在北魏朝廷與軍界都有一定威望，史載：

> 繼，字世仁。襲封江陽王，加平北將軍。高祖（魏孝文帝）時，
> 除使持節、安北將軍、撫冥鎮都大將，轉都督柔玄、撫冥、懷荒
> 三鎮諸軍事、鎮北將軍、柔玄鎮大將。入爲左衛將軍，兼侍中，
> 又兼中領軍，留守洛京。尋除持節、平北將軍，鎮攝舊都。……
> 世宗時，除征虜將軍、青州刺史，轉平北將軍、恒州刺史，入爲
> 度支尚書。

由於元繼歷練多項武職且具備豐富的政治經歷，加上元乂這層與靈太后特殊的姻親關係，故靈太后以其爲領軍將軍宿衛宮廷安全，且因靈太后恩寵日隆，元繼的政治勢力逐漸攀升，「靈太后以子乂姻戚，數與肅宗幸繼宅，置酒高會，班賜有加。尋加侍中、驃騎大將軍、儀同三司，特進、領軍如故。徙封京兆王。」〔註16〕但是因元繼年事已高且病痛纏身，有時需長期在家養病，「繼疾患積年，枕養於家，每至靈太后與肅宗遊幸於外，時令扶入，居守禁內。及節慶宴饗，皆力疾參焉。」〔註17〕在這種情形下，靈太后不得不以元乂代替其父爲領軍將軍，接收其父的政治資源與勢力。

元乂爲侍中又爲領軍將軍，不但參贊機要且統領禁軍，等於掌握北魏朝廷的文武大權，加上靈太后的寵信，權勢日隆，史書稱元乂「既在門下，兼總禁兵，深爲靈太后所信委。」〔註18〕由於元乂權力愈來愈大，不免日漸驕恣，遂與當時的輔政大臣清河王元懌產生衝突。由於魏孝明帝年幼，「靈太后以（元）懌肅宗懿叔，德先具瞻，委以朝政，事擬周（公）霍（光）。懌竭力匡輔，以天下爲己任。」〔註19〕由引文可知，元懌總理當時北魏國政實具宰

〔註15〕《魏書》卷16〈道武七王・江陽王繼附子乂傳〉，頁403。
〔註16〕《魏書》卷16〈道武七王・江陽王繼傳〉，頁402。
〔註17〕《魏書》卷16〈道武七王・江陽王繼傳〉，頁403。
〔註18〕《魏書》卷16〈道武七王・江陽王繼附子乂傳〉，頁404。
〔註19〕《魏書》卷22〈孝文五王・清河王懌傳〉，頁592。

輔之權。而元懌以「元叉恃寵驕盈，志欲無限。」〔註 20〕為正綱紀，遂欲裁之以法，二人的政治衝突於焉產生。另外，中侍中劉騰因其弟仕途遭元懌所阻，故對其頗為不滿，「吏部嘗望（劉）騰意，奏其弟為郡帶戌，人資乖越，清河王懌抑而不與。騰以為恨，遂與領軍元叉害懌。」〔註 21〕宦官劉騰，字青龍，本平原城民，幼時坐事受刑，補小黃門，轉中黃門。他乃靈太后在內廷的心腹，當魏宣武帝駕崩時，劉騰得知高太后欲害靈太后，迅速將此事稟報侯剛等人，靈太后因而得以不死，於是在她臨朝後，便以劉騰「保護之勳，除崇訓太僕，加中侍中，改封長樂縣開國公，食邑一千五百戶。」〔註 22〕由於劉騰乃閹宦，出入內廷方便，靈太后遂引為腹心日漸寵信，史載：「靈太后臨朝，特蒙進寵，多所幹託，內外碎密，棲棲不倦。」〔註 23〕元叉和劉騰有如靈太后在外朝、內廷的左膀右臂，而在二人均和元懌有矛盾的情況下，雙方的政治鬥爭勢不可免。

元懌欲利用手中的宰輔之權制裁元叉，但掌握禁軍兵權的元叉不可能坐以待斃，遂率先發難，與通直郎宋維合謀，許其日後富貴，唆使他誣告元懌謀反，「（元叉）遂與（宋）維為計，以富貴許之。」〔註 24〕「叉遂令通直郎宋維告司染都尉韓文殊欲謀逆立（元）懌。」〔註 25〕這種莫須有之事經不起驗證，「文殊父子懼而逃遁。鞫無反狀。以文殊亡走，懸處大辟。置懌於宮西別館，禁兵守之。」〔註 26〕雖然事後證明元懌確遭誣陷，卻仍遭囚禁由元叉的禁軍看守，由此可見靈太后對元叉的縱容與寵信，她至少應給予元叉嚴厲的警告，但卻沒有，導致元叉野心逐漸膨脹。

元叉對僅囚禁卻未能殺元懌之結果並不滿意，由於靈太后與元懌有微妙的男女關係，「太后臨朝，淫放日甚，至逼幸清河王懌。」〔註 27〕元叉認為靈太后有可能念及與元懌的感情而予以釋放，況且他確屬無辜並無謀反情事，一旦元懌遭釋且再掌宰輔之權發動反撲，元叉會有何下場實難預料，是故元懌必須殺之，然殺他的關鍵在靈太后，為了避免靈太后對其維護，元叉決意

〔註 20〕《魏書》卷 16〈道武七王・江陽王繼附子叉傳〉，頁 404。
〔註 21〕《魏書》卷 94〈閹官・劉騰傳〉，頁 2027。
〔註 22〕《魏書》卷 94〈閹官・劉騰傳〉，頁 2027。
〔註 23〕《魏書》卷 94〈閹官・劉騰傳〉，頁 2027。
〔註 24〕《魏書》卷 63〈宋弁附子維傳〉，頁 1416。
〔註 25〕《魏書》卷 16〈道武七王・江陽王繼附子叉傳〉，頁 404。
〔註 26〕《魏書》卷 63〈宋弁附子維傳〉，頁 1416。
〔註 27〕《魏書》卷 104 之 4〈天象志四〉，頁 2436。

發動政變奪取大權，如此才能毫無顧忌殺元懌。元乂找來劉騰密謀，因劉騰為宦官出入內廷方便，且能掌握靈太后與魏孝明帝的一舉一動。二人決定利用元乂掌握的禁軍隔絕靈太后，利用年僅十一歲的魏孝明帝為傀儡，並矯靈太后詔書，聲稱以身體不適為由將大權還給魏孝明帝，〔註28〕如此魏孝明帝便能任元、劉二人擺布，《魏書·肅宗紀》載正光元年（520、梁普通元年）「秋七月丙子，侍中元乂、中侍中劉騰奉帝幸前殿，矯皇太后詔。……乃幽皇太后於北宮，殺太傅、領太尉、清河王懌，總勒禁旅，決事殿中。」〔註29〕至此，元懌被殺，靈太后與魏孝明帝遭到監控且不能相見，北魏大權落入元乂、劉騰二人手中，史載：〔註30〕

> 乂以騰為司空公，表裏擅權，共相樹置。乂為外禦，騰為內防，迭
> 直禁闥，共裁刑賞。……四年之中，生殺之威，決於乂、騰之手。

元乂專總機要掌握外朝大政，劉騰控制內廷監視靈太后與魏孝明帝動態，靈太后面對這項變局曾感嘆自云：「養虎自齧，長虺成蛇。」〔註31〕卻已然追悔莫及了。

靈太后雖然不甘大權遭奪，但在劉騰及禁軍的看守下亦無可奈何，不過 523 年（魏正光四年、梁普通四年）三月劉騰的死為靈太后打開了一道缺口。元乂與劉騰分工原是元乂控制外朝、劉騰監視後宮，並隔絕靈太后與魏孝明帝母子，但是在劉騰死後元乂無法得知後宮詳細動態，加上元乂專權久了，或許是過於自信竟開始遊樂起來，對內廷的監控逐漸鬆懈，《魏書·元乂傳》：「從劉騰死後，防衛微緩，乂頗亦自寬，時宿於外，每日出遊，留連他邑。靈太后微察知之。乂積習生常，無復虞慮。其所親諫乂，乂又不納。」

〔註28〕靈太后詔書內容如下：「魏有天下，弈葉重光。高祖孝文皇帝，以英聖馭天，徙京定鼎。世宗宣武皇帝，以睿明承業，廓寧區夏，而鴻勳未半，早已登遐。乃令車書弗同，鯨寇尚熾。幼主稚弱，凤纂寶曆，曾是宗祐，莫克祗奉，朕所以敬順羣請，臨朝總政。帝年以長，久思退身，所以往歲殷勤，具陳情旨，百官內外，已照此懷。而僉爾眾意，苦見勤奪，僶俛從事，以迄於茲。自此春來，先疾屢發，藥石攝療，莫能善瘳，夏首及今，數加動劇，便不堪日鬢萬務，巨細兼省。帝齒周星紀，識學逾蹄，日就月將，人君道茂，足以撫緝萬邦，諧決百揆。朕當率前志，敬遜別宮，遠惟復子明辟之義，以自綏養，實望羣公逮于黎庶，深鑒斯理。如此，則上下休嘉，天地清晏，魏道熙隆，人神慶悅，不其善歟？」《魏書》卷9〈肅宗紀〉，頁230。

〔註29〕《魏書》卷9〈肅宗紀〉，頁230。

〔註30〕《魏書》卷94〈閹官·劉騰傳〉，頁2028。

〔註31〕楊衒之著、劉九洲注譯，《洛陽伽藍記》（臺北：三民書局，1994年3月）卷1〈城內·建中寺〉，頁66。

〔註32〕靈太后觀察內外情勢後，準備伺機而動。

　　靈太后復辟，再度臨朝聽政的過程可分為三個階段。第一階段，靈太后必須逼迫元叉解除其與魏孝明帝的隔絕，如此才能與已十四歲的魏孝明帝共商大計，而靈太后決定以出家的苦肉計試探元叉，據《魏書‧元叉傳》載：〔註33〕

> 正光五年（524、梁普通五年）秋，靈太后對肅宗謂羣臣曰：「隔絕我母子，不聽我往來兒間，復何用我為？放我出家，我當永絕人間。……」欲自下髮。肅宗與羣臣大懼，叩頭泣涕，殷勤苦請。靈太后聲色甚厲，意殊不回。肅宗乃宿於嘉福殿，積數日，遂與太后密謀圖叉。肅宗內雖圖之，外形彌密，靈太后瞋忿之言，欲得往來顯陽之意，皆以告叉。又對叉流涕，敍太后欲出家，憂怖之心。如此密言，日有數四。叉殊不為疑，乃勸肅宗從太后意。於是太后數御顯陽，二宮無復禁礙。

經由這場戲使靈太后與魏孝明帝之後能毫無羈絆的相見，而讓她們母子相見是頗為危險之事，然元叉竟不以為意，可見他養尊處優久了也漸漸喪失政治嗅覺。第二階段，靈太后取得內廷的優勢後，需進一步獲得外朝的奧援，而高陽王元雍遂成為結盟對象：〔註34〕

> 丞相、高陽王雍，雖位重於叉，而甚畏憚，欲進言於肅宗，而事無因。會太后與肅宗南遊洛水，雍邀請，車駕遂幸雍第。日晏，肅宗及太后至雍內室，從者莫得而入，遂定圖叉之計。

元叉殺了元懌後，以元雍為宰輔，元叉選定元雍的原因，除了他一方面有處理國家大政的經驗，如于忠專權時期，「肅宗初，詔（元）雍入居太極西栢堂，諮決大政，給親信二十人。又詔雍為宗師，進太傅、侍中，領太尉公，王如故。」〔註35〕又是魏孝文帝之弟，「既以親尊，地當宰輔。」〔註36〕但是最重要的是他「唯唯而已」的個性容易控制，史書稱其「雖位居朝首，……唯唯而已。」〔註37〕不過他畢竟是宰輔、群臣之首，兼之又為元宗室，亦即

〔註32〕《魏書》卷16〈道武七王‧江陽王繼附子叉傳〉，頁405。
〔註33〕《魏書》卷16〈道武七王‧江陽王繼附子叉傳〉，頁405～406。
〔註34〕《魏書》卷16〈道武七王‧江陽王繼附子叉傳〉，頁406。
〔註35〕《魏書》卷21上〈獻文六王‧高陽王雍傳〉，頁556。
〔註36〕《魏書》卷21上〈獻文六王‧高陽王雍傳〉，頁557。
〔註37〕《魏書》卷21上〈獻文六王‧高陽王雍傳〉，頁556。

他乃王公及大臣的雙重領袖，是靈太后極需拉攏的力量。另一方面，元雍亦要擺脫政治上受制於元叉的局面，而六鎮之亂爆發後各地動亂不斷，北魏朝廷派軍征討多嘗敗績，元叉卻無具體策略，諸如拉攏、分化叛軍或予以招安等，再配合武力征討雙管齊下。此外，元叉、劉騰等人的貪腐淫亂，〔註38〕導致吏治敗壞賄賂盛行，引起其他王公大臣們的不滿。而靈太后在得到元雍這股王公大臣力量的支持後，與元叉的力量對比已產生翻轉。第三階段，靈太后欲罷黜元叉需先解除其領軍將軍一職，因領軍將軍掌控禁軍職司宮廷護衛，但要收回禁軍兵權須師出有名，而徐州刺史元法僧的叛魏降梁，正好給了靈太后整肅元叉的藉口，「孝昌元年（525、梁普通六年）春正月庚申，徐州刺史元法僧據城反，害行臺高諒，自稱宋王，號年天啟，遣其子景仲歸於蕭衍。」〔註39〕由於元法僧爲宗室，其任徐州刺史乃元叉舉薦，「又舉其親元法僧爲徐州刺史，法僧據州反叛，靈太后數以爲言，叉深愧悔。」〔註40〕靈太后以元法僧謀反爲藉口詰難元叉：〔註41〕

> 太后曰：「然。元郎若忠於朝廷而無反心，何故不去此領軍，以餘官輔政？」叉聞之，甚懼，免冠求解。乃以叉爲驃騎大將軍、儀同三司、尚書令、侍中、領左右。叉雖去兵權，然總任內外，殊不慮有黜廢之理也。後叉出宿，遂解其侍中。旦欲入宮，門者不納。尋除名爲民。

〔註38〕元叉等統治集團的貪腐有多嚴重，茲舉數例言之，在元叉本人部分，「得志之後，便驕恣，耽酒好色，與奪任情。乃於禁中自作別庫掌握之，寶充牣其中。又曾臥婦人於食輿，以帊覆之，令人舁入禁內，出亦如之，直衛雖知，莫敢言者。輕薄趣勢之徒，以酒色事之，姑姊婦女，朋淫無別。政事怠惰，綱紀不舉，州鎮守宰，多非其人。於是天下遂亂矣。」《魏書》卷16〈道武七王‧江陽王繼附子叉傳〉，頁405。至於劉騰的貪腐亂行亦不遑多讓，史稱其「公私屬請，唯在財貨。舟車之利，水陸無遺；山澤之饒，所在固護；剝削六鎮，交通互市。歲入利息以巨萬計。又頗役嬪御，時有徵求；婦女器物，公然受納。逼奪隣居，廣開室宇。天下咸患苦之。」《魏書》卷94〈閹官‧劉騰傳〉，頁2028。其實元叉之父江陽王元繼，亦是貪婪之輩，「時叉執殺生之柄，威福自己，門生故吏遍於省闥，拜受之日，送者傾朝，當世以爲榮，有識者爲之致懼。太官給酒膳，供賓客。……繼晚更貪婪，聚斂無已。牧守令長新除赴官，無不受納貨賄，以相託付。妻子各別請屬，至乃郡縣微吏，亦不得平心選舉。憑叉威勢，法官不敢糾摘，天下患之。」《魏書》卷16〈道武七王‧江陽王繼傳〉，頁403。

〔註39〕《魏書》卷9〈蕭宗紀〉，頁238。

〔註40〕《魏書》卷16〈道武七王‧江陽王繼附子叉傳〉，頁406。

〔註41〕《魏書》卷16〈道武七王‧江陽王繼附子叉傳〉，頁406。

元叉面對靈太后與元雍結盟後的勢力，其壓力愈來愈大，爲避免猜疑遂辭去領軍將軍之職，但他卻未料到，失去禁軍兵權等於一切權力的喪失。果不其然，靈太后再趁元叉出宮外宿的機會，解除其侍中一職，使元叉在這場政治鬥爭中徹底失敗。

至於元叉的下場，靈太后原本因其妹婿的關係不忍誅殺，故「除名爲民」，但在朝中大臣的反對下，不得不殺之，「於是叉及弟爪並賜死於家。」〔註42〕至此，元叉專政擅權局面終告結束，《魏書·肅宗紀》載525年（魏孝昌元年、梁普通六年）四月「辛卯，皇太后復臨朝攝政。」〔註43〕標誌靈太后復辟成功二度執政，北魏大權再度歸於靈太后，只不過她面對的是較首次執政更爲嚴苛的內外局勢。

二、六鎭之亂與各地民亂蜂起

524年（魏正光五年、梁普通五年）「三月，沃野鎭人破落汗拔陵聚眾反，殺鎭將，號眞王元年。」〔註44〕破落汗（破六韓）拔陵爲匈奴人，〔註45〕「破六韓常，……匈奴單于之裔也。……其父孔雀，世襲酋長。孔雀少驍勇。時宗人拔陵爲亂，以孔雀爲大都督、司徒、平南王。」〔註46〕他的反叛，揭開了六鎭之亂的序幕，將爲對抗柔然所設的北方邊關六鎭全部捲入了戰火之中。當時北魏朝廷雖是元叉專政，卻也迅速作出反應，立即派軍平亂，「詔臨淮王彧爲鎭軍將軍，假征北將軍，都督北征諸軍事以討之。」〔註47〕不過戰事不利，朝廷軍在五月時竟被破落汗拔陵的叛軍擊潰，「後北鎭破落汗拔陵反

〔註42〕《魏書》卷16〈道武七王·江陽王繼附子叉傳〉，頁408。
〔註43〕《魏書》卷9〈肅宗紀〉，頁240。
〔註44〕《魏書》卷9〈肅宗紀〉，頁235。破落汗拔陵反叛的時間史籍記載不一，《資治通鑑》載523年（魏正光四年、梁普通四年）四月，參見《資治通鑑》卷149〈梁紀五〉，武帝普通四年，頁4674。與《魏書》卷9〈肅宗紀〉，頁235所載的524年（魏正光五年、梁普通五年）三月有一年差距。朱大渭考證後認爲，應以《魏書·肅宗紀》所載爲是，《資治通鑑》的記載難以成立，詳見〈北魏末年各族人民大起義若干史實的辨析〉，收於氏著，《六朝史論》（北京：中華書局，1998年8月），頁457～481。
〔註45〕《魏書》作破落汗拔陵，《北齊書》、《北史》、《資治通鑑》作破六韓拔陵。參見《魏書》卷9〈校勘記〉8，頁250～251。《北齊書》卷27〈破六韓常傳〉，頁378。《北史》卷4〈魏本紀四·肅宗孝明帝紀〉，頁150。《資治通鑑》卷149〈梁紀五〉，武帝普通四年，頁4674。
〔註46〕《北齊書》卷27〈破六韓常傳〉，頁378。
〔註47〕《魏書》卷9〈肅宗紀〉，頁235。

叛，所在響應。征北將軍、臨淮王彧大敗於五原，安北將軍李叔仁尋敗於白道，賊眾日甚。」〔註48〕五原之戰展現了叛軍的氣勢，引起北魏朝廷高度重視，也才驚覺事態嚴重，將臨淮王元彧免官，並重新調整部署，以七十歲沙場老將尚書令李崇掛帥出征，「五月，臨淮工彧敗於五原，削除官爵。壬申，詔尚書令李崇爲大都督，率廣陽王淵等北討。」〔註49〕李崇時爲侍中、尚書令，乃五朝元老，加上曾任揚州刺史多年，長期與南梁在淮南地區對抗，軍事、戰鬥經驗豐富，李崇無疑是平定六鎮之亂的最佳人選。

李崇率軍北討後，與叛軍爆發激烈戰鬥，「（李）崇與廣陽王深（淵）力戰，累破賊眾。」〔註50〕朝廷軍雖然暫時壓制叛軍氣勢，阻遏其進軍中原的企圖，初步達到「鎮壓恒朔」〔註51〕的戰略目的，但是仍無法將其完全撲滅。諷刺的是，北魏爲求盡速消滅之，竟向柔然求援，使原本爲防禦柔然而設的六鎮角色互換，敵人柔然變成盟友，六鎮武力卻成威脅北魏之敵，北魏反而與柔然結盟共同消滅爲備禦柔然而設的六鎮武力。而柔然主阿那瓌聞訊後決定應北魏之邀，率軍助其平亂，525年（魏孝昌元年、梁普通六年）三月，「阿那瓌勒眾十萬，自武川西向沃野，屢破拔陵兵。」〔註52〕六月，「蠕蠕主阿那瓌率眾大破拔陵，斬其將孔雀等。」〔註53〕叛軍在魏軍與柔然的夾擊下大敗，紛紛投降，「前後降附二十萬人。」〔註54〕破落汗拔陵本人則下落不明，六鎮之亂暫時平息。對於這二十萬投降的六鎮軍民，廣陽王元淵建議於「恒州北別立郡縣，安置降戶，隨宜賑賚，息其亂心。」〔註55〕但是北魏朝廷並未採納，反而「詔遣黃門郎楊昱分散之於冀、定、瀛三州就食。」〔註56〕當時河北地區已因連年災荒導致百姓生活困難，如何能再容納這二十萬人的生存？

〔註48〕《魏書》卷66〈李崇傳〉，頁1473。

〔註49〕《魏書》卷9〈肅宗紀〉，頁235。「廣陽王淵」《北史》作「廣陽王深」，蓋避唐諱，《資治通鑑》承用之。參見《資治通鑑》卷150〈梁紀六〉，武帝普通五年，頁4679～4680。《北史》卷16〈太武五王・廣陽王建附深傳〉，頁616。

〔註50〕《北史》卷43〈李崇傳〉，頁1599。

〔註51〕《北史》卷43〈李崇傳〉，頁1599。

〔註52〕《資治通鑑》卷150〈梁紀六〉，武帝普通六年，頁4695。

〔註53〕《魏書》卷9〈肅宗紀〉，頁241。

〔註54〕《魏書》卷18〈太武五王・廣陽王淵傳〉，頁431。

〔註55〕《魏書》卷18〈太武五王・廣陽王淵傳〉，頁431。另參見《資治通鑑》卷150〈梁紀六〉，武帝普通六年，頁4705。

〔註56〕《魏書》卷18〈太武五王・廣陽王淵傳〉，頁431。另參見《資治通鑑》卷150〈梁紀六〉，武帝普通六年，頁4705。

其時靈太后已再度執政，而這項決策埋下這些降戶日後再度動亂的因子，不論這項決策是否出自靈太后之意，但最終一定是她拍板定案，元淵對此曾嘆：「此輩復爲乞活矣，禍亂當由此作。」〔註57〕似乎已預見日後將再度爆發動亂。

　　六鎮之亂雖然暫時平息，但是北魏的動亂並未因此停止，破落汗拔陵的起兵，猶如一顆引信，將北魏長期累積的胡漢矛盾、階級矛盾、文武官員矛盾、洛陽與平城的矛盾、漢化與反漢化的矛盾等各種問題一次全部點燃。上述各種矛盾受破落汗拔陵舉兵反叛的影響，數年間在北魏各地爆發大小不等的亂事，有如星火燎原般，演變成北魏末年的大動亂。524年（魏正光五年、梁普通五年）「夏四月，高平酋長胡琛反，自稱高平王，攻鎮以應拔陵。」〔註58〕「六月，秦州城人莫折太提據城反，自稱秦王。……太提尋死，子念生代立，僭稱天子。」〔註59〕次年八月，「柔玄鎮人杜洛周率眾反於上谷，號年眞王，攻沒郡縣，南圍燕州。」〔註60〕526年（魏孝昌二年、梁普通七年）正月「五原降戶鮮于脩禮反於定州，號魯興元年。」〔註61〕高平鎮胡琛之亂、秦州莫折念生之亂、柔玄鎮杜洛周之亂、五原降戶鮮于脩禮之亂等，這些亂事使整個北魏捲入漫天戰火中，而北魏朝廷爲了鎮壓各地叛亂，四處調兵遣將，由於亂事範圍廣兼之叛軍勢力雄厚，抽調兵力奔赴各地平亂的結果，對南方的國防不免有所忽略，遂啓南梁進攻北魏之機。

　　北魏爲防範北方強敵柔然，在東起河北、西至河套地區兩千餘里的國防線上設置軍鎮，分別爲沃野鎮（今內蒙古五原北）、懷朔鎮（今內蒙古固陽北）、武川鎮（今內蒙古武川西）、撫冥鎮（今內蒙古四子王旗東南）、柔玄鎮（今內蒙古興和西北）、懷荒鎮（今河北張北）等六大軍鎮，均置重兵駐守。六鎮既是防禦柔然而設，何以成爲動亂根源，顧祖禹曾對六鎮之亂的原因有詳盡分析：〔註62〕

〔註57〕《魏書》卷18〈太武五王・廣陽王淵傳〉，頁431。
〔註58〕《魏書》卷9〈肅宗紀〉，頁235。
〔註59〕《魏書》卷9〈肅宗紀〉，頁236。
〔註60〕《魏書》卷9〈肅宗紀〉，頁241。
〔註61〕《魏書》卷9〈肅宗紀〉，頁243。
〔註62〕顧祖禹，《讀史方輿紀要》卷4〈歷代州域形勢四・南北朝〉，頁189。顧祖禹此言有一謬誤，正光四年（523、梁普通四年）柔然入寇，並非懷朔鎮民挾忿殺其鎮將，而是懷荒鎮民。詳見《魏書》卷31〈于景傳〉，頁747載：「（于）忠弟景，字百年。……忠薨後，景爲武衛將軍。謀廢元叉，又黜爲征虜將軍、

> 初，魏都平城，於緣邊置六鎮。……皆恃爲藩衛，資給優厚，遷洛
> 以後，邊任益輕，將士失所，互相仇怨。正光四年，柔然入寇，懷
> 朔鎮民扶怨殺其鎮將，遂反。未幾，沃野鎮民破六韓拔陵聚眾反，
> 諸鎮華夷之民，往往響應。既而六鎮盡叛，秦隴以西，冀并以北，
> 並爲盜區。

顧祖禹所言大致正確，平城時期的六鎮將士，受到北魏朝廷高度重視，「皆恃爲藩衛，資給優厚。」將領都從代人貴族或宗室中挑選，被視爲國之肺腑；士兵亦是鮮卑族的精壯，被視爲國家精銳，他們不僅待遇優厚，且地位崇高升遷管道順暢，能駐守六鎮乃一光榮象徵。然「遷洛以後，邊任益輕，將士失所，互相仇怨。」洛陽時期的六鎮將士，因內、外因素導致政治與軍事地位劇降。外在因素乃柔然已不復北魏前期時的強大，加上遷都洛陽後，柔然騎兵不易威脅洛陽，不似平城能隨時感受到柔然的軍事威脅。內在因素則是漢化改革後重文輕武，六鎮將士的政治、軍事地位不斷降低，他們的升遷和待遇皆不如在洛陽的官員，加上只有六鎮尚保留「鎮」的特殊行政制度，六鎮將士往往遭人用特殊眼光看待，以往將帥、士兵被派往六鎮乃無上光榮，現則視六鎮爲畏途。不過，北魏仍有不少人有先見之明，在六鎮爆發動亂前早已對上述問題提出警訊。在六鎮將士方面，任城王元「澄以北邊鎮將選舉彌輕，恐賊虜闚邊，山陵危迫，奏求重鎮將之選，修警備之嚴，詔不從。」〔註63〕元澄希望能重視鎮將的揀擇，喚醒北魏朝廷對六鎮將士的重視，嚴格挑選上馴之才出任。當時正是靈太后首次執政時期，由「詔不從」可知他的建言沒有發揮效果。在行政區劃方面，尚書令李「崇乃上表求改鎮爲州，罷削舊貫。」〔註64〕事實上，改鎮爲州的構想乃出自李崇的長史魏蘭根：〔註65〕

> 正光末，尚書令李崇爲大都督，討蠕蠕，以蘭根爲長史。因說崇曰：
> 「緣邊諸鎮，控攝長遠，昔時初置，地廣人稀，或徵發中原強宗子
> 弟，或國之肺腑寄以爪牙。中年以來，有司乖實，號曰府戶，役同
> 廝養，官婚班齒，致失清流。而本宗舊類，各各榮顯，顧瞻彼此，

> 懷荒鎮將。及蠕蠕主阿那瓌叛亂，鎮民固請糧廩，而景不給。鎮民不勝其忿，
> 遂反叛。執縛景及其妻，拘守別室，皆去其衣服，令景著皮裘，妻著故絳襖。
> 其被毀辱如此。月餘，乃殺之。」

〔註63〕《魏書》卷19中〈景穆十二王中·任城王雲附子澄傳〉，頁476。
〔註64〕《魏書》卷66〈李崇傳〉，頁1473。
〔註65〕《北史》卷56〈魏蘭根傳〉，頁2046。

理當憤怨。宜改鎮立州，分置郡縣。凡是府戶，悉免爲平人，入仕
次第，一準其舊。此計若行，國家庶無北顧之慮。」崇以奏聞，事
寢不報。

六鎮問題冰凍三尺非一日之寒，魏蘭根看出了根源所在，昔「國之肺腑寄以
爪牙」；今「號曰府戶，役同廝養，官婚班齒，致失清流。」當六鎮將士見
其「本宗舊類，各各榮顯，顧瞻彼此，理當憤怨。」爲了徹底解決六鎮將士
政治地位失衡問題，「宜改鎮立州，分置郡縣。凡是府戶，悉免爲平人，入
仕次第，一準其舊。」李崇上奏的時間雖然據上引文只點出「正光末，尙書
令李崇爲大都督，討蠕蠕。」等背景資料，但是對照《魏書・肅宗紀》應是
破落汗拔陵叛亂的前一年 523 年（魏正光四年、梁普通四年）「夏四月，……
詔驃騎大將軍、尙書令李崇，中軍將軍、兼尙書右僕射元纂率騎十萬討蠕蠕，
出塞三千餘里。」〔註 66〕其時正是元叉執政時期，從「崇以奏聞，事寢不
報。」可知，雖然屢有重臣呼籲北魏朝廷應重視六鎮問題，但顯然沒有受到
執政者的重視，司馬光曾云：「李崇之表，乃所以銷禍於未萌，制勝於無形。」
〔註67〕可惜未能被北魏朝廷所用。

　　破落汗拔陵叛亂後，北魏朝廷先以臨淮王元彧征討失利，再以尙書令李
崇和廣陽王元淵率軍北討，而元淵親身經歷鎮壓六鎮之亂，對動亂的根源瞭
解透徹，遂在 524 年（魏正光五年、梁普通五年）七月東道都督崔暹敗於白
道時，繼元澄、李崇後，亦上書曰：〔註68〕

邊豎構逆，以成紛梗，其所由來，非一朝也。昔皇始以移防爲重，
盛簡親賢，擁麾作鎮，配以高門子弟，以死防遏，不但不廢仕宦，
至乃偏得復除。當時人物，忻慕爲之。及太和在歷，僕射李沖當官
任事，涼州土人，悉免廝役，豐沛舊門，仍防邊戍。自非得罪當世，
莫肯與之爲伍。征鎮驅使，但爲虞候白直，一生推遷，不過軍主。
然其往世房分留居京者得上品通官，在鎮者便爲清途所隔。或投彼
有北，以御魑魅，多復逃胡鄉。乃峻邊兵之格，鎮人浮遊在外，皆
聽流兵捉之。於是少年不得從師，長者不得遊宦，獨爲匪人，言者
流涕。自定鼎伊洛，邊任益輕，唯底滯凡才，出爲鎮將，轉相模習，

〔註66〕《魏書》卷9〈肅宗紀〉，頁234。
〔註67〕《資治通鑑》卷150〈梁紀六〉，武帝普通五年，頁4679。
〔註68〕《魏書》卷18〈太武五王・廣陽王淵傳〉，頁429～430。

專事聚斂。或有諸方姦吏，犯罪配邊，為之指蹤，過弄官府，政以賄立，莫能自改。……尚書令臣崇時即申聞，求改鎮為州，將允其願，抑亦先覺。朝廷未許。

元淵的看法切中六鎮問題的核心，以往捍衛北疆者率皆鮮卑子弟，他們可免除賦稅，升遷管道又較一般官員暢通。但是遷洛後產生根本性的變化，罪犯、流民被發配至北鎮為兵，使鎮兵的身份產生極大改變。而鎮將地位也大為降低，不僅升遷困難且仕途受阻，於是在失望之下，轉而聚斂財富、專事剝削，從而引起鎮兵和百姓的不滿，元淵亦認為應採李崇的「改鎮為州」之議，才能徹底解決北鎮問題，然而他的上書，仍未獲當時執政者元叉的青睞。

綜上所述，從元澄、李崇、元淵先後上表或上書要求重視北鎮問題並予以解決來看，北魏朝廷不乏高瞻遠矚之人，尤其元澄、李崇的上表都是在破落汗拔陵叛亂之前，但是北魏先後執政的靈太后和元叉，似乎未意識到問題的嚴重性，均未做積極性的處理，即便動亂已爆發六鎮捲入烽火中，負責率軍戡亂的元淵以所見所聞上書朝廷，元叉仍置若罔聞，可見從靈太后到元叉的北魏執政當局，早已對北方國防喪失警覺，或許是認為北方安危當來自柔然而非內部。迨至六鎮叛亂時，仍未察覺其長久以來各項矛盾累積的能量已沛然莫之能禦，依然不願正視、改革北鎮問題。及至平叛戰事失利，亂事擴大之際，以元叉為首的北魏朝廷，終於在 524 年（魏正光五年、梁普通五年）八月以魏孝明帝名義下詔：「鎮改為州。」〔註69〕但為時已晚，不僅北鎮地區，包括北魏中心區域的關隴地區及其他各地隨之而起的叛亂已蔓延開來，使北魏面臨連續且全面性的內部亂事。

三、北魏財政上的困難

北魏財政在靈太后前後兩次臨朝時差距頗大，首次臨朝時承接魏孝文帝、魏宣武帝遷都洛陽後漢化改革成果，經濟不斷發展，工商貿易也相當熱絡，更不斷南征北討將北魏聲威遠播四方，史載：「自魏德既廣，西域、東夷貢其珍物，充於王府。又於南垂立互市，以致南貨，羽毛齒革之屬無遠不至。」〔註70〕上述記載表明北魏與周遭國家均有密切的經貿關係，而這些經貿成果皆為靈太后所繼承。除了南方設互市外，西域、東夷等國家不僅是單純的進

〔註69〕《魏書》卷9〈肅宗紀〉，頁 237。
〔註70〕《魏書》卷 110〈食貨志〉，頁 2858。

貢而已，他們進貢的器物必然是由駱駝或馬隊載運，這些進貢隊伍走的路線對官方而言可能僅是條進貢路線，但對民間而言則是熱絡的經貿路線。漢代絲路活絡當時的東西方貿易，可以想見北魏與當時周遭國家，除進貢隊伍外，必有民間的經貿隊伍穿梭於北魏與周遭國家間。由此可見靈太后首次執政時的北魏，乃一經貿發達財政充裕的國家，《魏書·食貨志》：「神龜、正光之際，府藏盈溢。靈太后曾令公卿已下任力負物而取之，又數賚禁內左右，所費無貲，而不能一丐百姓也。」〔註71〕由「府藏盈溢」即可知當時北魏富裕的情形。另據《魏書·地形志》：「正光已前，時惟全盛，戶口之數，比夫晉之太康，倍而已矣。」〔註72〕然而，在靈太后二次執政後，上述的財政榮景已不復見，史載：「正光後，四方多事，加以水旱，國用不足，預折天下六年租調而徵之。百姓怨苦，民不堪命。」〔註73〕四方多事顯然是六鎮之亂及其他各地的動亂再加上南梁的侵擾，至於水旱災則是天然災害，雖然這些因素導致國用不足，但是北魏政府竟然「預折天下六年租調而徵之。」可見北魏財政已經惡化的相當嚴重，何以致之？除了元叉專政時的貪腐且導致國家機制失能外，靈太后本身也要付一定的責任。茲將導致北魏後期財政困難的原因分為五點詳述如下：

（一）賞賜太濫

靈太后首次執政掌握最高權力後，由於她缺乏政治背景，沒有政治勢力和高門的支持，因此便以大量賞賜籠絡朝臣，「國家便謂官號未滿，重爵屢加，復疑賞賚之輕，金帛日賜。帑藏空虛，民財殫盡。」〔註74〕另外，所謂一人得道滿門富貴，她對於自己家族之賞賜更不吝惜，如其父胡國珍，「賞賜累萬，又賜絹歲八百匹，妻梁四百匹。」〔註75〕其他家族成員所獲之賞物亦不遑多讓，「男女姊妹兄弟各有差，皆極豐贍。」〔註76〕靈太后不惜賞賜的作為在六鎮之亂爆發後更為明顯，由於征剿各地動亂並不順利，為了刺激將士效力，靈太后不得不大行封賞以資籠絡，在北魏因動亂及戰爭導致財政惡化情況下又濫賞將士，遂使財政危機日漸加劇。

〔註71〕《魏書》卷110〈食貨志〉，頁2858。
〔註72〕《魏書》卷106上〈地形志上〉，頁2455。
〔註73〕《魏書》卷110〈食貨志〉，頁2860～2861。
〔註74〕《魏書》卷72〈路思令傳〉，頁1619。
〔註75〕《魏書》卷83下〈外戚下·胡國珍傳〉，頁1833。
〔註76〕《魏書》卷83下〈外戚下·胡國珍傳〉，頁1833。

（二）靈太后的佞佛

靈太后對佛教的崇敬與支持，與梁武帝不遑多讓，也因南北統治者皆信奉佛教，不僅虔誠且相當投入，因而促使佛教在北魏與南梁均大為盛行，此乃靈太后與梁武帝對佛教的貢獻，然有得必有失，統治者對於佛教太過支持，恐會影響國家財政。梁武帝崇佛產生的負面影響，將於本書後續章節中詳述。至於靈太后，建造永寧寺、太上公寺等佛教工程，花費巨額費用且耗費大量人力、物資，對北魏財政產生極為不利的影響，史載：〔註77〕

> 靈太后銳於繕興，在京師則起永寧、太上公等佛寺，功費不少，外州各造五級佛圖，又數為一切齋會，施物動至萬計。百姓疲於土木之功，金銀之價為之踴上，削奪百官事力，費損庫藏，兼曲資左右，日有數千。

另《魏書‧釋老志》亦載：〔註78〕

> 肅宗熙平中，於城內太社西，起永寧寺。靈太后親率百僚，表基立刹。佛圖九層，高四十餘丈，其諸費用，不可勝計。景明寺佛圖，亦其亞也。至於官私寺塔，其數甚眾。

上述兩則記載顯示靈太后對佛寺建造投注大量金錢，而從「外州各造五級佛圖」、「官私寺塔，其數甚眾。」則可知佛教寺塔的建造，已是全國性不分官民的全民運動，既然靈太后崇佛，各級官員必會曲意逢迎，競相建造寺塔。然而國家的財政收入是固定的，大量建造寺塔必會排擠其他的財政支出，受到財政擠壓不良影響的，當屬基層百姓。任城王元澄對此現象觀察入微，建造大型的佛教工程必將導致財政惡化，乃向靈太后提出勸諫，「章臺麗而楚力衰，阿宮壯而秦財竭，存亡之由，灼然可覩。願思前王一同之功，畜力聚財，以待時會。」〔註79〕然靈太后並未接受其諫言，對佛教的各項建設仍然不遺餘力的支持。

佛教寺院另一個不良的影響是為逃避兵役、力役的百姓提供避難場所，《魏書‧釋老志》載：〔註80〕

> 正光已後，天下多虞，王役尤甚，於是所在編民，相與入道，假慕沙門，實避調役，猥濫之極，自中國之有佛法，未之有也。略而計

〔註77〕《魏書》卷19中〈景穆十二王中‧任城王雲附子澄傳〉，頁480。
〔註78〕《魏書》卷114〈釋老志〉，頁3043～3044。
〔註79〕《魏書》卷19中〈景穆十二王中‧任城王雲附子澄傳〉，頁480。
〔註80〕《魏書》卷114〈釋老志〉，頁3048。

之，僧尼大眾二百萬矣，其寺三萬有餘。流弊不歸一至於此，識者
所以歎息也。

北魏爲平定六鎮及各地的動亂，必然會征調不少兵役與力役，許多百姓爲了
逃避征調，遂遁入空門落髮爲僧，但這僅是百姓避役的權宜之計，並非眞正
出家護持佛法。而據引文所述當時僧尼有二百萬之譜，這二百萬人無法投入
生產行列，直接影響到北魏賦稅的收入，造成財政上的困難。

（三）軍費的支出

北魏對六鎮及各地動亂勢必派兵征討與鎮壓，而歷朝歷代軍費的支出均
是一筆巨額的開銷，北魏亦然。北魏朝廷爲討平各地叛亂，軍費開銷龐大，「然
頃年以來，東西難寇，艱虞之興，首尾連接，雖尋得芟除，亦大損財力。且
飢饉之民，散亡莫保，收入之賦不增，出用之費彌眾。」〔註81〕從「大損財
力」可知北魏爲平叛耗費的費用，嚴重影響到國家財政。軍費支出不斷增加
的原因，乃各地叛亂如星火燎原般不斷爆發，而北魏軍隊又無法迅速剿平亂
事，導致戰場擴大、戰爭時間延長，史載：「爾後寇賊轉眾，諸將出征，相繼
奔敗，所亡器械資糧不可勝數，而關西喪失尤甚，帑藏益以空竭。」〔註82〕
魏軍敗退時損失的兵仗、糧食，必須適時加以整補，但是從「所亡器械資糧
不可勝數」一句可知，這些魏軍敗退時的損失，加重了軍費的支出，如若魏
軍迅速平定叛亂不需敗退，自然不會有這些武器軍糧的損失，也不會增加軍
費的負擔。另從「帑藏益以空竭」一語觀之，大量軍費的支出的確對北魏財
政造成嚴重的影響。

（四）戰爭的破壞

戰爭對一個國家的破壞是全面性的，包含政治、經濟、社會等各個層面。
戰爭會對城市、鄉村造成破壞，使原有的生產活動停頓，造成經濟不振、財
政衰退。另外則是人口的銳減，除了在戰爭中遭屠戮的百姓外，尚有在戰場
上犧牲的士兵，如果沒有戰爭的話，這些百姓和士兵都應在生產的行列中，
而今他們因戰爭而死亡，人口因此減少，造成生產力衰退，生產力衰退直接
衝擊國家的賦稅財政，「自正光以後，海內沸騰，郡國荒殘，農商廢業。」
〔註83〕「郡國荒殘」表明不論是城市或鄉村均遭到嚴重破壞，且有許多百

〔註81〕《魏書》卷19中〈景穆十二王中・任城王雲附子澄傳〉，頁479。
〔註82〕《魏書》卷110〈食貨志〉，頁2861。
〔註83〕《周書》卷15〈于謹傳〉，頁244。

姓流離失所;「農商廢業」則是農業、商業等各項生產事業及經貿活動均停擺,而生產力衰退和生產活動停頓,必然使北魏政府稅收減少。

戰爭對國家社會的破壞無疑是巨大且深遠的,再看另一則史料,《魏書·地形志》:「孝昌之際,亂離尤甚。恒代而北,盡爲丘墟;嶺潼已西,煙火斷絕;齊方全趙,死如亂麻。於是生民耗減,且將大半。」〔註84〕據上載,捲入烽火的地區幾乎成爲廢墟,且人口急遽減少,可以想見,進行戰後復原時,勢必投入一大筆經費,這些對北魏財政都是沉重的負擔;反之,若無戰爭的破壞,根本不需投入復原經費,加上這些城鎮原本都有工商活動,裡面的百姓也有生產力,一來一往間,北魏財政的損失不可謂不大。此外,戰後復原也非一蹴可及,若戰爭無法結束,復原工作即無法展開,故戰事的綿延對國家財政至爲不利,且城鎮的硬體建設或許短期數年內可看到效果,但是人口的增長非短期可奏效,欲令一男子具生產力對國家財政有所助益,至少需要十餘年的時間,故可知,戰爭對財政的影響可謂大且深矣!

(五)統治階級的貪腐

北魏統治階級的貪婪行爲嚴重,尤其是執政者喜愛貪財聚斂,在上行下效下,無疑會影響從朝廷至地方各級官員的官箴。在元叉、劉騰專政時期,二人頗好財貨,元叉「乃於禁中自作別庫掌握之,寶充牣其中。」〔註85〕至於劉騰,史書稱其「公私屬請,唯在財貨。舟車之利,水陸無遺;山澤之饒,所在固護;剝削六鎮,交通互市。歲入利息以巨萬計。」〔註86〕元叉和劉騰掌握當時北魏最高政治權力,他們二人尚且如此貪財奢華,追隨或黨附他們的官員,奢侈程度可想而知。另外,當時的宰輔高陽王元雍,不僅擁有大量財富,生活亦頗豪奢,妓侍竟達百人,「歲祿萬餘,粟至四萬,伎侍盈房,諸子瑤冕。」〔註87〕「多幸妓侍,近百許人。」〔註88〕事實上,元叉的父親江陽王元繼,其追逐金錢的貪婪之舉,較元叉有過之而無不及,「(元)繼晚更貪婪,聚斂無已。牧守令長新除赴官,無不受納貨賄,以相託付。」〔註89〕所謂上好者下必隨之,元叉、劉騰、元雍、元繼等統治階

〔註84〕《魏書》卷106上〈地形志上〉,頁2455。
〔註85〕《魏書》卷16〈道武七王·江陽王繼附子叉傳〉,頁405。
〔註86〕《魏書》卷94〈閹官·劉騰傳〉,頁2028。
〔註87〕《魏書》卷21上〈獻文六王上·高陽王雍傳〉,頁556。
〔註88〕《魏書》卷21上〈獻文六王上·高陽王雍傳〉,頁557。
〔註89〕《魏書》卷16〈道武七王·江陽王繼傳〉,頁403。

級的貪婪，導致整個官僚體系盛行金錢遊戲，《魏書‧宣武靈皇后胡氏傳》稱當時的官場風氣，「天下牧守，所在貪惏。」〔註90〕由於統治階級與官僚體系貪鄙成風，本應是國家的公財卻被各級官吏苛扣中飽私囊，藉以逢迎諂媚上級官員，如此一來，國家愈窮而官吏愈富，這無疑使正逐漸走下坡的北魏財政雪上加霜。

綜合上述，靈太后二次執政後面對的北魏財政與首次執政時迥然不同，而造成財政危機的因素，有些是各種因素長久累積而一次爆發甚難改善的，如軍費的支出和戰爭的破壞。有些是操之在己可以控制的，如賞賜太濫、對佛教過度投入、統治階級的貪腐等。六鎮之亂和各地動亂或許有其外在因素的累積而無法避免，故戰爭的破壞和軍費的支出乃靈太后必須面對。但是賞賜太濫和對佛教的狂熱實可自我控制，但她並未自我約束，甚至在二次臨朝後變本加厲，賞賜更加浮濫。至於統治階級的貪腐，如果靈太后能以簡樸導正官場的貪婪風氣，重建樸實無華的官箴，必能使官僚體系改頭換面，然靈太后不此之途，崇佛、濫賞依舊，官場貪財賄賂仍然盛行，因而使北魏財政危機加劇。若靈太后能將可自我控制的三個因素加以改善，當可使財政危機減少到僅需面對軍費和戰爭破壞兩個因素，如此或可延緩北魏的財政危機，使財政狀況不致持續惡化下去。

四、梁武帝前期、中期的重視內政

梁武帝在 516 年（魏熙平元年、梁天監十五年）九月浮山堰失敗至 524 年（魏正光五年、梁普通五年）六月再度發動對北魏的侵略戰爭前，這八年時間他專力於內政，施政重點在社會民生的復甦及國力的恢復。浮山堰的潰決對南梁產生重大影響，不僅是在軍事國防方面，也連帶影響到社會民生，蓋因梁武帝徵發百姓的幅度甚廣，「發徐、揚民率二十戶取五丁以築之。……役人及戰士合二十萬。」〔註91〕加上築堰所需的經費、工程材料、築堰工具等支出，以及受徵發築堰的百姓耽誤了其原有生產，可見浮山堰影響的層面既深且廣。若在浮山堰潰決後，梁武帝持續加碼投入修補工作，並繼續增援與北魏作戰，如此一來南梁社會、百姓的負擔將日益加重，恐會引起騷動與不安，故為了國家社會的安定，梁武帝決定暫時結束與北魏的戰事。

〔註90〕《魏書》卷13〈皇后‧宣武靈皇后胡氏傳〉，頁339。
〔註91〕《資治通鑑》卷147〈梁紀三〉，武帝天監十三年，頁4609。

　　梁武帝專注內政、與民修養生息的作為，可從其發布體恤百姓的詔書及大赦天下的頻率一窺究竟。

（一）恤民詔書

　　首先在詔書部分，516 年（魏熙平元年、梁天監十五年）九月梁武帝決定停止對北魏用兵後，次年正月辛未發布詔書：「尤貧之家，勿收今年三調。其無田業者，所在量宜賦給。若民有產子，即依格優蠲。孤老鰥寡不能自存，咸加賑卹。」〔註92〕梁武帝崇信佛教且本性寬厚，故其為政有寬、儉兩大特點，這封詔書顯現他寬卹的人格特質。再一年 518 年（魏熙平三年、梁天監十七年）正月的丁巳詔則更為具體，其詔曰：〔註93〕

> 凡天下之民，有流移他境，在天監十七年正月一日以前，可開恩半歲，悉聽還本，蠲課三年。其流寓過遠者，量加程日。若有不樂還者，即使著土籍為民，准舊課輸。若流移之後，本鄉無復居宅者，村司三老及餘親屬，即為詣縣，占請村內官地官宅，令相容受，使戀本者還有所託。凡坐為市埭諸職割盜衰減應被封籍者，其田宅車牛，是民生之具，不得悉以沒入，皆優量分留，使得自止。其商賈富室，亦不得頓相兼併。

上述兩封詔書除了展現梁武帝愛護百姓的仁德之心外，丁巳詔特別指出對流離百姓的照顧與處理方針，原因可能是與北魏在淮南及益州等地域作戰的士兵，以及因浮山堰工程徵發的百姓，有不少在戰後流離失所或未返鄉，當然，不排除有些是拒絕徵召上戰場或不願構築浮山堰而逃亡，如果這些人還流離在外未能有歸宿並從事生產，恐會引起社會問題。而從詔書規定的時間，「在天監十七年正月一日以前。」也就是詔書發布的當月，上距淮南戰事結束已有一年三個月時間，梁武帝希望在這個期限之前，給流移他境的百姓賦稅田宅等優惠措施，希望能儘速將流離的百姓與田宅相結合。另外，這封詔書禁止商人、富人的兼併行為，還強調與百姓生命依託至為相關的田宅以及車牛等生產工具，不能隨便沒入。梁武帝這些命令與措施，在在顯現其對百姓之寬容與愛護。

　　有些君主發布詔書有時是迫於形勢或因應需要不得不故做姿態，對於詔書內容後續的管考或執行，往往事過境遷即無下文。然而，如果長期且不斷

〔註92〕《梁書》卷 2〈武帝紀中〉，頁 56～57。
〔註93〕《梁書》卷 2〈武帝紀中〉，頁 57～58。

重複發布相同類型的詔書，則可證該君主對詔書內容的重視及執行的決心。
事實上梁武帝的恤民詔書不止上述兩封，在往後的 520 年至 523 年（魏正光
元年至四年、梁普通元年至四年）連續四年都有。520 年正月乙亥，「尤貧之
家，勿收常調，鰥寡孤獨，並加贍卹。」〔註94〕521 年正月辛巳詔：〔註95〕

> 凡民有單老孤稚不能自存，主者郡縣咸加收養，贍給衣食，每令周
> 足，以終其身。又於京師置孤獨園，孤幼有歸，華髮不匱。若終年
> 命，厚加料理。尤窮之家，勿收租賦。

522 年五月癸巳，「並班下四方，民所疾苦，咸即以聞。」〔註96〕523 年二月
乙亥詔：「可班下遠近，廣闢良疇，公私畎畝，務盡地利。若欲附農而糧種有
乏，亦加貸卹，每使優遍。」〔註97〕這八年時間梁武帝偃武習文專注內政，
更在其中六年發布六封詔書，體現他以民為本的施政主軸，這些都是前文述
及梁武帝施政寬、儉兩大特點中「寬」的表現。至於「儉」，據《梁書・武帝
紀》載：〔註98〕

> 日止一食，膳無鮮腴，惟豆羹糲食而已。……身衣布衣，木緜皁帳，
> 一冠三載，一被二年，常克儉於身。……後宮職司貴妃以下，六宮
> 褘褕三翟之外，皆衣不曳地，傍無錦綺。

梁武帝乃九五至尊，卻不講究吃穿，一頂帽子戴三年、一床棉被蓋兩年，節
儉程度令人難以想像，而且不僅要求自己如此，連其後宮亦如是要求。南梁
在梁武帝力行節儉的帶動下，社會風氣有了很大的改善，奢靡成風競逐富貴
的情形在南梁前期較少出現。不過，凡是皆有一體兩面，梁武帝寬、儉的施
政風格亦會有其負面影響。以「寬」而言，梁武帝雖為百姓設想革除多項殘
忍刑罰，如劓鼻、刺字等，使南梁在南朝歷代中刑法較為寬厚，但也使官員、
大臣、宗室等犯罪後的懲罰過輕無法達到嚇阻作用，在某種程度上縱容了統
治階級。再就「儉」而言，梁武帝以佛教為國教，支持佛教不遺餘力，在位
的四十八年間，前期雖崇尚佛法但尚有分寸，不過到了中後期，在佛教上花
費的金額愈來愈大，如大量興建佛寺，甚至在 527 年（魏孝昌三年、梁大通
元年）三月辛未，發生梁武帝於同泰寺捨身出家，再由群臣花費鉅資贖回之

〔註94〕《梁書》卷 3〈武帝紀下〉，頁 63。
〔註95〕《梁書》卷 3〈武帝紀下〉，頁 64。
〔註96〕《梁書》卷 3〈武帝紀下〉，頁 66。
〔註97〕《梁書》卷 3〈武帝紀下〉，頁 66。
〔註98〕《梁書》卷 3〈武帝紀下〉，頁 97。

事，〔註99〕此後相同戲碼一再上演，而梁武帝每出家一次，即需花費龐大金額贖回，如 529 年（魏永安二年、梁中大通元年）九月梁武帝再度捨身同泰寺，朝廷眾臣「以錢一萬億奉贖。」〔註100〕這些無謂支出對南梁的財政造成不良的影響，其結果則是梁武帝提倡節儉省下來的錢全耗費在佛教上，不過至少梁武帝在前期尚克制得宜，不若中晚期嚴重，中晚期花費在佛教上的錢更爲龐大。

（二）大赦天下的頻率

梁武帝大赦天下的頻率，也能彰顯他的仁慈之心，在 516 年至 524 年（魏熙平元年至正光五年、梁天監十五年至普通五年）這八年期間，他就大赦天下七次。第一次在 516 年九月浮山堰崩壞後，有鑑於浮山堰影響的層面太廣，故梁武帝在同月壬辰宣佈大赦天下，〔註101〕由於梁武帝對違反自然、水文條件的浮山堰執意興建，且投入大量人力、物力、財力，最後卻遭到失敗的命運，故這次大赦天下不排除有收攬人心之意。第二次在 518 年二月「甲辰，大赦天下。」〔註102〕第三次是 519 年「四月丁巳，大赦天下。」〔註103〕第四次 520 年正月乙亥「大赦天下。」〔註104〕第五次 521 年正月「戊子，大赦天下。」〔註105〕第六次 522 年五月「癸巳，赦天下。」〔註106〕第七次 523年正月辛卯「大赦天下。」〔註107〕若單純以這八年七次大赦天下的次數來看，可能只是凸顯梁武帝愛護天下蒼生的眞誠，但是將其與 502 年（魏景明三年、梁天監元年）四月即皇帝位至 516 年（魏熙平元年、梁天監十五年）九月這十四年大赦天下的次數相對比，則可顯現出特別的意義。據《梁書·武帝紀》所載，這十四年間的大赦天下，第一次是 502 年四月即皇帝位時大赦天下，〔註108〕此乃歷朝歷代新君繼位皆會實施之舉，實無任何特殊性。

〔註99〕參見《梁書》卷3〈武帝紀下〉，頁71。
〔註100〕《梁書》卷3〈武帝紀下〉，頁73。
〔註101〕參見《梁書》卷2〈武帝紀中〉，頁56。《資治通鑑》卷148〈梁紀四〉，武帝天監十五年，頁4626。
〔註102〕《梁書》卷2〈武帝紀中〉，頁58。
〔註103〕《梁書》卷2〈武帝紀中〉，頁59。
〔註104〕《梁書》卷3〈武帝紀下〉，頁63。
〔註105〕《梁書》卷3〈武帝紀下〉，頁64。
〔註106〕《梁書》卷3〈武帝紀下〉，頁66。
〔註107〕《梁書》卷3〈武帝紀下〉，頁66。
〔註108〕參見《梁書》卷2〈武帝紀中〉，頁34。

第二次是 504 年六月「癸未，大赦天下。」〔註 109〕第三次是 515 年正月乙巳「皇太子冠，赦天下。」〔註 110〕因皇太子冠而赦天下，歷朝亦多有如是之舉，故不足為奇。梁武帝在這十四年間僅赦天下三次，其中即皇帝位與皇太子冠都屬慣例，故真正以百姓為出發大赦天下者僅 504 年那次，佔十四分之一，換算成百分比為 7.1%，即使加上 502 年、515 年那兩次不過 21.4%。以之與往後八年七次大赦天下的 75% 相較，其差距不可謂不大。且根據《梁書・武帝紀》所載，516 年至 524 年這八年的七次大赦天下，均未載其緣由，〔註 111〕並非梁武帝壽辰或繼位十整數而大赦天下。〔註 112〕綜上所述，梁武帝在位前十四年與爾後八年大赦天下兩相對比，後者八年七次大赦天下的比例的確偏高，而為了休養生息恢復國力及體現梁武帝的愛民之心，赦天下的確可以爭取民心，讓百姓積極投入生產行列進而充實國力。

　　恤民詔書與大赦天下都是爭取百姓對政府的向心，現將 516 年至 524 年梁武帝大赦天下與發布恤民詔書的次數整理如下表，便能一窺梁武帝在內政上施力處，他希望藉由這些作為維持社會安定和諧。

表四：516～524 年梁武帝大赦天下與恤民詔書對照表

序號	年　　份	大　赦　天　下	恤　民　詔　書
1	516 魏熙平元年　梁天監十五年	九月壬辰赦天下	無
2	517 魏熙平二年　梁天監十六年	無	正月辛未詔
3	518 魏神龜元年　梁天監十七年	二月甲辰大赦天下	正月丁巳詔
4	519 魏神龜二年　梁天監十八年	四月丁巳大赦天下	無
5	520 魏正光元年　梁普通元年	正月乙亥大赦天下	正月乙亥詔
6	521 魏正光二年　梁普通二年	正月戊子大赦天下	正月辛巳詔
7	522 魏正光三年　梁普通三年	五月癸巳赦天下	五月癸巳詔

〔註 109〕《梁書》卷 2〈武帝紀中〉，頁 40。
〔註 110〕《梁書》卷 2〈武帝紀中〉，頁 54。
〔註 111〕參見《梁書》卷 2〈武帝紀中〉，頁 55～59。同書卷 3〈武帝紀下〉，頁 63～66。
〔註 112〕如四十、五十、六十、七十等壽辰，即皇帝位十年、二十年、三十年等。

| 8 | 523
魏正光四年　　梁普通四年 | 正月辛卯大赦天下 | 二月乙亥詔 |
| 9 | 524
魏正光五年　　梁普通五年 | 無 | 無 |

資料來源：《梁書》卷2〈武帝紀中〉，頁55～59；卷3〈武帝紀下〉，頁63～69。

　　據上表可知，這八年每年都有大赦天下或恤民詔書的發布，沒有一年是兩者皆無，有些年份甚至是兩者皆有，可見梁武帝希望內部穩定的著力程度。此外，有一項指標特別值得注意，兩者皆有的分別是518年及520～523年，而524年即是梁武帝對北魏重啓戰端派兵北伐的那一年，可見梁武帝在預備對北魏作戰的前四年，已開始強化內部的鞏固。不過也有可能是梁武帝觀察前幾年大赦天下及恤民詔書兼而有之的情況下，對社會的穩定與生產恢復達到一定效果，故在之後每年同時強化這兩項措施。的確，從《梁書‧武帝紀》、《資治通鑑》觀察，南梁這八年均未見動亂或謀反的相關記載，都是官員調動、日蝕、各國獻方物等記述，〔註113〕也無政爭之紀錄，可見這八年在梁武帝專注內政的情況下，戰爭的損耗及對社會民生的破壞，在這段期間都獲得相當程度的恢復，國力也有所提升，故梁武帝才有資本於524年六月對北魏發動侵略戰爭主動出擊。

五、北魏後期與南梁對蠻族的爭取與壽春衝突

　　蠻族是一股不可忽視的力量，北魏與南梁皆極力爭取蠻族的歸附，而在元叉執政時期，雙方對蠻族的爭取上都有一些斬獲。首先在南梁方面，北魏南荊州刺史桓叔興在521年（魏正光二年、梁普通二年）五月以其所屬降南梁，《魏書‧肅宗紀》：「五月辛巳，南荊州刺史桓叔興自安昌南叛。」〔註114〕身為大陽蠻酋的桓叔興，在蠻族間有極高的聲望與地位，自其父桓誕於魏孝文帝時歸附北魏開始，歷經其兄桓暉以至自己，〔註115〕都協助北魏捍衛南方

〔註113〕參見《梁書》卷2〈武帝紀中〉，頁55～59；卷3〈武帝紀下〉，頁63～66。《資治通鑑》卷148〈梁紀四〉，頁4621～4641；卷149〈梁紀五〉，頁4642～4676。

〔註114〕《魏書》卷9〈肅宗紀〉，頁232。關於桓叔興降梁的時間南北史書略有不同，《梁書》載此事是在五月，「魏荊州刺史桓叔興帥眾降。」《梁書》卷3〈武帝紀下〉，頁65。《資治通鑑》採《魏書‧肅宗紀》的五月，因《梁書‧武帝紀》蓋記奏到之日，故從《魏書‧肅宗紀》，參見《資治通鑑》卷149〈梁紀五〉，武帝普通二年，〈考異〉，頁4666。

〔註115〕大陽蠻酋桓誕、桓暉、桓叔興歸附北魏及為北魏的付出與貢獻，參見《魏書》

邊防，常以所屬蠻兵抵抗南梁的侵略，〔註116〕也常在北魏與南梁的戰爭中，配合魏軍對梁軍作戰，何以自其父兄以及他自己都臣屬北魏的政治立場，到後來卻發生改變？雖然史未明載無法得知確切原因，不過這也非特別奇怪之事，蠻族在南北兩大政權中求生存，叛北降南、棄南投北的情事不斷發生，各蠻酋都會爲己身利益算計，當其歸屬於哪一方而能獲得最大利益時，自然便傾向那一方。

由於桓叔興及其所屬大陽蠻是一股不可忽視的力量，他的叛魏投梁，使北魏與南梁在蠻族間的勢力此消彼長，故引起北魏的高度警戒。加上桓叔興降梁後受其資助，反而調轉兵鋒與北魏爲敵，北魏決定先遣軍進擊桓叔興挫其兵威，以免繼續爲亂，《魏書・李曄傳》：〔註117〕

> 正光二年（521、梁普通二年），南荊州刺史桓叔興驅掠城民，叛入蕭衍，衍資以兵糧，令築谷陂城以立洛州，逼土山戍。詔（李）曄持節、兼尚書左丞爲行臺，督諸軍討叔興，大破之。乘勝拔谷陂，叔興退走。軍還，仍除尚書左丞。出除洛州刺史，將軍如故。

李曄率軍擊破桓叔興的蠻軍，阻卻了梁武帝欲藉蠻族攻擊北魏的野心，也暫時解除桓叔興的威脅。

至於北魏方面，雖然失去桓叔興這支蠻族力量，但很快在次月（六月）從南梁迎到另一股蠻族勢力，《梁書・武帝紀》：「信威將軍、義州刺史文僧明（朗）以州叛入于魏。」〔註118〕「邊城太守田守德擁所部降魏。」〔註119〕文

卷 101〈蠻傳〉，頁 2246～2247。

〔註116〕《魏書》卷 101〈蠻傳〉，頁 2247 載：「蕭衍每有寇抄，叔興必摧破之。」

〔註117〕《魏書》卷 36〈李順附曄傳〉，頁 847。

〔註118〕《梁書》卷 3〈武帝紀下〉，頁 65。文僧明亦作文僧朗，參見《梁書》卷 3〈校勘記〉2，頁 98 載：「文僧明」《隋書》〈五行志〉、〈天文志〉並作「文僧朗」，此宋刻避宋始祖玄朗諱而改「朗」爲「明」。另文僧明降魏時間南北史書記載不一，《魏書》載「蕭衍義州刺史文僧明率眾內屬。」是在四月，參見《魏書》卷 9〈肅宗紀〉，頁 232。而《資治通鑑》採《梁書・武帝紀》的六月說，參見《資治通鑑》卷 149〈梁紀五〉，武帝普通二年，頁 4666。不過並未說明採信《梁書・武帝紀》六月的理由。筆者認爲，蠻酋文僧明改投北魏應有一個過程，亦即文僧明應先遣使北魏探詢接納的可能性，而北魏朝廷可能也在思考是否接受文僧明的降附。北魏並非對所有蠻族的請降照單全收，如《魏書》卷 101〈蠻傳〉，頁 2248 載：「（蕭）衍定州刺史田超秀亦遣使來附，請援歷年，朝廷恐輕致邊役，未之許。」北魏接收這些蠻族所得到的是否比付出的多，實需全面性考量，可見北魏對蠻族降附的態度是有所選擇的。因此有可能文僧明在請降北魏的過程中，北魏朝廷有所考量並未立即答應，而是在五

僧明、田守德皆是蠻酋，他們的降魏，正好彌補桓叔興叛魏的損失。不過，北魏接收義州的過程並不順利，雖然先由鄰近的揚州刺史長孫稚遣將率先進入義州，造成魏軍進入義州的事實；或許北魏朝廷認為南梁見北魏武力已接管義州，應該就會放棄，不料，梁武帝並未做如此的戰略思考，他不願無故喪失義州地域，決定出兵奪回。另一方面，北魏見梁武帝對義州的積極態度，亦不願已接管的義州遭南梁收復，遂由中央遣將領軍南下增援，《魏書‧張普惠傳》載：〔註120〕

> 時蕭衍義州刺史文僧明舉城歸順，揚州刺史長孫稚遣別駕封壽入城固守，衍將裴邃、湛僧率眾攻逼，詔（張）普惠為持節、東道行臺，攝軍司赴援之。軍始渡淮，而封壽已棄城單馬而退。軍罷還朝。

另《梁書‧裴邃傳》則對魏梁二軍在義州的衝突過程有較清楚的描述：〔註121〕

> 普通二年（521、魏正光二年），義州刺史文僧明以州叛入於魏，魏軍來援。以（裴）邃為假節、信武將軍，督眾軍討焉。邃深入魏境，從邊城道，出其不意，魏所署義州刺史封壽據檀公峴，邃擊破之，遂圍其城，壽面縛請降，義州平。除持節、督北徐州諸軍事、信武將軍、北徐州刺史，未之職，又遷督豫州北豫霍三州諸軍事、豫州刺史，鎮合肥。

綜合上述兩則南北史籍對義州衝突的記載，可得出三項結論：

第一：張普惠救援失敗，魏軍甫渡淮河義州便已失守。觀乎當時元乂專政的北魏朝廷，對義州事件的戰略判斷不夠明確、迅速，雖先由鄰近的揚州遣軍進入義州接收，再從中央派援軍南下抗拒梁軍，但是行動不夠迅速，孫武曰：「兵之情主速。」〔註122〕張普惠魏軍甫渡過淮河而義州已得而復失，若當時能雙管齊下，即揚州地方部隊開赴義州及中央軍隊南下增援同時進行，則張普惠魏軍便能提早到達義州，與揚州地方部隊聯軍抗擊梁軍，或許梁武帝見義州已失且北魏中央援軍已至，在不願擴大衝突的情況下放棄奪回義州

月發生桓叔興降梁事件後，為彌補北魏在蠻族間力量的損失，遂同意文僧明的降附，因此《梁書‧武帝紀》乃載文僧明叛梁投魏的時間六月，而《魏書‧肅宗紀》則載文僧明初始請降的時間四月，以致南北史書對文僧明的叛梁投魏有兩個月時間的差別。

〔註119〕《資治通鑑》卷149〈梁紀五〉，武帝普通二年，頁4666。

〔註120〕《魏書》卷78〈張普惠傳〉，頁1741。

〔註121〕《梁書》卷28〈裴邃傳〉，頁414～415。

〔註122〕孫武著、吳仁傑注譯，《孫子讀本》〈九地篇第十一〉，頁79。

的企圖也未可知。

第二：封壽在義州的攻守無策。對於新接收義州的行政管理，長孫稚以別駕封壽領軍前往義州，故北魏順勢命其爲義州刺史，然而他面對裴邃所率梁軍對義州的進攻，似乎拿不出具體對策，上述《魏書・張普惠傳》、《梁書・裴邃傳》兩則記載均未見封壽加強防禦、備戰梁軍的各項措施，不過也有可能封壽進入義州時間太短，而梁軍來的太快以致無時間準備。雖然封壽抵抗失敗，北魏未能佔有義州，但是對於封壽下場，南北史書卻有不同記載，《魏書》稱封壽「棄城單馬而退。」〔註123〕《梁書》則載封「壽面縛請降。」〔註124〕其實南北史書因立場所限，對戰爭結果誇勝諱敗乃理所當然。《梁書》載封壽面縛請降，目的在凸顯梁軍的勝利及誇耀裴邃的戰功；而《魏書》則是要掩飾魏軍在義州的敗退，故以封壽棄城單馬而退一語輕描淡寫帶過。然而也有可能南北史書記載均爲眞，封壽因無法抵抗裴邃的進攻，最後只能面縛請降，而裴邃在俘獲封壽後，可能自行決定或請示梁武帝後將其釋放，《魏書》爲了掩飾封壽之敗，故取其後段遭釋返回北魏經過，因此載封壽單馬而退；至於《梁書》則爲了誇耀裴邃戰功，故取前段封壽面縛請降，而捨去封壽返回北魏的事實。然不論如何，南梁奪回義州的戰略價值在於將文僧明等人降魏的損失降到最低，雖然不可避免的會失去文僧明、田守德等蠻酋及其部眾，但至少義州城戍及領土尚是南梁疆土。

第三：梁武帝對北魏的積極態度於此事件展露無疑。在北強南弱的戰略態勢下，南北交界的邊區將領或官員以所屬城池投降對方屢見不鮮，若非軍事重鎮如壽春，或即將爆發大戰而刻意以此爲導火線，較弱的南朝見魏軍已進入城戍中，有時爲避免引爆進一步衝突而不願派軍奪回，往往使城戍的失陷成爲既定事實。但是梁武帝對義州並未輕易放棄，雖然封壽已率魏軍進入接管，但是梁武帝仍遣裴邃企圖奪回，可見他當時並未有一旦城戍遭魏軍佔領便放棄的戰略思維，即使非軍事重鎮亦復如此。由此可見，梁武帝企圖扭轉魏強梁弱的戰略態勢，也因此會有義州事件後，梁武帝乘勝追擊造成北魏壽春危機的產生。

前引文載義州平定後，梁武帝對裴邃讚譽有加，具體表現在其官職的升遷上，「義州平，除持節、督北徐州諸軍事、信武將軍、北徐州刺史，未之職，

〔註123〕《魏書》卷78〈張普惠傳〉，頁1741。
〔註124〕《梁書》卷28〈裴邃傳〉，頁415。

又遷督豫州北豫霍三州諸軍事、豫州刺史，鎮合肥。」〔註125〕梁武帝以裴邃為豫州刺史坐鎮軍事重鎮合肥，透露出對他軍事才能的欣賞，並計畫對北魏展開新一波的攻勢，而其戰略目標則鎖定北魏淮南重鎮壽春。

　　或許是裴邃在義州攻防中擊退封壽並收復義州帶給其信心，而梁武帝也有乘勝追擊擴大戰果的意圖，裴邃於是鎖定淮南重鎮壽春，密謀襲擊之，《魏書‧楊侃傳》：〔註126〕

> 蕭衍豫州刺史裴邃治合肥城，規相掩襲，密購壽春郭人李瓜花、袁建等令為內應。邃已纂勒兵士，有期日矣，而慮壽春疑覺，遂謬移云：「魏始於馬頭置戍，如聞復欲修白捺舊城。若爾，便稍相侵逼，此亦須營歐陽，設交境之備。今板卒已集，唯聽信還。」佐僚咸欲以實答之，云無修白捺意。而（楊）侃曰：「白捺小城，本非形勝。邃好小點，今集兵遣移，虛搆是言，得無有別圖也？」（長孫）稚深悟之，乃云：「錄事可造移報。」侃移曰：「彼之纂兵，想別有意，何為妄搆白捺也！他人有心，予忖度之，勿謂秦無人也。」邃得移，謂已知覺，便爾散兵。瓜花等以期契不會，便相告發，伏辜者十數家。

北魏與南梁為爭奪壽春爭戰多次，鑑於壽春的戰略地位重要，北魏布署重兵且防禦工事牢固，這種情形南梁諸將都相當清楚，裴邃亦不例外，他瞭解若用武力強攻，不僅要動員大軍且會損傷慘重，因此他決定內外夾攻裡應外合，收買壽春城內李瓜花等人為內應，期盼能以最少的代價攻佔壽春城。然而，裴邃擔憂調動軍隊準備進攻壽春的行動遭北魏發覺，遂先發制人發信至北魏的揚州府衙，譴責北魏已在馬頭置戍，如今卻要修復白捺故城〔註127〕再設一軍事據點，如此將更逼近邊境，若北魏持續進行這種挑釁舉動，南梁並不懼戰，亦當修築歐陽戍調集軍隊做好迎戰準備。

　　裴邃襲擊壽春的戰略規畫有兩點頗值得一提，首先是收買對方之人為間諜而為我用，孫武將間諜的運用分為鄉間、內間、反間、死間、生間等五種，「鄉間者，因其鄉人而用之。」〔註128〕觀乎裴邃以壽春人李瓜花為內應，較

〔註125〕《梁書》卷28〈裴邃傳〉，頁415。

〔註126〕《魏書》卷58〈楊播附子侃傳〉，頁1281。

〔註127〕《資治通鑑》卷149〈梁紀五〉，武帝普通二年，頁4667載：「白捺當在馬頭東北或東南。」

〔註128〕孫武著、吳仁傑注譯，《孫子讀本》〈用間篇第十三〉，頁99。

趨近於「鄉間」，利用敵國鄰里之人做間諜。若是純粹以武力進攻壽春城，裴邃至少要動員三倍於魏軍防守壽春的兵力，這對裴邃和梁武帝而言，僅是趁收復義州之機襲擊壽春，希望能出奇不意達到偷襲效果，若能一擊而中再視後續狀況是否遣軍支援或擴大戰爭，並非刻意發動大型戰爭，故不太可能動員太多軍隊。是故以間諜在壽春城內做內應達到裡應外合的目的，的確是能以最小的力量達到最大利益的作法，裴邃策畫的諜報活動不失為一高明戰術。其次，裴邃為了掩飾部隊的調動與集結，以便達到偷襲的效果，因此先致書譴責對方不該修築白捺戍，不僅把即將到來的衝突起因，歸咎北魏壽春方面的挑釁舉動，更合理化自己之後出兵的理由，易言之，讓南梁師出有名而讓北魏背負破壞邊區和平的罪名。

　　不過，裴邃的這兩項戰術作為俱遭失敗。揚州刺史長孫稚身為北魏在淮南地區的最高軍政長官，負有維護邊區和平的責任，因此一開始長孫稚並不清楚裴邃的真正意圖也不想挑起衝突，故他與州府僚佐商議時，認為自己並未有修復白捺戍的意思，應盡快修書將實際情形告知南梁，「咸欲以實答之，云無修白捺意」〔註129〕長孫稚意在避免不必要的爭端。不過，錄事參軍楊侃卻持不同意見，「白捺小城，本非形勝。邃好小點，今集兵遣移，虛搆是言，得無有別圖也？」〔註130〕楊侃認為白捺本來即是一小城戍，戰略地位並未有特別突出之處，而裴邃此人狡獪兼之老謀深算，現突然集結部隊恐怕有其他用意。長孫稚聽了楊侃的分析後幡然醒悟，立即命楊侃回函。而楊侃的回函措詞強硬，斥責裴邃突然調動軍隊必有所圖，實無需以白捺作為藉口。裴邃原本預期的乃長孫稚最初的反應，無法瞭解裴邃為何譴責自己有修復白捺戍之事，讓揚州州府上下無法透析裴邃的想法，進而掩飾其欲襲擊壽春的企圖，然而在看到楊侃的回函後，認為北魏已知悉他的圖謀，遂取消襲擊壽春的軍事行動。而裴邃在壽春城內的間諜李瓜花等人，因任務取消以致無法在約定的時間舉事，為了怕計畫洩漏遂互相告發以求自保，至此，裴邃欲裡應外合謀取壽春的計畫徹底失敗。

　　綜上所述，北魏能將南梁欲乘收復義州之威襲擊壽春的行動消弭於無形，應歸功於楊侃的洞燭機先與明察秋毫，而楊侃也獲得應有的升遷，「（長孫）稚乃奏（楊）侃為統軍。」〔註131〕至於南梁方面則損失大矣，李瓜花等

〔註129〕《魏書》卷58〈楊播附子侃傳〉，頁1281。
〔註130〕《魏書》卷58〈楊播附子侃傳〉，頁1281。
〔註131〕《魏書》卷58〈楊播附子侃傳〉，頁1281。

人應是裴邃長期佈建在壽春城內的諜報人員，結果因取消襲擊壽春的行動，導致整個諜報網遭瓦解，爾後南梁在壽春城內的諜報工作，裴邃恐怕要重新加以組織與培養了。

　　魏孝明帝後期與南梁的戰略關係，雖然和前期一樣仍是衝突與戰爭，但戰略環境已有很大的不同，南梁逐漸拉近北強南弱的態勢，基本上北魏的優勢正逐漸流失，會造成這種原因，當然是與北魏戰略環境不佳有關。從元叉專政到靈太后再度臨朝，政治上紛亂不已；加上北魏與南梁長久的戰爭，對社會與民生破壞極大，財政問題逐漸浮現，而靈太后又因崇佛大興佛教工程，更為了拉攏人心大加賞賜，這些作為都對北魏財政的困難雪上加霜。之後六鎮之亂爆發，更蔓延至關隴等其他地區成為全面性的亂事，北魏在財政及兵力調度困難的情形下，要同時應付內部亂事與南梁的入侵，捉襟見肘的情形當可想見。反觀南梁，在浮山堰潰敗後，梁武帝致力於內政，施政風格以寬、儉為兩大原則，並多次頒布恤民詔書與大赦天下，務求百姓能在安定的環境中積極生產，更照顧流民與流兵，協助他們投入生產行列，在這一系列政策的導引下，南梁國力獲得一定的成長；此外再加上蠻酋桓叔興的歸順，使南梁在蠻族勢力的爭取上獲得一定成績。由此可見，在魏孝明帝後期與南梁的衝突與戰爭中，南梁的戰略環境優於北魏，事實上，梁武帝亦有逐漸掌握戰略優勢的體認，所以才會有壽春衝突的發生，雖然北魏最終有驚無險瓦解南梁裡應外合的陰謀並擊退梁軍的入侵，但梁武帝對壽春的挑釁，無疑是準備對北魏發起大戰的信號。

第二節　戰略規畫與作戰經過

　　元叉專政時期北魏與南梁的戰略關係得到一定的緩和，南梁在一段時間的休養生息後，國力恢復不少，而壽春衝突乃是梁武帝企圖心蠢動的標誌，雖然在雙方的克制下，壽春衝突並未擴大，但是梁武帝已在密切注意北魏動向，若北魏內部發生動亂或南北邊區有小衝突發生，極可能讓梁武帝借題發揮爆發全面性戰爭。果不其然，六鎮之亂爆發並擴大後，梁武帝趁北魏忙於調兵平亂，南方國防較為鬆懈之際，對北魏展開一連串的攻勢，原本是侵奪北魏南方邊區城戍、疆土的區域戰爭，卻因北魏徐州刺史元法僧的叛魏降梁，逐漸演變成魏孝明帝後期的魏梁大戰。此次北魏與南梁的衝突持續近四年，

大致可分爲三個階段，第一階段從 524 年（魏正光五年、梁普通五年）六月起至次年三月止，梁武帝對南北交界地區的北魏城戍發動了一連串的攻勢，甚至攻佔淮北重鎮彭城，該階段屬南梁獲勝時期。第二階段則是 525 年（魏孝昌元年、梁普通六年）四月至六月，北魏發動攻勢以重兵奪回彭城，但彭城原屬北魏，北魏奪回實不能以勝利稱之，故第二階段應爲平手時期。第三階段從 525 年（魏孝昌元年、梁普通六年）七月至 528 年（魏武泰元年、梁大通二年）二月魏孝明帝猝崩止，這階段北魏大潰敗，不僅丟失淮南重鎮壽春，淮南諸多城戍亦遭梁軍佔領，南梁勢力北越淮河與北魏爭戰於河南，故這一階段屬南梁得勝時期。

一、第一階段：524 年六月至次年三月

　　梁武帝於 524 年（魏正光五年、梁普通五年）六月以員外散騎常侍元樹爲北伐主帥，〔註132〕率大軍進攻北魏，梁武帝對北魏採主動攻勢，乃著眼於北魏忙於鎮壓各地動亂無暇南顧。他的戰略判斷果然正確，南梁軍隊在南北交界地區對北魏多處城戍發動攻勢，都取得不錯的戰績，據《梁書・武帝紀》載：〔註133〕

　　　　八月庚寅，徐州刺史成景儁克魏童城。九月戊申，又剋睢陵城。戊午，北兗州刺史趙景悅圍荊山。壬戌，宣毅將軍裴邃襲壽陽，入羅城，弗剋。冬十月戊寅，裴邃、元樹攻魏建陵城，破之。辛巳，又破曲木。掃虜將軍彭寶孫剋琅邪。甲申，又剋檀丘城。辛卯，裴邃破狄城。丙申，又剋覺城，遂進屯黎漿。壬寅，魏東海太守韋敬欣以司吾城降。定遠將軍□□太守曹世宗破魏曲陽城。甲辰，又剋秦墟。魏郿、潘溪守悉皆棄城走。十一月丙辰，彭寶孫剋東莞城。壬戌，裴邃攻壽陽之安城，剋之。丙寅，魏馬頭、安城並來降。十二月戊寅，魏荊山城降。乙巳，武勇將軍李國興攻平靜關，剋之。辛丑，信威長史楊法乾攻武陽關；壬寅，攻峴關：並剋之。

據上可知，梁武帝的戰略規畫是以淮南爲中心展開攻勢，分爲兩條戰線兩個主攻目標，一爲淮河上游的義陽；另一爲淮河中游的壽春。而南梁軍隊一路攻城掠地，陸續攻佔童城、睢陵城、建陵城、琅邪、檀丘城、狄城……等，

〔註132〕參見《梁書》卷3〈武帝紀下〉，頁68。
〔註133〕《梁書》卷3〈武帝紀下〉，頁68～69。

這在北強南弱的對峙態勢下，南方軍隊攻勢這般勇猛且順暢的表現甚為少見，雖然義陽、壽春無法攻陷，但其外圍關隘和鎮戍亦有多座遭梁軍攻下，且梁軍攻勢不斷，可見這兩座重鎮已陷入危機當中。

次年正月，梁軍繼續向北挺近，攻佔的城戍也愈來愈多，「安北將軍晉安王綱遣長史柳津破魏南鄉郡，司馬董當門破魏晉城。庚戌，又破馬圈、彫陽二城。……雍州前軍剋魏新蔡郡。……剋魏鄭城。」〔註134〕雖然梁武帝對南梁軍隊迭獲勝仗頗為高興，但最讓梁武帝驚喜的是「魏鎮東將軍、徐州刺史元法僧以彭城內附。」〔註135〕

元法僧為宗室疏屬，其家世背景前文已有詳細說明，故不再贅述。〔註136〕其人德行操守不佳，任益州刺史時引起漢民、各少數民族的不滿，「於是合境皆反，招引外寇。」〔註137〕外寇指的是南梁趁機進襲益州，益州局勢一時頗為危殆，幸賴北魏名將傅豎眼救平，益州局勢始轉危為安。〔註138〕北魏朝廷在益州亂平後，竟將其調任南部重州徐州任刺史一職，委以戍守彭城的邊防大任。北魏朝廷的這項人事決策頗有可議之處，元法僧因治理益州無方引發動亂，竟未獲任何懲處，反而改調他州仍任州刺史，其背後原因應是依附元叉之故。而他的反叛，可歸結為內外兩個因素，內部因素為「法僧本附元叉，以驕恣，恐禍及己，將謀為逆。」〔註139〕當時劉騰已卒，元叉對靈太后、魏孝明帝的看管逐漸放鬆，可能元法僧已嗅到不尋常的政治氛圍，判斷元叉有倒臺之虞，需為自己早做打算。至於外部因素，或許是他見梁軍一路北伐攻城掠地，而北魏朝廷又忙於鎮壓六鎮之亂無暇南顧，不日梁軍恐會攻至彭城，而元法僧貪婪、殘暴成性，這種人多為見異思遷之輩，為求自己的利益遂有降梁之念並付諸行動。

元法僧以所轄淮北重鎮彭城降梁，令北魏大為驚恐，「孝昌元年（525、梁普通六年），法僧殺行臺高諒，反於彭城，自稱尊號，號年天啓。」〔註140〕一旦彭城為南梁所有，等於讓南梁勢力跨越淮河，表明北魏與南朝長期以來

〔註134〕《梁書》卷3〈武帝紀下〉，頁69。
〔註135〕《梁書》卷3〈武帝紀下〉，頁69。
〔註136〕關於元法僧的宗室背景，參見本書，頁551。
〔註137〕《魏書》卷16〈道武七王・陽平王熙附法僧傳〉，頁395。
〔註138〕關於元法僧在益州的貪婪及暴虐統治引起動亂，及傅豎眼平定益州之亂抗擊南梁軍隊入侵的經過，本書前文已有詳盡論述，頁551〜555。
〔註139〕《北史》卷16〈道武七王・陽平王熙附法僧傳〉，頁591〜592。
〔註140〕《魏書》卷16〈道武七王・陽平王熙附法僧傳〉，頁395。

以淮河作為南北的分界線被打破，也代表魏孝文帝、魏宣武帝長期南伐的成果將消失，嚴重威脅北魏在淮河南北的國防。另一方面，北魏位於淮南的壽春將腹背受敵，需同時對抗淮南正面及背後彭城南梁軍隊的威脅，可見彭城陷梁，將引發北魏在淮河南北一連串的戰略效應。至於南梁，當然不願放過這個佔有彭城的有利戰機，於是兩國朝廷皆迅速動員軍隊趕赴彭城，爆發彭城爭奪戰，《魏書・肅宗紀》：〔註141〕

> （蕭）衍遣其將胡龍牙、成景雋、元略等率眾赴彭城。詔秘書監安
> 樂王鑒回師以討之，鑒於彭城南擊元略，大破之，盡俘其眾，既而
> 不備，為法僧所敗。

安樂王元鑒率魏軍迅速趕至彭城，他的戰略規畫是阻止梁軍入城以免與元法僧內外聯合，然後再曉諭元法僧回歸北魏。而元鑒大破梁軍元略部，確實達成阻止梁軍入城的目標，但是要進彭城勸慰元法僧時，一時不察及鬆懈結果反遭元法僧所敗，「（元鑒）與數十騎走入城。鑒不設備，法僧出擊，大破之，鑒單騎奔歸。」〔註142〕元法僧投降南梁心意已決，元鑒本想以同為元宗室之關係與元法僧談判，卻不料疏於防備結果導致大敗，彭城入梁遂成定局。

梁武帝雖然順利獲得彭城，但是他對元法僧的北魏宗室身份無法完全信任，並未以其戍守彭城及管理徐州事宜，反而將其調離彭城，「（蕭）衍遣其豫章王綜入守彭城，法僧擁其僚屬、守令、兵戎及郭邑士女萬餘口南入。」〔註143〕最親信者莫過於自己兒子，故梁武帝決定以其子豫章王蕭綜進駐彭城，擔任南梁在淮北的最高軍政長官。而蕭綜在525年（魏孝昌元年、梁普通六年）三月進入彭城，標誌彭城正式歸屬南梁，「乙丑，鎮北將軍、南兗州刺史豫章王綜權頓彭城，總督眾軍，並攝徐州府事。」〔註144〕至於元法僧，梁武帝對於這位地位並非一般降將的北魏宗室，給予他及其二子元景隆、元景仲極高的禮遇，《梁書・武帝紀》：「以魏鎮東將軍、徐州刺史元法僧為司空。……以魏假平東將軍元景隆為衡州刺史，魏征虜將軍元景仲為廣州刺史。」〔註145〕梁武帝對元法僧無法百分百信任乃理所當然，今日他可降梁，明日他也可改變心意回歸北魏，故梁武帝除了將元法僧父子調離彭城

〔註141〕《魏書》卷9〈肅宗紀〉，頁238。
〔註142〕《資治通鑑》卷150〈梁紀六〉，武帝普通六年，頁4693。
〔註143〕《魏書》卷9〈肅宗紀〉，頁238。
〔註144〕《梁書》卷3〈武帝紀下〉，頁69。
〔註145〕《梁書》卷3〈武帝紀下〉，頁69。

外，更剷除北魏在彭城的政治影響力。前引文有一條內容值得注意，「法僧擁其僚屬、守令、兵戎及郭邑士女萬餘口南入。」〔註146〕這萬餘人應該包括北魏在彭城官署的各級文武官員、士兵等，亦即梁武帝將這批人全部遷出彭城，代表北魏在彭城的政治勢力遭徹底拔除，再由蕭綜帶領一批南梁官員、僚佐進入彭城，完成南梁在彭城的政治換血，如此一來，彭城即可牢牢控制在南梁手中，不用擔憂日後北魏遣軍欲奪回彭城時，原北魏官員在彭城內與魏軍暗通款曲，甚至有裡應外合情事發生。由此可見，梁武帝對彭城這淮北重鎮高度重視，在好不容易攻佔後，必須消除任何被北魏奪回的可能。

二、第二階段：525 年四月至六月

不同於第一階段的失城獻地節節敗退，北魏在第二階段戰事中獲得了一些勝利，雖然第二階段只有兩個月左右時間，卻是北魏在魏孝明帝後期與南梁的戰爭中具優勢的時期，而本階段戰場主要在東部的徐州和西部的益州，徐州的戰略焦點則是在彭城的攻防上。

（一）彭城爭奪戰

彭城入梁後，對淮河南北的戰略情勢產生重大影響，在北魏與南梁大致以淮河為南北分界及國防線的情形下，南梁佔有淮北的彭城猶如北魏佔有淮南的壽春，壽春成為北魏凸出在淮南的一枚棋子，成為北魏在淮南的前進基地，不僅能隨時帶給南梁軍事威脅，更有利於其經營淮南地區。如今彭城亦成為南梁在淮北的軍事堡壘，對南梁的戰略功用如同壽春能對北魏發揮的戰略功用一樣。因此對北魏而言，為消除南梁對淮北的軍事壓迫，必須奪回彭城，徹底清除南梁勢力在淮北的存在，至少要將南北分界仍維持在淮河一線。對南梁而言，好不容易佔有彭城，必須永續經營，才能以此為基礎，在淮北地域一步步扭轉劣勢，另外還可南北夾擊壽春甚或有奪回壽春的可能，因此梁武帝對彭城的戰略態度非常清楚，即是強勢固守、積極經營，使其成為南梁在淮北的軍事堡壘。在北魏與南梁皆欲佔有彭城的戰略認知下，兩國都在調動軍隊部署彭城攻防戰。

蕭綜領梁軍進入彭城後，即開始加強防禦工事進行各項作戰準備，「夏五月己酉，築宿預堰（今江蘇泗陽西北），又修曹公堰（今江蘇盱眙西）於濟陰。」

〔註146〕《魏書》卷 9〈肅宗紀〉，頁 238。

〔註147〕梁軍修築這兩個堰堤的戰略目的在強化彭城防禦力量以抵禦魏軍的進攻。至於北魏，亦開始調兵遣將準備進攻彭城，《魏書・蕭宗紀》：〔註148〕

> 詔鎮軍將軍、臨淮王彧，尚書李憲為都督，衛將軍、國子祭酒、安豐王延明為東道行臺，復儀同三司李崇官爵，為東道大都督，俱討徐州。崇以疾不行。

安豐王元延明為東道行臺，可見他乃北魏這次進攻彭城的最高指揮官，他在宗室間輩份極高，其父安豐王元猛乃魏文成帝之子，換言之，元延明與魏孝文帝同輩，加上襲爵後表現頗佳，在北魏政壇上有一定聲望，史載：「世宗時，授太中大夫。……至蕭宗初，為豫州刺史，甚有政績，累遷給事黃門侍郎。……尋遷侍中。……後兼尚書右僕射。」〔註149〕元延明任主帥雖有宗室與聲望加持，但軍事歷練略顯不足，且對徐州的情勢並不十分瞭解，而李憲的輔助正好彌補了這方面的不足。李憲為北魏著名漢臣李順之孫，史書稱其「清粹，善風儀，好學，有器度。」〔註150〕由於他長期在地方任職，曾任定州大中正、河南尹、兗州刺史、雍州刺史等，〔註151〕對地方形勢有一定瞭解，尤其曾任徐州附近的兗州刺史，對徐州地域有一定的熟悉。同時，李憲亦曾為安西將軍、撫軍將軍，〔註152〕更重要的是在元法僧反叛時，李憲任七兵尚書，〔註153〕此為北魏朝廷最高的軍事行政長官，可見李憲的軍事經歷亦頗為豐富，以之協助元延明當是不錯人選。另外，由二位親王統領一路軍隊作戰較不常見，可見北魏對收復彭城之戰的重視，而臨淮王元彧當時與安豐王元延明齊名，「彧少有才學，時譽甚美。……少與從兄安豐王延明、中山王熙並以宗室博古文學齊名，時人莫能定期優劣。」〔註154〕元延明與元彧在宗室間常以文學論交，故默契佳，有利二人搭配合作。至於李崇，則因病未行，其時李崇已病的相當嚴重，於當年五月病卒，「戊子，驃騎大將軍、儀同三司李崇薨。」〔註155〕

〔註147〕《梁書》卷 3〈武帝紀下〉，頁 69。
〔註148〕《魏書》卷 9〈蕭宗紀〉，頁 238～239。
〔註149〕《魏書》卷 20〈文成五王・安豐王猛附子延明傳〉，頁 530。
〔註150〕《魏書》卷 36〈李憲傳〉，頁 835。
〔註151〕參見《魏書》卷 36〈李憲傳〉，頁 835。
〔註152〕參見《魏書》卷 36〈李憲傳〉，頁 835。
〔註153〕參見《魏書》卷 36〈李憲傳〉，頁 835。
〔註154〕《魏書》卷 18〈太武五王・臨淮王譚附彧傳〉，頁 419。
〔註155〕《魏書》卷 9〈蕭宗紀〉，頁 241。

　　至於北魏朝廷撥給這支肩負收復彭城重任軍隊的兵力有多少呢？《魏書》相關紀傳並無記載，《南史・陳慶之傳》載十萬，「以慶之爲武威將軍，……仍率軍送豫章王綜入鎮徐州。魏遣安豐王元延明、臨淮王元彧率眾十萬來拒。」〔註156〕《梁書・陳慶之傳》則云二萬，「以慶之爲武威將軍，……送豫章王綜入鎮徐州。魏遣安豐王元延明、臨淮王元彧率眾二萬來拒。」〔註157〕而《資治通鑑》亦載二萬：「五月……魏安豐王延明、臨淮王彧將兵二萬逼彭城，勝負久未決。」〔註158〕《南史・陳慶之傳》的十萬恐有誇大之嫌，當以二萬爲是。至於北魏何以僅派出二萬軍隊即想收復彭城，尤其南梁好不容易佔有彭城，必有永續固守的決心，進入彭城後即加強各項防禦工事，故彭城的防禦力量必然堅固且完備，北魏以區區二萬兵力即想收復彭城，似乎有些困難。筆者認爲北魏無法多派兵力的原因有二，其一：524年（魏正光五年、梁普通五年）三月爆發的六鎮之亂，經過一年多的鎮壓，不但沒有平息的跡象，反而有愈演愈烈的趨勢，且亂事逐漸擴散到關隴地區，這對北魏軍隊的調度產生極大影響，在各地動亂不斷的情形下，不可能有太多兵力投入彭城戰場。其二：因爲軍隊調集不易，故北魏朝廷的戰略規畫有可能先交付元延明二萬魏軍，令其先趕赴彭城，趁南梁勢力進入彭城不久，統治力未穩之際發動攻勢，若拖延日久，南梁力量落實至彭城基層時，屆時要收復將更加困難。與此同時也另外徵集部隊，待完成後再開赴彭城支援。易言之，元延明所率二萬魏軍只是第一波欲趁南梁勢力立足未穩之際進攻的部隊，後續當會有其他增援部隊陸續投入彭城戰場。

　　525年（魏孝昌元年、梁普通六年）五月，元延明率領二萬魏軍進抵彭城外，彭城爭奪戰因此展開。由於彭城防禦堅固，梁軍在彭城近三個月的佈防，的確使彭城成爲一堅固堡壘，加上魏軍僅有二萬之眾，以此兵力攻城實爲不足，故前引文中有「勝負久未決」之語，〔註159〕事實上應是魏軍久攻不下。就在魏軍的攻城行動毫無進展時，彭城內卻傳來蕭綜欲降北魏的消息，以元延明爲首的魏軍大本營認爲，以蕭綜乃梁武帝之子的尊貴身份，不太可能叛梁投魏，「時蕭衍遣其豫章王綜據徐州，綜密信通（元）彧，云欲歸款。綜時

〔註156〕《南史》卷61〈陳慶之傳〉，頁1497。
〔註157〕《梁書》卷32〈陳慶之傳〉，頁459。
〔註158〕《資治通鑑》卷150〈梁紀六〉，武帝普通六年，頁4700～4701。
〔註159〕《資治通鑑》卷150〈梁紀六〉，武帝普通六年，頁4701。

爲蕭衍愛子，眾議咸謂不然。」〔註160〕當時大多數的意見均認爲可能是蕭綜的緩兵之計或藉機鬆懈魏軍攻勢，甚至有可能是詐降，欲趁魏軍不備而大舉襲擊。不過收到密信的元彧卻有不同看法，他認爲現在雙方在彭城僵持不下，若蕭綜降魏之事爲眞，則可以最少代價收復彭城，但爲防是否爲誘敵之計，可遣人入彭城刺探虛實，若爲眞，則可與蕭綜密談投降細節，「（元）彧募人入報，驗其虛實，（鹿）悆遂請行，曰：『若綜有誠心，與之盟約；如其詐也，豈惜一人命也。』」〔註161〕鹿悆「字永吉，濟陰人。……悆好兵書、陰陽、釋氏之學。」〔註162〕時爲元彧監軍，自動請纓前往彭城查探。鹿悆隻身進入彭城後，雖受到其他梁軍將領的刁難、詰問，但蕭綜知其來意後，遂遣心腹與鹿悆應答，「綜又遣腹心梁話迎悆，密語意狀，令善酬答，引悆入城。」〔註163〕在鹿悆確定蕭綜確有投降北魏之意；而蕭綜方面也確認鹿悆爲北魏來使，於是雙方達成共識，鹿悆「與梁話誓盟。契約既固，未旬，（蕭）綜果降。」〔註164〕

〔註160〕《魏書》卷 79〈鹿悆傳〉，頁 1762。
〔註161〕《魏書》卷 79〈鹿悆傳〉，頁 1762。
〔註162〕《魏書》卷 79〈鹿悆傳〉，頁 1761。
〔註163〕《魏書》卷 79〈鹿悆傳〉，頁 1762。
〔註164〕《魏書》卷 79〈鹿悆傳〉，頁 1764。關於鹿悆隻身入彭城與豫章王蕭綜洽談歸降事宜詳細經過，可參見《魏書》卷 79〈鹿悆傳〉，頁 1762～1764 載：時蕭衍遣其豫章王綜據徐州，綜密信通彧，云欲歸款。綜時爲蕭衍愛子，眾議咸謂不然。彧募人入報，驗其虛實，悆遂請行，曰：「若綜有誠心，與之盟約；如其詐也，豈惜一人命也。」時徐州始陷，邊方騷擾，綜部將成景儁、胡龍牙並總強兵，內外嚴固。悆遂單馬間出，徑趣彭城。未至之間，爲綜軍主程兵潤所止，問其來狀。悆答曰：「兵交使在，自昔通言。我爲臨淮王所使，須有交易。」兵潤遂先遣人白龍牙等。綜既有誠心，聞悆被執，語景儁等曰：「我每疑元略規欲叛城，將驗其虛實，且遣左右爲元略使入魏軍中，喚彼一人，其使果至。可令人詐作略身，在一深室，詭爲患狀，呼使戶外，令人傳語。」時略始被衍追還。綜又遣腹心梁話迎悆，密語意狀，令善酬答，引悆入城，詣龍牙所。時日已暮，龍牙列仗舉火引悆曰：「元中山甚欲相見，故令喚卿。」又曰：「安豐、臨淮將少弱卒，規復此城，容可得乎！」悆曰：「彭城魏之東鄙，勢在必爭，得否在天，非人所測。」龍牙曰：「當如卿言。」復詣景儁住所，停悆在外門，久而未入。時夜已久，星月甚明。有綜軍主姜桃來與悆語曰：「君年已長宿，又充今使，良有所達。元法僧魏之微子，拔城歸梁，梁主待物有道。」乃舉手上指：「今歲星在斗。斗，吳之分野，君何爲不歸梁國，我令君富貴。」悆答曰：「君徒知其一，未知其二。法僧者，莒僕之流，而梁納之，無乃有愧於季孫也？今月建鶉首，斗牛受破，歲星木也，逆而克之。君吳國敗喪不久。且衣錦夜遊，有識不許。」言未及盡，引入見景儁，景儁曰：「元中山雖曰相喚，不懼而來

　　鹿悆回到北魏陣營，帶回蕭綜確切投降的訊息後，元延明開始佈署攻擊行動，欲趁蕭綜離開彭城，梁軍無主帥軍心大亂時攻佔彭城，「六月，庚辰，（蕭）綜與梁話及淮陰苗文寵夜出，步投魏。」〔註165〕魏軍於次日一早即發動攻勢，先用心理戰瓦解梁軍鬥志，魏軍士兵在彭城外大呼：「汝豫章王昨夜已來，在我軍中，汝尚何爲！」〔註166〕此舉果然引起彭城內梁軍緊張，「城中求（豫章）王不獲，軍遂大潰。魏人入彭城，乘勝追擊，復取諸城。至宿預而還，將佐士卒死沒者什七八。」〔註167〕主帥夜奔敵營導致梁軍指揮中樞功能喪失，各項戰略戰術自然無法按預定之戰略規畫遂行，所謂「三軍可奪氣，將軍可奪心。」〔註168〕魏軍趁彭城內無主、梁軍士兵軍心渙散之際進佔彭城，並乘勝追擊收復徐州各城戍，南梁佔有彭城不過三個月而已。而從「將佐士卒死沒者什七八」來看，梁軍的犧牲頗爲慘重，使梁武帝原本寄望將彭城建設爲淮北的灘頭堡，並以此爲基礎經營淮北的戰略規畫破滅，南梁勢力再度被逐回淮河以南。

　　北魏、南梁對彭城的一得一失極富戲劇性，皆因兩國宗室親王的投降而使彭城統治權易主。北魏元法僧以彭城降梁的原因前文已述，他雖是元宗室，但已是旁枝疏屬，與魏孝明帝的血緣關係已有一段距離。然蕭綜乃梁武

何也？」答曰：「昔楚伐吳，吳遣厥由勞師，今者此行，略同於彼。」又曰：「遊歷多年，與卿先經相識。」仍敘由緣，景儁便記。引悆同坐，謂悆曰：「卿不爲刺客也？」答曰：「今者爲使，欲返命本朝，相刺之事，更卜後圖。」爲設飯食雜果，悆強飲多食，向敵數人，微自誇矜。諸人相謂曰：「壯士哉！」乃引向元略所，一人引入戶內，指床令坐。一人別在室中，出謂悆曰：「中山有教，與君相聞。」悆遂起立。使人謂悆曰：「君但坐。」悆曰：「家國王子，豈有坐聽教命。」使人曰：「頓首君，我昔有以向南，旦遣相喚，欲聞鄉事。晚來患動，不獲相見。」悆曰：「旦奉音旨，冒險祇赴，不得瞻見，內懷反側。」遂辭而退。須臾天曉，綜軍主范勗、景儁、司馬楊曄等競問北朝士馬多少。悆云：「秦隴既平，三方靜晏，今有高車、白眼、羌、蜀五十萬，齊王、李陳留、崔延伯、李叔仁等分爲三道，徑趣江西；安樂王鑒、李神領冀、相、齊、濟、青、光羽林十萬，直向琅邪南出。」諸人相謂曰：「詎非華辭也？」悆曰：「可驗崇朝，何華之有！」日晏令還。景儁送悆上戲馬臺，北望城壘，曰：「何此城之固，良非彼軍士所能圖擬，卿可語二王，回師改計。」悆曰：「金墉湯池，衝甲彌巧，貴守以人，何論險害。」還軍，於路與梁話誓盟。契約既固，未旬，綜果降。

〔註165〕《資治通鑑》卷150〈梁紀六〉，武帝普通六年，頁4703。
〔註166〕《資治通鑑》卷150〈梁紀六〉，武帝普通六年，頁4703。
〔註167〕《資治通鑑》卷150〈梁紀六〉，武帝普通六年，頁4703。
〔註168〕孫武著、吳仁傑注譯，《孫子讀本》〈軍爭篇第七〉，頁50。

帝次子，其血緣關係及政治地位僅次於太子蕭統，何以驟然降魏？有一說他並非梁武帝之子實乃南齊東昏侯之子，梁武帝篡南齊後納東昏侯寵姬吳淑媛，七月而生蕭綜，故蕭綜認為梁武帝乃其殺父仇人遂有二心。〔註169〕此說法筆者存疑，恐有傳聞之誤，且後宮鬥爭流言蜚語屢見不鮮，而蕭綜之母吳淑媛來自前朝後宮，改朝換代後免不了遭受梁武帝其他妃嬪的攻擊。再者，《梁書‧豫章王綜傳》載「及（吳）淑媛寵衰怨望，遂陳疑似之說，故綜懷之。」〔註170〕因此也不排除吳淑媛失寵後，在哀怨之心驅使下做出的忌恨行為。但是不論此說真偽性如何，蕭綜降魏乃確鑿史實，梁武帝原以為親子血緣最值得信任，故以其坐鎮彭城，不料卻適得其反，不但彭城得而復失，梁武帝原擬藉佔領彭城之機擴大對北魏的打擊，且已規畫新一波的北伐戰略，如今卻因蕭綜的降魏而中斷，《梁書‧武帝紀》載其下詔曰：〔註171〕

> 廟謨已定，王略方舉。侍中、領軍將軍西昌侯（蕭）淵藻，可便親戎，以前啟行；鎮北將軍、南兗州刺史豫章王綜董馭雄桀，風馳次邁；其餘眾軍，計日差遣，初中後師，善得嚴辦。朕當六軍雲動，龍舟濟江。

由「朕當六軍雲動，龍舟濟江。」可見梁武帝氣概萬千，而根據此詔書也可知蕭綜在這波攻勢中的重要性，可惜他以彭城降魏，而南梁失去彭城這個淮北前進堡壘後，擴大北伐的行動不得不停止，由此可見，戰場形勢瞬息萬變，一個意料之外的因素足可影響戰爭勝負。

〔註169〕參見《梁書》卷55〈豫章王綜傳〉，頁823～824載：豫章王綜字世謙，高祖（梁武帝）第二子也。……初，其母吳淑媛自齊東昏宮得幸於高祖，七月而生綜，宮中多疑之者，及淑媛寵衰怨望，遂陳疑似之說，故綜懷之。既長，有才學，善屬文。高祖御諸子以禮，朝見不甚數，綜恒怨不見知。每出藩，淑媛恒隨之鎮。至年十五六，尚躶袒嬉戲於前，晝夜無別，內外咸有穢議。綜在徐州，政刑酷暴。又有勇力，手制奔馬。常微行夜出，無有期度。每高祖有敕疏至，輒忿恚形於顏色，羣臣莫敢言者。恒於別室祠齊氏七廟；又微服至曲阿拜齊明帝陵。然猶無以自信；聞俗說以生者血瀝死者骨，滲，即為父子。綜乃私發齊東昏墓，出骨，瀝臂血試之；並殺一男，取其骨試之，皆有驗，自此常懷異志。……聞齊建安王蕭寶寅在魏，遂使人入北與之相知，謂為叔父，許舉鎮歸之。會大舉北伐，（普通）六年，魏將元法僧以彭城降，高祖乃令綜都督眾軍，鎮于彭城，與魏將安豐王元延明相持。高祖以連兵既久，慮有釁生，敕綜退軍。綜懼南歸則無因復與寶寅相見，乃與數騎夜奔於延明。

〔註170〕《梁書》卷55〈豫章王綜傳〉，頁823。
〔註171〕《梁書》卷3〈武帝紀下〉，頁69。

（二）益州戰場

梁武帝在三月以蕭綜鎮守彭城後，隨即在次月挑起西部戰火，於益州爆發區域衝突，《魏書·肅宗紀》：「夏四月，蕭衍益州刺史蕭淵猷遣將樊文熾、蕭世澄等率眾圍小劍戍。益州刺史邴虬遣子子達、行臺魏子建遣別將淳于誕拒擊之。」〔註172〕這場爆發在益州的區域衝突原因不明，《魏書》除前述的〈肅宗紀〉外，〈島夷蕭衍傳〉〔註173〕、〈淳于誕傳〉〔註174〕均有這場戰爭的記載，但同樣未書衝突原因，《資治通鑑》亦復如是。〔註175〕事實上，南北朝時期，南北雙方經常在邊區或交界地帶爆發中、小型衝突，往往是毫無理由，有時是邊將為求建功而襲擊對方；有時是為驗證各項戰技、戰術的訓練成果，藉進攻對方城戍達到練兵的目的，故南梁益州刺史蕭淵猷發兵攻擊小劍戍，實不足為奇。

這場區域衝突僅有一個月即告結束，不過魏軍初期的防守並不順利，戰鬥過程在《魏書·淳于誕傳》有詳細描述：〔註176〕

> 時（蕭）衍益州刺史蕭淵猷遣將樊文熾、蕭世澄等率眾數萬圍小劍戍，益州刺史邴虬令子達拒之。因轉營，為文熾所掩，統軍胡小虎、崔珍寶並見俘執。（魏）子建遣（淳于）誕助討之。誕勒兵馳赴，相對月餘，未能摧殄。文熾軍行之谷，東峯名龍鬚山，置柵其上以防歸路。誕以賊眾難可角力，乃密募壯士二百餘人，令夜登山攻其柵。及時火起，煙焰漲天。賊以還途不守，連營震怖。誕率諸軍鳴鼓攻擊，文熾大敗，俘斬萬計，擒世澄等十一人。文熾為元帥，先走獲免。

據上可知，益州衝突雖僅月餘但可分兩個階段：第一階段梁軍先勝後敗；第二階段魏軍反敗為勝。在梁軍進圍小劍戍時，北魏益州刺史邴虬守土有責，立即發兵抗擊，不過抵抗不力，統軍胡小虎、崔珍寶等均遭俘虜，魏軍戰況漸趨不利。當時正關注秦隴亂事的行臺魏子建，見益州情勢危急，遣西南道軍司淳于誕率軍協助，「秦隴反叛，（魏孝明帝）詔（淳于）誕為西南道軍司、假冠軍將軍、別將，從子午南出斜谷趣建安，與行臺魏子建共參經略。」〔註177〕淳于

〔註172〕《魏書》卷9〈肅宗紀〉，頁240。
〔註173〕參見《魏書》卷98〈島夷蕭衍傳〉，頁2176～2177。
〔註174〕參見《魏書》卷71〈淳于誕傳〉，頁1593。
〔註175〕參見《資治通鑑》卷150〈梁紀六〉，武帝普通六年，頁4700。
〔註176〕《魏書》卷71〈淳于誕傳〉，頁1593。
〔註177〕《魏書》卷71〈淳于誕傳〉，頁1593。

誕，字靈遠，「其先太山博人，後世居於蜀漢，或家安固之桓陵縣。」〔註178〕對蜀地有一定程度的熟悉，不過一開始亦未能逐退梁軍，之後採取火攻，奇襲龍鬚山燒毀梁軍的寨柵，梁軍見歸路被阻軍心渙散，淳于誕乘勢進攻大敗梁軍，「五月戊辰，淳于誕等大破蕭衍軍，俘斬萬計，擒蕭世澄等十一將，文熾僅以身免，走成都。」〔註179〕益州局勢遂轉危為安。

　　在第二階段戰事中，雖然北魏成功奪回彭城，但不能謂之勝，因彭城原屬北魏，現不過收復而已；益州的小劍戍亦是如此，魏軍僅是將入侵的梁軍予以擊退罷了，並未乘勝追擊攻陷南梁城戍與疆土，故第二階段的彭城爭奪戰與益州攻防，雙方未分勝負。南梁在第二階段延續第一階段對北魏南境各城戍的攻擊與佔領，持續對北魏進行軍事壓迫，在佔領彭城後達到高峰，雖然北魏收復彭城扳回一城，但是未能扭轉北魏面對南梁軍事壓迫的劣勢，何以如此？一個重要的原因是六鎮之亂不斷擴大，北魏無法同時分兵南北，據此可以想見南梁對北魏的軍事打擊將更全面，而這也是進入第三階段後梁強魏弱的戰略態勢。

三、第三階段：525 年七月至 528 年二月

　　與前兩階段的戰事相較，第三階段的戰事有三個特點，其一：時間較長，戰事前後長達兩年十個月。其二：北魏的執政者為靈太后，和第一階段的元叉，第二階段正值元叉、靈太后的交替全然不同，第三階段的成敗責任，需由靈太后領導的北魏朝廷承擔。其三：戰場擴大與壽春、義陽等重鎮易主，南梁對北魏展開全面攻勢，在東部、中部、西部都爆發戰爭，且北魏壽春、義陽等軍事重鎮均遭南梁攻陷，這在前兩階段均未曾發生。第一階段南梁雖然頻頻攻城陷地，但北魏未有如此重要的城戍淪陷；第二階段彭城雖遭梁軍佔領，但不久後魏軍再度收復，而此次義陽、壽春的陷梁，北魏至其 534 年（魏永熙三年、梁中大通六年）分裂成東、西魏止，皆未能收復。

　　梁武帝的戰略規畫是沿淮河全線向北魏展開攻勢，戰略目標鎖定在淮河上游的義陽與中游的壽春，至於下游的濱海地區，則是以側翼進攻，輔助梁軍在淮河上游、中游的進攻，目的在牽制淮河下游及濱海地區的魏軍，使其無法援助壽春與義陽，現將北魏與南梁軍隊在壽春戰場、義陽戰場爭戰的經

〔註178〕《魏書》卷 71〈淳于誕傳〉，頁 1592。
〔註179〕《魏書》卷 9〈肅宗紀〉，頁 241。

過詳述如下。

（一）壽春爭奪戰

梁武帝自 502 年（魏景明三年、梁天監元年）建立南梁政權起，壽春即非梁土，壽春作爲北魏一枚突出在淮南的戰略重鎮，對南梁的威脅與恫嚇始終存在，故梁武帝念茲在茲的即是奪回壽春，清除北魏在淮南的力量。在梁武帝努力了二十餘年之後，終於在 526 年（魏孝昌二年、梁普通七年）攻佔壽春，《梁書・武帝紀》：「十一月……辛巳，夏侯亶、胡龍牙、元樹、曹世宗等眾軍剋壽陽城。」〔註 180〕上述史料記載的只是梁軍攻克壽春的結果。壽春作爲北魏在淮南的軍事重鎮，必然受到北魏朝廷的高度重視，不僅兵精糧足，且防禦設施堅固，因此南梁攻克壽春也非一蹴可及，也是經歷長期的攻防，主帥更是歷裴邃、夏侯亶兩任始竟其功。

梁武帝對壽春的企圖一直未曾稍減，他將攻佔壽春的重責大任交付豫州刺史、宣毅將軍裴邃，其人具優秀軍事素養且「沉深有思略。」〔註 181〕他知道北魏已將壽春城建設爲一鞏固的軍事堡壘，且與周遭的城戍已形成一套綿密的區域聯防網，一旦壽春遭圍攻，其他衛星城戍必傾兵來救，因此在北強南弱的態勢下，欲用軍事力量強攻，勝算不大，且南梁軍隊恐會遭致嚴重傷亡，故裴邃的戰略規畫有兩個方向：一是先剪除壽春的外圍城戍孤立之；另一是利用淮河築堰利用水攻。裴邃遂據此展開對壽春的長期經營，但他不幸於 525 年（魏孝昌元年、梁普通六年）五月「卒於軍中。追贈侍中、左衛將軍。」〔註 182〕梁武帝立即於同月遣夏侯亶接替裴邃，成爲進攻壽春的總指揮，「遣中護軍夏侯亶督壽陽諸軍事。」〔註 183〕夏侯亶接手後立即發動對壽春的攻擊，「與魏將河間王元琛、臨淮王元彧等相拒，頻戰克捷。尋有密敕，班師合肥，以休士馬，須堰成復進。」〔註 184〕雖然夏侯亶頻頻遣軍出擊和壽春魏軍作戰也取得勝利，但都不是決定性的會戰或大戰，並未損及壽春魏軍的主力，因此梁武帝認爲，需待時機利用堰堤之水助攻，由步、騎兵正面攻城，輔以水淹壽春，在水陸雙重力量攻擊下，壽春勢難支撐，故命夏侯亶先退兵以待戰機。次年夏，南梁等待之時機終於來臨，梁武帝決定對壽春發動總攻，

〔註 180〕《梁書》卷 3〈武帝紀下〉，頁 70～71。
〔註 181〕《梁書》卷 28〈裴邃傳〉，頁 415。
〔註 182〕《梁書》卷 28〈裴邃傳〉，頁 415。
〔註 183〕《梁書・卷 3〈武帝紀下〉，頁 69～70。
〔註 184〕《梁書》卷 28〈夏侯亶傳〉，頁 419。

據《梁書・夏侯亶傳》載：〔註185〕

　　（普通）七年（526、魏孝昌二年）夏，淮堰水盛，壽陽城將沒，高
　　祖（梁武帝）復遣北道軍元樹帥彭寶孫、陳慶之等稍進，（夏侯）亶
　　帥湛僧智、魚弘、張澄等通清流澗，將入淮、肥。魏軍夾肥築城，
　　出亶軍後，亶與僧智還襲，破之。進攻黎漿，貞威將軍韋放自北道
　　會焉。兩軍既合，所向皆降下。凡降城五十二，獲男女口七萬五千
　　人，米二十萬石。

梁武帝趁著水勢從南、北二路攻入壽春城，北路軍統帥為郢州刺史元樹率陳
慶之、韋放等將從北道進攻壽春；南路軍則是夏侯亶率湛僧智、魚弘、張澄
等將自南道進攻壽春，壽春城內魏軍雖分別抵禦南北二路梁軍的攻勢，但無
法阻止二路梁軍的合圍，壽春城遭梁軍攻破，北魏揚州刺史李憲無奈之下只
能投降，壽春入梁後，標誌北魏在淮南的事實存在已遭徹底清除。

　　事實上，梁軍對壽春的總攻並不若上引文所載如此輕鬆，從兩個地方可
看出魏軍抵抗之激烈。首先，從時間點來看，雖然南北史書相關紀傳均未載
梁軍發動進攻壽春的時間，均僅有季節「夏」的記述，但據《資治通鑑》可
知是在六月時，〔註186〕而梁軍攻克壽春是十一月，〔註187〕由此可知魏軍堅守
壽春達半年之久，並非如《梁書・夏侯亶傳》所載，梁軍一發動攻勢即順利
攻克壽春，由李憲能固守壽春長達半年即可知他已耗盡全力。其次，從當時
壽春城內的情況觀察：「刀斗沸于堞下，鐒歌起於城上，負戶而汲，易子而炊，
□□丸積，勢若棋累。」〔註188〕即可知北魏壽春軍民全力抵抗的慘狀，實已
糧盡援絕，李憲可謂堅守至最後不得不降梁。由上述兩點可知梁軍攻克壽春
之戰並不輕鬆，若非淮堰水攻奏效及北魏軍隊因鎮壓六鎮之亂無法對壽春戰
場投入更多的援助，可能魏梁雙方尚需在壽春對峙一段時間。

　　攻佔壽春可謂南梁建立以來北伐進展的一大勝利，往昔的南北對抗，一
直都是北魏向南開疆拓土，少見南朝能攻佔北魏的軍事重鎮，雖然壽春原屬
南朝所有而遭北魏佔領，但是梁武帝卻能在魏強梁弱的態勢下，利用北魏動

〔註185〕《梁書》卷28〈夏侯亶傳〉，頁419。
〔註186〕參見《資治通鑑》卷151〈梁紀七〉，武帝普通七年，頁4715。
〔註187〕參見《梁書》卷3〈武帝紀下〉，頁70～71。《資治通鑑》卷151〈梁紀七〉，
　　　　武帝普通七年，頁4718。
〔註188〕趙超編，《漢魏南北朝墓誌彙編》，頁330。另參見趙萬里編，《李憲墓志》，《漢
　　　　魏南北朝墓誌集釋》（上），《石刻史料新編》第三輯（三）圖版二九二，頁643。

亂加劇而對南方邊防放鬆之際，佔有淮北彭城及淮南壽春，雖然彭城旋得旋失，但是壽春北魏失去後卻無法再收回，因此南梁在好不容易取得壽春後，立即進行戰後復原和加強建設，而治理壽春的最佳人選，梁武帝選定壽春之戰的主帥夏侯亶，並對壽春進行行政區域的建置工作：〔註189〕

> （梁武帝）詔以壽陽依前代置豫州，合肥鎮改爲南豫州，以（夏侯）亶爲使持節、都督豫州緣淮南豫霍義定五州諸軍事、雲麾將軍、豫南豫二州刺史。壽春久罹兵荒，百姓多流散，亶輕刑薄賦，務農省役，頃之民戶充復。

夏侯亶「寬厚有器量，涉獵文史，辯給能專對。……不修產業，祿賜所得，隨散親故。性儉率，居處服用，充足而已，不事華侈。」〔註190〕其人堪稱文武雙全且寬容務實，梁武帝以其治理壽春當能得到良好效果。

（二）義陽攻防戰

義陽的戰略形勢與其南方的三關息息相關，〔註191〕二者是戰略夥伴關係，缺一不可，佔有義陽者需同時控有三關，有義陽而無三關，義陽形同孤城無法久守，故義陽與三關休戚與共，誠如顧祖禹所云：「義陽與三關，勢相首尾。」〔註192〕義陽原屬南朝，自504年（魏正始元年、梁天監三年）十月遭北魏中山王元英攻佔後，〔註193〕梁武帝無時不欲收復此淮河上游重鎮，他深知三關與義陽的聯防關係，故欲攻佔義陽，需先剪除其外圍三關。

在第二階段戰事時，南梁即曾攻陷三關進圍義陽，只不過功敗垂成，三關又遭北魏奪回，《梁書・武帝紀》載524年（魏正光五年、梁普通五年）十二月，「乙巳，武勇將軍李國興攻平靜關，剋之。辛丑，信威長史楊法乾攻武陽關；壬寅，攻峴關，並剋之。」〔註194〕當時北魏義陽守將是郢州刺史裴詢，義陽爲郢州州治，裴詢聯合西郢州刺史蠻酋田朴特抵禦李國興的進攻，《魏書・裴詢傳》：〔註195〕

〔註189〕《梁書》卷28〈夏侯亶傳〉，頁419。
〔註190〕《梁書》卷28〈夏侯亶傳〉，頁420。
〔註191〕三關本書前章已有提及，自西而東分別爲平靖關（西關、或稱平靜關）、黃峴關（中關、或稱九里關）、武陽關（東關、或稱武勝關），分別位在義陽的西南、南部、東南。參見本書，頁304～305。
〔註192〕顧祖禹，《讀史方輿紀要》卷50〈河南五〉，頁2177。
〔註193〕關於中山王元英攻佔義陽的戰爭經過，參見本書，頁301～305。
〔註194〕《梁書》卷3〈武帝紀下〉，頁69。
〔註195〕《魏書》卷45〈裴詢傳〉，頁1022。

> 蕭衍遣將李國興寇邊，時四方多事，朝廷未遑外略，緣境城戍，多
> 爲國興所陷。賊既乘勝，遂向州城。（裴）詢率屬固守，垂將百日，
> 援軍既至，賊乃退走。……（田）朴特自國興來寇，便與詢掎角，
> 爲表裏聲援，郢州獲全，朴特頗有力焉。

據上可知，裴詢和田朴特互爲掎角的防禦態勢發揮了功效，使李國興的梁軍無法專力進攻義陽，需調度部分兵力防範驍勇善戰的蠻軍夾攻，故義陽得獲保全，田朴特確有大功。其實運用蠻酋蠻兵爭取他們的依附，本就是北魏與南朝既定的政策，而蠻酋也視情況依附於南北之間。而北魏能爭取到田朴特的歸附，可說是裴詢的功勞，「（裴詢）出爲平南將軍、郢州刺史。詢以凡司戍主蠻酋田朴特地居要險，眾踰數萬，足爲邊捍，遂表朴特爲西郢州刺史。朝議許之。」〔註196〕裴詢認知到田朴特在蠻區的力量，若爲南梁所用，則郢州地區將有莫大威脅，因此積極爭取田朴特爲北魏所用，而北魏朝廷也同意以西郢州刺史安置之。也因裴詢促使田朴特依附北魏，幫助他在郢州刺史任內粉碎南梁對義陽的企圖，否則若是田朴特爲南梁所用，聯合李國興的梁軍進攻義陽，即便義陽未陷落，魏軍恐將是一場苦戰且會蒙受不少傷亡。

526 年（魏孝昌二年、梁普通七年）十一月梁軍攻克壽春，這對南梁君臣是一大鼓舞，顯然南北的軍事實力已在拉近中，既然已攻佔淮河中游的戰略重鎮壽春，那淮河上游的另一戰略重鎮義陽也有攻陷的可能。於是梁武帝開始調兵遣將，雖然 524 年（魏正光五年、梁普通五年）武勇將軍李國興攻打義陽失敗，但兩年後的戰略環境已有不同，特別是南梁已佔有壽春，淮河情勢發生很大轉變，尤其北魏遭六鎮之亂引爆的各地動亂影響，無暇南顧，而北魏和南梁在淮河南北的軍事力量及對兩淮的影響力也與以往有明顯不同，易言之，南梁在上升當中，而北魏則漸走下坡。因此梁武帝決定乘勝追擊再次進攻義陽，展現其對淮河上游強烈的企圖心，遂在攻克壽春後的次年正月開闢義陽戰場，北魏與南梁進入第三階段在義陽的攻防戰，《梁書·武帝紀》：「司州刺史夏侯夔進軍三關，所至皆剋。」〔註197〕夏侯夔乃夏侯亶之弟，兄弟二人俱爲南梁優秀將領，一得勝於壽春戰場；一揚威於義揚戰場。梁武帝以夏侯夔爲進攻義陽的主帥，雖然因其爲司州刺史有地利之便，但梁武帝仍派出其他梁將及兵馬協助，據《梁書·夏侯夔傳》：「（梁普通）八年

〔註196〕《魏書》卷 45〈裴詢傳〉，頁 1022。
〔註197〕《梁書》卷 3〈武帝紀下〉，頁 71。

（527、魏孝昌三年），敕（夏侯）夔帥壯武將軍裴之禮、直閤將軍任思祖出義陽道。」〔註198〕裴之禮也是將門之後，其父為南梁名將裴邃。至於任思祖的直閤將軍則是中央禁衛武官，〔註199〕可見梁武帝進攻義陽不僅靠司州當地的兵力，尚由中央遣禁軍協助。

面對三關陷落義陽外圍防護已失，魏齊二軍在義陽的攻防正式進入攻城階段，夏侯夔率梁軍猛攻義陽城，時任郢州刺史的元願達，固守義陽並向北魏朝廷求援。元願達為元宗室，不過已是旁支，和魏孝明帝的血統已遠，「元願達，亦魏之支庶也。祖明元帝。父樂平王。願達仕魏為中書令、郢州刺史。」〔註200〕義陽在北魏長年的經營下，城防堅固，梁軍始終無法越雷池一步，而元願達勉力支撐苦等北魏援軍，雙方遂在義陽形成對峙。

對於義陽的危險情勢，北魏朝廷並非不知，但是面對南梁幾近全面性的進攻，北魏承受的軍事壓力愈來愈重，其壓力來源包括內外兩個部分。外部方面，夏侯夔在527年（魏孝昌三年、梁大通元年）正月攻下義陽周遭的三個關隘進圍義陽城時，梁武帝也於同月在淮河流域的其他地區對北魏發動攻勢，《魏書·肅宗紀》：「辛卯，蕭衍將湛僧珍圍東豫州，詔散騎常侍元暐為都督以討之。是月，衍又遣將彭羣、王辯等率眾數萬逼琅邪，詔青州、南青二州討之。」〔註201〕二月，「蕭衍將成景雋寇彭城，詔員外常侍崔孝芬為行臺，率將擊走之。」〔註202〕十月，梁武帝遣「領軍曹仲宗、東宮直閤陳慶之攻魏渦陽。」〔註203〕梁武帝這一連串的攻勢，迫使北魏朝廷必須調派軍隊抵抗南梁軍隊在上述各地的攻勢，換言之，梁武帝在淮河中下游發動的進攻，成功牽制了淮河流域的北魏軍隊無法調往義陽戰場支援。

至於內部方面，北魏各地動亂持續擴大，正月，「辛巳，葛榮陷殷州，刺史崔楷固節死之，遂東圍冀州。……東秦州刺史潘義淵以汧城降賊。……賊帥叱干騏麟入據豳州。」〔註204〕二月，「虜賊據潼關。」〔註205〕十一月，「葛

〔註198〕《梁書》卷28〈夏侯亶附弟夔傳〉，頁421。

〔註199〕關於直閤將軍的由來、演變以及職掌，可參見張金龍，《魏晉南北朝禁衛武官制度研究》下冊，第十二章〈劉宋禁衛武官制度〉，頁454～470；第十四章〈蕭梁禁衛武官制度〉，頁577～585。

〔註200〕《梁書》卷39〈元願達傳〉，頁555。

〔註201〕《魏書》卷9〈肅宗紀〉，頁246。

〔註202〕《魏書》卷9〈肅宗紀〉，頁246。

〔註203〕《資治通鑑》卷151〈梁紀七〉，武帝大通元年，頁4727。

〔註204〕《魏書》卷9〈肅宗紀〉，頁246。

榮攻陷冀州，執刺史元孚。」〔註206〕而更讓北魏內部情勢雪上加霜的是重臣
與將領的反叛，七月，「相州刺史、安樂王鑒據州反。……（十月）雍州刺史
蕭寶夤據州反，自號曰齊，年稱隆緒。詔尚書右僕射長孫稚討之。」〔註207〕
北魏朝廷面對梁軍全面展開對淮河流域的攻勢及討平葛榮的軍事壓力下，軍
隊的調度已是捉襟見肘，再加上安樂王元鑒和雍州刺史蕭寶夤的反叛，這種
內外交迫、內憂外患接踵而至的險峻形勢，的確讓北魏朝廷無法顧及在淮河
上游的義陽戰場。

　　誠如上述引文所言，北魏朝廷以長孫稚討平蕭寶夤的叛亂，現假設一情
況，長孫稚曾任揚州刺史駐守壽春，對淮河流域情勢有一定了解，且其具極
佳的軍事素養與戰略思想，若蕭寶夤未叛，則這支由長孫稚率領的魏軍是否
有投入義陽戰場的可能！由此可見，北魏內部動亂及重臣將領的反叛，嚴重
耗損其軍事力量，使國家武力無法全力抵抗外敵。而北魏內部動亂始終無法
平息，政治局勢也極端不穩，且有愈演愈烈趨勢，528年（魏武泰元年、梁大
通二年）二月，靈太后竟殺害親生兒子年僅十九歲的魏孝明帝。兩個月後尒
朱榮率軍入洛陽，接著爆發「河陰之變」，靈太后等眾多宗室、大臣盡遭尒朱
榮殺害，此時的北魏中央陷入嚴重的政治動盪，對於南方邊界的危機自然無
法顧及。而元願達在堅守義陽十五個月後，在糧盡援絕的情況下只能以城降
梁，《梁書·武帝紀》：「夏四月辛丑，魏郢州刺史元願達以義陽內附，置北司
州。」〔註208〕自504年（魏正始元年、梁天監三年）遭北魏占領的義陽，經
過二十四年又回到南梁手中。

（三）東豫州之戰與渦陽之役

1、東豫州之戰

　　527年（魏孝昌三年、梁大通元年）十月東豫州的失陷和渦陽的敗戰，對
頻頻在淮河流域失城陷地的北魏而言又是重大的一擊，而南梁則是繼續擴大
其戰績。北魏東豫州刺史元慶和乃元宗室，不過以魏孝明帝的血統而論已屬
旁支，其祖父汝陰王拓跋天賜乃景穆太子拓跋晃之子。〔註209〕北魏以宗室鎮

〔註205〕《魏書》卷9〈肅宗紀〉，頁246。
〔註206〕《魏書》卷9〈肅宗紀〉，頁247。
〔註207〕《魏書》卷9〈肅宗紀〉，頁247。
〔註208〕《梁書》卷3〈武帝紀下〉，頁72。
〔註209〕參見《魏書》卷19上〈景穆十二王上·汝陰王天賜附孫慶和傳〉，頁450。

守東豫州，說明對這淮河地域的要州頗為重視。正月時，南梁對東豫州發動
攻勢，遣軍進攻東豫州州府廣陵（非南兗州之廣陵，今河南息縣），「（南梁）
譙州刺史湛僧智圍魏東豫州。」〔註210〕其實在正月時，梁武帝同時進攻東豫
州和郢州，分遣譙州刺史湛僧智進攻廣陵、司州刺史夏侯夔進攻義陽，夏侯
夔一路攻克義陽三關進圍義陽城的情形已如前述。湛僧智率梁軍進入東豫州
地域後連戰皆捷，最後包圍廣陵城，與夏侯夔圍攻義陽城一樣進入最後的城
池攻防。元慶和見廣陵情勢危急，屢向北魏朝廷求援。北魏朝廷面對內憂外
患的亂局兵馬調度不易，但仍遣元顯伯率軍赴援，北魏援軍於九月時進抵廣
陵城外，與圍攻廣陵的梁軍爆發戰鬥：〔註211〕

> （南梁）譙州刺史湛僧智圍魏東豫州刺史元慶和於廣陵，入其郭。
> 魏將元顯伯率軍赴援，僧智逆擊破之，（夏侯）夔自武陽會僧智，斷
> 魏軍歸路。慶和於內築柵以自固，及夔至，遂請降。

湛僧智雖擊退元顯伯的援軍，但並未損及援軍主力，若元顯伯的魏軍和廣陵
城內的北魏守軍內外合擊，屆時梁軍恐會遭殲滅，於是湛僧智緊急求援。時
正圍攻義陽的夏侯夔聞訊，留部分兵力繼續圍攻義陽，親率其餘兵馬兼程赴
援。他觀察廣陵城內外戰略情勢後認為，需先阻斷廣陵城內外魏軍的聯繫。
當時城內魏軍已遭梁軍圍攻八個月，體力、意志力已漸不支，戰鬥力低落，
當務之急需先壓迫城外元顯伯魏軍。由於南下援助的魏軍遠道而來，其所慮
者乃北返時之歸路，若將其歸路切斷，將會造成軍心不穩，屆時再伺機進攻，
勝算較大。於是夏侯夔先斷魏軍歸路，並於十月趕抵廣陵城外與湛僧智梁軍
會師。元慶和見兩支梁軍合圍對廣陵形勢更加不利，加上無法和元顯伯魏軍
內外合擊，且從元月至十月被梁軍包圍，城內糧食、物資早已消耗殆盡，無
奈之下只能開城請降，「凡降男女口四萬餘人，粟六十萬斛。」〔註212〕而元慶
和降梁後，也獲得不錯的封賞，「（蕭）衍以為北道總督、魏王。」〔註213〕

梁軍進入廣陵城後，夏侯夔和湛僧智的當面之敵僅剩元顯伯的魏軍，而
元顯伯得知元慶和請降、廣陵已陷後，早已無心戀戰，欲撤軍北返，遭梁軍
自後追擊傷亡慘重，《梁書·夏侯夔傳》：「顯伯聞之夜遁，眾軍追之，生擒二

〔註210〕《資治通鑑》卷151〈梁紀七〉，武帝大通元年，頁4721。
〔註211〕《梁書》卷28〈夏侯亶附弟夔傳〉，頁421。
〔註212〕《梁書》卷28〈夏侯亶附弟夔傳〉，頁421。
〔註213〕《魏書》卷19上〈景穆十二王上·汝陰王天賜附孫慶和傳〉，頁450。

萬餘人，斬獲不可勝數。（梁武帝）詔以僧智領東豫州，鎮廣陵。」〔註214〕
梁軍俘虜魏軍士兵二萬餘人確爲大勝，但數目稍嫌誇大，若生擒二萬餘人，
加上陣亡、受傷的，這支魏軍的數目至少三萬人以上，甚至更多，以當時北
魏在南境幾乎和南梁在淮河一線處處烽火，加上因六鎮之亂引起的連鎖亂事
四處蔓延，北魏能否派出三至四萬人的軍隊援助東豫州，不無疑問。若是只
派出二萬人的援軍似乎較有可能，果如此，則二萬餘魏軍遭生擒，代表全軍
覆沒，但史籍中並未見魏梁二軍有激烈戰鬥的記載，《梁書・夏侯夔傳》僅書
以「眾軍追之，生擒二萬餘人。」即帶過梁軍在東豫州的大勝，顯然是爲了
誇耀南梁占領東豫州的戰果。事實上，南北對峙期間，南北史書囿於本身立
場，誇勝諱敗所見多矣。東豫州之戰相關記載多集中在《梁書》，《魏書》記
載不多，如〈肅宗紀〉：「東豫州刺史元慶和以城南叛。」〔註215〕〈元慶和傳〉：
「逞子慶和，東豫州刺史。爲蕭衍將所攻，舉城降之。」〔註216〕〈島夷蕭衍
傳〉則未見記載，〔註217〕《魏書》的〈肅宗紀〉、〈元慶和傳〉均只有寥寥數
語，且僅載結果並無戰鬥過程，故無法藉由雙方戰鬥過程判斷魏軍兵力。再
從《資治通鑑》觀之：「元顯伯宵遁，諸軍追之，斬獲萬計。」〔註218〕魏軍遭
斬、遭俘獲的大約一萬，若以梁軍大勝爲背景，以斃敵、俘虜五成推算，魏
軍當有二萬左右，當然，若以七成計，魏軍則有一萬五左右。綜合上述，以
《資治通鑑》載魏軍傷亡一萬爲基礎，結合《梁書》對東豫州之戰大勝的記
載及當時北魏面臨內外交迫的情形推估，元顯伯所率魏軍當在一萬五至二萬
之間。

2、渦陽之役

當東豫州州城廣陵遭梁軍圍攻時，淮河重要戰略據點渦陽亦遭受另一支
梁軍的攻擊，《梁書・韋放傳》：〔註219〕

> 高祖（梁武帝）遣兼領軍曹仲宗等攻渦陽，又以（韋）放爲明威將
> 軍，帥師會之。魏大將費穆帥眾奄至，放軍營未立，麾下止有二百
> 餘人。放從弟洵驍果有勇力，一軍所仗，放令洵單騎擊刺，屢折魏

〔註214〕《梁書》卷28〈夏侯亶附弟夔傳〉，頁421。
〔註215〕《魏書》卷9〈肅宗紀〉，頁247。
〔註216〕《魏書》卷19上〈景穆十二王上・汝陰王天賜附孫慶和傳〉，頁450。
〔註217〕參見《魏書》卷98〈島夷蕭衍傳〉，頁2176～2177。
〔註218〕《資治通鑑》卷151〈梁紀七〉，武帝大通元年，頁4727。
〔註219〕《梁書》卷28〈韋放傳〉，頁423。

軍，洵馬亦被傷不能進，放冑又三貫流矢。眾皆失色，請放突去。

放厲聲叱之曰：「今日唯有死耳。」乃免冑下馬，據胡牀〔註220〕處

分。於是士皆殊死戰，莫不一當百，魏軍遂退。

渦陽之役南梁的主要將領有三位，韋放是南梁名將韋叡之子，除了他與主帥曹仲宗外，尚有東宮直閣陳慶之，「大通元年（527、魏孝昌三年）（陳慶之）隸領軍曹仲宗伐渦陽。」〔註221〕至於魏梁二軍在渦陽的攻防，可分兩階段。第一階段是韋放與魏將費穆的對陣；第二階段則是陳慶之與北魏常山王元昭的交戰。上述引文所述乃第一階段的戰鬥，費穆欲趁梁軍初到立足未穩之際率軍突襲，此突襲戰術的確頗得兵法奧妙，逼使梁軍節節敗退，不過韋洵的英勇止住魏軍攻勢，加上梁軍士兵受到韋放鼓舞，士氣大振擊退魏軍，魏軍只能退回渦陽固守。

北魏見渦陽危急，遣元昭率五萬兵馬來援，〔註222〕當北魏援軍前鋒已離渦陽四十里時，陳慶之欲先聲奪人率軍攻擊，不料韋放卻有不同意見，「韋放以賊之前鋒必是輕銳，與戰若捷，不足爲功，如其不利，沮我軍勢，兵法所謂以逸待勞，不如勿擊。」〔註223〕對韋放的這番論析，陳慶之不表贊同，其云：〔註224〕

魏人遠來，皆已疲倦，去我既遠，必不見疑，及其未集，須挫其氣，

出其不意，必無不敗之理。且聞虜所據營，林木甚盛，必不夜出。

諸君若疑惑，慶之請獨取之。

陳慶之認爲魏軍遠道而來，且爲解渦陽之危，必然兼程疾進，故士兵和馬匹都呈疲累狀態，此時出奇不意攻擊其前鋒，必能獲勝挫其士氣，屆時再與其主力決戰自然容易取勝。韋放和陳慶之的戰略觀點有很大不同，韋放認爲，

〔註220〕「胡牀，即今之交牀，隋惡胡字，改曰交牀，今之交椅是也。」詳見《資治通鑑》卷151〈梁紀七〉，武帝大通元年，頁4727。交椅是下馬休息時的小凳，以繩子或布做凳面，四條腿不是直立而是可交叉摺疊，以方便攜帶。

〔註221〕《梁書》卷32〈陳慶之傳〉，頁460。

〔註222〕北魏常山王元昭所率援軍有五萬、十五萬兩種說法，前者出自《梁書》卷28〈韋放傳〉，頁423。及《資治通鑑》卷151〈梁紀七〉，武帝大通元年，頁4727。後者則出自《梁書》卷32〈陳慶之傳〉，頁460。《梁書》兩傳何以有不同記載，應是《梁書》〈陳慶之傳〉欲誇大陳慶之大敗元昭的戰功，且當時北魏內部動亂連連，需調派軍隊至各地鎮壓，能否組織十五萬大軍尚是疑問，故應以《資治通鑑》、《梁書・韋放傳》所載五萬爲是。

〔註223〕《梁書》卷32〈陳慶之傳〉，頁460。

〔註224〕《梁書》卷32〈陳慶之傳〉，頁460。

進攻以精銳爲主的前鋒部隊，若取勝談不上什麼功勞，一旦落敗，會重挫我軍士氣。而陳慶之的觀點則暗合《孫子兵法》所云：「避其銳氣，擊其惰歸。」〔註 225〕他認爲魏軍經過長途行軍，即便精兵亦會疲倦，此時驟然襲擊，必能收奇襲之效。雖然二位將領的觀點歧異，但觀察後續發展，應是韋放贊同陳慶之觀點或陳慶之說服韋放，總而言之，二人各自指揮所屬部隊重創魏軍，「（陳慶之）於是與麾下二百騎奔擊，破其前軍，魏人震恐。慶之乃還與諸將連營而進。」〔註 226〕「（韋）放率所督將陳度、趙伯超等夾擊，大破之。」〔註 227〕

　　陳慶之和韋放雖然大敗魏軍前鋒部隊，但五萬魏軍主力強大，要消滅並不容易，於是魏梁二軍在渦陽進入對峙。對峙期間雙方爆發多次大小不等的戰役，但任何一方都無法取得決定性勝利，隨著對峙時間的增長，兩軍的疲累感漸增，雙方將領皆尋思突破僵局的戰略。魏軍陣營方面，元昭開始執行「堡壘戰術」，派遣士兵在梁軍陣營後方構築十三座堡壘，對梁軍形成包圍態勢，準備爲持久戰做準備。梁軍總指揮曹仲宗見長期對峙戰況漸趨不利，梁軍又被魏軍堡壘包圍，爲免腹背受敵全軍覆沒，竟有了退兵之念，《梁書·陳慶之傳》載：〔註 228〕

> 與魏軍相持，自春至冬，數十百戰，師老氣衰，魏之援兵復欲築壘於軍後，仲宗等恐腹背受敵，謀欲退師。慶之杖節軍門曰：「共來至此，涉歷一歲，糜費糧仗，其數極多，諸軍並無鬥心，皆謀退縮，豈是欲立功名，直聚爲抄暴耳。吾聞置兵死地，乃可求生，須虜大合，然後與戰。審欲班師，慶之別有密敕，今日犯者，便依明詔。」

梁武帝是否授予陳慶之「節」以及另有旨意，不無疑問。按理曹仲宗爲主帥，陳慶之爲部屬，梁武帝欲授「節」理應授予主帥，若梁武帝並未如此，則陳慶之的角色類似於監軍，同時也表明對曹仲宗並非完全信任。雖然《梁書·武帝紀》未見相關記載，〔註 229〕不過《資治通鑑》卻同意《梁書·陳慶之傳》的說法，載有「慶之杖節軍門」一事。〔註 230〕再從事後發展來看，「慶之杖節軍門」是莫大罪責，但是陳慶之並未受到任何處分，可見梁武帝授予陳慶之「節」的可能性極大。然不論如何，梁軍全體將士受到陳慶之的威嚇與激勵，

〔註 225〕孫武著、吳仁傑注譯，《孫子讀本》〈軍爭篇第七〉，頁 50。
〔註 226〕《梁書》卷 32〈陳慶之傳〉，頁 460。
〔註 227〕《梁書》卷 28〈韋放傳〉，頁 423。
〔註 228〕《梁書》卷 32〈陳慶之傳〉，頁 460。
〔註 229〕參見《梁書》卷 3〈武帝紀下〉，頁 70～72。
〔註 230〕參見《資治通鑑》卷 151〈梁紀七〉，武帝大通元年，頁 4727～4728。

決定突襲魏軍的堡壘。

陳慶之進攻魏軍堡壘其實也無特殊的戰術，而是率受其激勵的士兵採正面攻擊，《梁書‧陳慶之傳》有載：〔註231〕

> 魏人掎角作十三城，慶之銜枚夜出，陷其四壘，渦陽城主王緯乞降。
> 所餘九城，兵甲猶盛，乃陳其俘馘，鼓噪而攻之，遂大奔潰，斬獲
> 略盡，渦水咽流，降城中男女三萬餘口。（梁武帝）詔以渦陽之地置
> 西徐州。

梁軍這一仗不但盡毀魏軍十三座堡壘，逼使其渦陽守將王緯投降，更擊潰魏軍主力，而從魏軍士兵屍首淤塞渦水來看，魏軍幾近全軍覆沒。渦陽之役在韋放、陳慶之二人於前後兩階段的英勇作戰及合作無間下，為南梁在淮河流域與北魏的爭戰再度獲得勝利。梁武帝對長期為南北拉鋸點的渦陽特別重視，十月取得渦陽後，次月即「以中護軍蕭淵藻為北討都督、征北大將軍，鎮渦陽。」〔註232〕

渦陽之役對魏孝明帝而言具特殊之意義，這是他任內最後一場與南梁的戰役，四個月後的528年（魏武泰元年、梁大通二年）二月，魏孝明帝遭靈太后殺害，「癸丑，帝崩於顯陽殿，時年十九。」〔註233〕而在這四個月之間，北魏與南梁並未有明顯的衝突發生，也未再爆發其他戰爭，當然，邊關小型的接觸戰在所難免，是故魏孝明帝後期與南梁的戰略關係也在渦陽之役後劃下句點。另外，關於渦陽之役的史料有一點必須說明，《梁書‧武帝紀》載：「冬十月庚戌，魏東豫州刺史元慶和以渦陽內屬。」〔註234〕廣陵、渦陽分屬兩地，且兩城分遭梁將湛僧智、曹仲宗圍攻，元慶和鎮守廣陵，應是以廣陵內屬而非渦陽，故司馬光認為：「《梁紀》慶和、渦陽之間或更有脫字耳。」〔註235〕

〔註231〕《梁書》卷32〈陳慶之傳〉，頁460。
〔註232〕《梁書》卷3〈武帝紀下〉，頁71。
〔註233〕《魏書》卷9〈肅宗紀〉，頁248。雖然《魏書‧肅宗紀》未直言魏孝明帝為靈太后所害，但是在〈魏書‧孝明皇后胡氏傳〉及《資治通鑑》卻揭露出真相。據《魏書》卷13〈皇后‧孝明皇后胡氏傳〉，頁340載：「肅宗之崩，事出倉卒，時論咸言鄭儼、徐紇之計。」《資治通鑑》卷152〈梁紀八〉，武帝大通二年，頁4738〜4739載：「魏肅宗亦惡（鄭）儼、（徐）紇等，逼於太后，不能去。……儼、紇恐禍及己，陰與太后謀酖帝，癸丑，帝暴崩。」
〔註234〕《梁書》卷3〈武帝紀下〉，頁71。
〔註235〕《資治通鑑》卷151〈梁紀七〉，武帝大通元年，〈考異〉，頁4728。

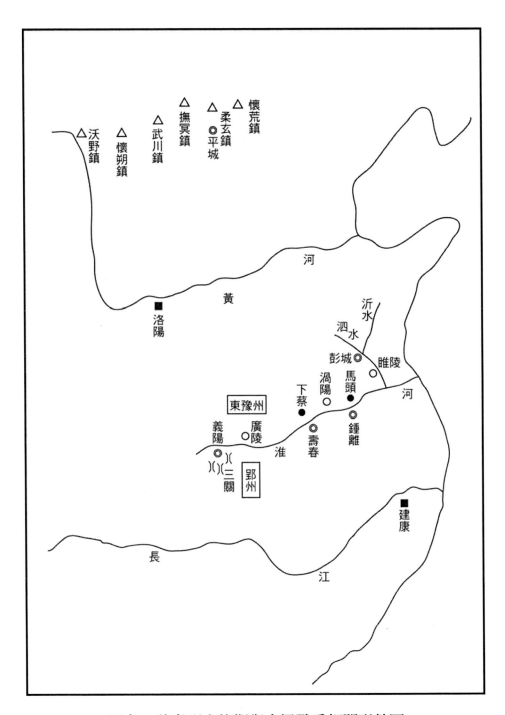

圖九：魏孝明帝後期與南梁戰爭相關形勢圖

第三節　戰略檢討

一、將領的比較

　　將領的通力合作及毫無嫌隙也是南梁能在魏孝明帝後期對北魏戰爭中節節獲勝的重要原因之一。在北強南弱態勢下，加上北魏又是游牧民族鮮卑所建，雖然漢化且遷都洛陽已久漸褪去游牧民族色彩，但是勇猛尚武風氣至少較文風鼎盛的江南強，故以往的南北戰爭中，多看到北魏將領驍勇善戰克敵制勝的畫面。一般而言，具能征慣戰將領的國家往往武力強大戰爭容易獲勝，故可知將領實居戰爭勝敗的關鍵因素，而在魏梁的戰爭中亦是如此。

　　在戰爭行為中，會看到有些將領爭功諉過，勝時，競爭軍功；敗時，推卸罪責。但是在魏孝明帝後期的南北戰爭中，南梁將領通力合作毫無嫌隙，使其軍隊戰力得以完全發揮。以東豫州之戰夏侯夔和湛僧智的表現為例，當二人會師圍攻廣陵城時，時北魏廣陵守將東豫州刺史元慶和已力竭準備投降，《梁書・夏侯夔傳》的記載體現了二人的真誠與互不爭功之精神，《梁書・夏侯夔傳》載：〔註236〕

> 及（夏侯）夔至，（元慶和）遂請降。夔讓（湛）僧智，僧智曰：「慶和志欲降公，不願降僧智，今往必乖其意；且僧智所將為烏合募人，不可御之以法。公持軍素嚴，必無犯令，受降納附，深得其宜。」
> 於是夔乃登城拔魏幟，建官軍旗鼓，眾莫敢妄動，慶和束兵以出，軍無私焉。

按理湛僧智於 527 年（魏孝昌三年、梁大通元年）正月開始進攻東豫州包圍廣陵，至十月元慶和獻城投降已圍攻十個月，雖然不可否認，夏侯夔率軍馳援確是促使元慶和投降的重要關鍵，但攻克廣陵佔領東豫州地域，功勞應非湛僧智莫屬，其前後十個月的圍城，消耗廣陵魏軍的戰力與物資，及至夏侯夔部隊一到，元慶和終於支撐不住投降。但是在元慶和預備投降時，他表明希望向夏侯夔投降而非湛僧智，而湛僧智完全以國家利益著眼，他認為若自己出面導致元慶和拒降繼續抵抗，即便最終能攻下廣陵，但梁軍勢必付出比目前更多的代價。另外，湛僧智認為自己的部隊多屬烏合之眾，軍紀差，若進城後有暴行發生，不免激起廣陵軍民的反抗，增加接收的困難，而夏侯夔治軍嚴謹，入城後必能秋毫無犯，故湛僧智敦請夏侯夔出面受降

〔註236〕《梁書》卷 28〈夏侯亶附弟夔傳〉，頁 421。

　　湛僧智何以會有如此寬大的心胸，因《梁書》無傳，其人格養成或家學背景不得而知，不過能出任譙州刺史之職，應有其過人之處，可從《梁書·張澄傳》略知其梗概：「（張澄）與湛僧智、胡紹世、魚弘並當時之驍將。」〔註237〕張澄爲南梁名將張惠紹之子，屬將門之後，而湛僧智與其餘三人並稱當世之驍將，可見湛僧智作戰英勇，在南梁軍界有一定威望。也因湛僧智不爭功、不以個人利益出發，而以國家利益爲依歸，由夏侯夔出面接受元慶和投降，使梁軍順利佔領廣陵，司馬光對此有高度評價，認爲他這種表現足可爲將帥表率，其云：「湛僧智可謂君子矣！忘其積時攻戰之勞，以授一朝新至之將，知己之短，不掩人之長，功成不取以濟國事，忠且無私，可謂君子矣！」〔註238〕司馬光的評論，爲南梁將領間的無私與相互配合進而成就戰爭的勝利，做了最佳註解。

　　南梁將領的合作無間除東豫州之戰外，渦陽之役亦可看到韋放、陳慶之二位將領的相同表現。韋放爲南梁名將韋叡之子，身材壯碩、容貌雄偉，「（韋）放身長七尺七寸，腰帶八圍，容貌甚偉。」〔註239〕在南梁軍界素有威望，而韋放也因其父親之故，很早即進入南梁政界，擔任盱眙、襄陽、竟陵等地太守，都獲得不錯的評價，「在郡和理，爲吏民所稱。」〔註240〕至於陳慶之則是庶族出身，「（陳慶之）本非將種，又非豪家。」〔註241〕他一開始爲官僅是在宮中擔任主書（管理文書的小官），其主要任務是陪梁武帝下圍棋，而他眞正展露軍事才華乃豫章王蕭綜以彭城降魏之事件。當時由於主帥投敵事起突然，駐守彭城的梁軍大亂，又被魏軍衝殺，幸陳慶之率所屬奮勇抵抗，時梁軍各部損傷慘重，唯有陳慶之部獲得保全。由上述二人的基本對比可知，陳慶之在軍中的資歷和作戰經驗不如韋放，但韋放並不因此對其輕視。對於是否要出兵逆擊元昭率領的魏軍前鋒，二人在兵法上的見解歧異，韋放認爲要以逸待勞，陳慶之則認爲要擊其惰歸，若韋放自恃其經歷與軍中威望，大可不理陳慶之所言，但他最後接受陳慶之的分析，更與其聯手重創魏軍前鋒，可見二人能互相尊重團結全軍，促使南梁軍隊發揮最大戰力。

　　至於北魏將領，具軍事才華與勇猛善戰者不比南梁差，然何以在魏孝明

〔註237〕《梁書》卷18〈張惠紹附子澄傳〉，頁286。
〔註238〕《資治通鑑》卷151〈梁紀七〉，武帝大通元年，頁4727。
〔註239〕《梁書》卷28〈韋放傳〉，頁423。
〔註240〕《梁書》卷28〈韋放傳〉，頁423。
〔註241〕《梁書》卷32〈陳慶之傳〉，頁460。

帝後期與南梁的戰事中，在淮河一線節節敗退，若以將領的因素分析，大致可歸納為兩個方面。第一：上述二位南梁將領湛僧智與夏侯夔的真誠合作毫無芥蒂，在北魏將領的身上並未看到，反而是彼此的懷疑與猜忌。如揚州刺史長孫稚鎮守壽春，卻和北魏朝廷派來的援軍主帥河間王元琛不合，由於長孫稚受北魏朝廷猜疑，連帶影響元琛看待長孫稚的眼光，二人無法拋開心結共同作戰的結果，不僅使元琛大敗於梁軍，也使壽春情勢更加惡化。長孫稚和元琛不合的原因及經過，在本章後面壽春之戰的戰略檢討中有詳盡分析，〔註242〕此處先取其不合結果以之與南梁將領做比較。從長孫稚、元琛對比夏侯夔、湛僧智，魏梁將領的同心與否及其影響戰爭的成敗，不辨自明。第二：當時南梁境內並無嚴重內亂，梁武帝的戰略目標完全集中在北境國防線上，所以可以將優秀將領、武器及其他軍事資源，全數投入北方戰場和北魏作戰。反觀北魏則不然，自六鎮之亂爆發後，猶如一連串炸藥，將北魏社會的各項矛盾一次炸開，動亂則如星火燎原般蔓延各地。北魏朝廷對付這些動亂的方式，即是派兵鎮壓，因此許多將領紛紛領軍轉戰各地，與各路叛軍作戰，試從《魏書・肅宗紀》舉數例如下：〔註243〕

> 「沃野鎮人破落汗拔陵聚眾反，……詔臨淮王彧為鎮軍將軍，假征北將軍，都督北征諸軍事以討之。」

> 「詔尚書令李崇為大都督，率廣陽王淵等北討。」

> 「秦州城人莫折太提據城反，……南秦州城人孫掩、張長命、韓祖香據城反。……詔吏部尚書元脩義兼尚書僕射，為西道行臺，率諸將西討。」

> 「詔尚書左僕射、齊王蕭寶夤為西道行臺大都督，率征西將軍、都督崔延伯，又詔復撫軍將軍、北海王顥官爵，為都督，並率諸將西討。」

> 「莫折念生遣都督杜黑兒、杜光等攻仇池郡。行臺魏子建遣將成遷擊破之。」

> 「五原降戶鮮于脩禮反於定州，號魯興元年。詔左光祿大夫長孫稚為使持節、假驃騎將軍、大都督、北討諸軍事，與都督河間王琛率將討之。」

〔註242〕參見本書，頁638～643。
〔註243〕《魏書》卷9〈肅宗紀〉，頁235～246。

「都督李琚次於薊城之北，又爲洛周所敗，琚戰沒。」

「詔金紫光祿大夫源子邕爲大都督，討葛榮。」

李崇、廣陽王元淵、蕭寶夤、魏子建、長孫稚、源子邕等人乃北魏後期知名的將領，支撐著北魏後期的軍事征伐，《魏書》各相關紀傳均可見他們的記載。當這些將領率兵鎮壓各地亂事時，就無法分身至南方戰場抵禦南梁的入侵，因此，若無六鎮之亂及其後續的亂事發生，北魏如同南梁一樣，可在淮河一線投入所有優秀將領，然因動亂蔓延的結果，牽制住北魏朝廷對將領的調度。有些將領甚至南北奔波，在南方抗擊南梁又領兵征討動亂，如長孫稚鎮守壽春抵禦南梁入侵，又率軍征討鮮于脩禮之亂，[註244] 南北奔波的結果，會影響其體力及戰略思考。由此可見，六鎮之亂及其後續亂事對北魏軍事的影響可謂大矣！若北魏能擁有和南梁一樣內部平和的戰略環境，則北魏可將優秀將領及兵力投入與南梁的爭戰當中，惜北魏同時面臨內外作戰的態勢，削弱了將領職能的發揮，在將領的運用與運作上明顯不及南梁。

二、北魏收復彭城之戰略分析

北魏能在第二階段順利收回彭城，將南梁勢力逐出淮北，除了是受益於南梁豫章王蕭綜的投降外，北魏朝廷的戰略決策及領軍將帥的表現亦是其中關鍵。首先，北魏朝廷的戰略決策橫跨兩個執政主體，從元叉專政到靈太后二次臨朝。從時間點回溯可知，蕭綜出降和魏軍奪回彭城並乘勢追殺梁軍是在 525 年（魏孝昌元年、梁普通六年）六月「諸將逼彭城，蕭綜夜潛出降，蕭衍諸將奔走，眾軍追躡，免者十一二。」[註245] 而四月時北魏執政者已然更動，「夏四月，……辛卯，皇太后復臨朝攝政。」[註246] 至於遣安豐王元延明等人領軍南下爭奪彭城，乃正月元叉專政時的決策，「魏以安豐王延明爲東道行臺，臨淮王彧爲都督，以擊彭城。」[註247] 靈太后重新執政後，仍延續元叉的決策，並未撤換元延明等人，一方面是元延明、元彧等宗室尚稱公忠體國，有一定才學，非貪虐之宗室如元法僧之輩。再者，陣前換將乃

〔註244〕參見《魏書》卷 9〈肅宗紀〉，頁 237、243。
〔註245〕《魏書》卷 9〈肅宗紀〉，頁 241。
〔註246〕《魏書》卷 9〈肅宗紀〉，頁 240。
〔註247〕《資治通鑑》卷 150〈梁紀六〉，武帝普通六年，頁 4693。另參見《魏書》卷 9〈肅宗紀〉，頁 238～239。

兵家大忌，孫武曰：「用兵之法，將受命於君。」〔註248〕雖然魏孝明帝大權旁落，元叉專權擅政，但他命令元延明等人領兵征討彭城，仍是以魏孝明帝及北魏朝廷的名義爲之，易言之，元延明接受的是國家的命令。

元叉失勢倒臺後，靈太后再度臨朝執政，但不論是誰，北魏這個國家主體仍在，故靈太后的施政和元叉一樣，同樣以魏孝明帝及北魏朝廷的名義爲之。若靈太后召回元延明另派其他將領前往，會凸顯北魏朝廷前後決策的矛盾。除非元延明有重大缺失或是違犯軍紀國法等情事，朝廷當可撤換，但他並未有上述情事發生，且主帥莫名遭撤換會影響軍心及戰鬥力，加上他已領軍開赴彭城，在牽一髮而動全身的情況下，不如暫且維持現狀，視戰事進行的順利與否再做其他考量，這當是靈太后重掌大權後，對彭城最佳的戰略思考。是故靈太后仍繼續執行這項戰略決策，也代表朝廷對政策的一貫性，而最終結果也讓靈太后得到回報，在其重掌政權的兩個月後，北魏再度成爲彭城之主。

其次在將帥表現方面，元延明和元彧的表現頗爲出色，雖然不可否認，彭城之役勝敗主要決定在蕭綜的請降，但是不可據此抹煞二人在戰爭過程中的表現，尤其二人展現的智慧，精準判斷出蕭綜的投降誠意。若智慧不足或判斷錯誤，堅信爲欺敵、誘敵之計，恐無法促成蕭綜的降魏之舉，果如此，雙方兵馬便要在彭城進行硬碰硬的軍事戰鬥，這對陷入六鎮之亂兵力抽調困難的北魏而言，戰略形勢至爲不利。由此可見，通過元延明、元彧正確的戰略判斷，不但讓蕭綜順利投降，也讓北魏以最少的兵力與代價收回彭城。以下分別就二位親王的戰爭表現評析之。

首論元延明，他乃魏軍在彭城攻防的總指揮，據《魏書・安豐王延明傳》：「及元法僧反，詔爲東道行臺、徐州大都督，節度諸軍事，與都督臨淮王彧、尚書李憲等討法僧。蕭衍遣其豫章王綜鎮徐州。」〔註249〕魏梁雙方當時在彭城的戰略形勢約略相當，梁武帝遣其次子蕭綜坐鎮彭城，展現長久固守的決心，加上梁軍進駐後加強防禦設施，使彭城的防守能力大爲提升。至於魏軍則利於速戰速決，務必在最短時間內收復彭城，其所慮者，乃六鎮之亂持續擴大，若不能在短時間內攻佔彭城而陷入攻城的泥沼中，則戰略形勢對北魏至爲不利。而這對僅有二萬兵力的元延明而言，實爲嚴酷之考驗，因此他展

〔註248〕孫武著、吳仁傑注譯，《孫子讀本》〈九變篇第八〉，頁53。
〔註249〕《魏書》卷20〈文成五王・安豐王猛附子延明傳〉，頁530。

現不同的戰略思考，先從「人和」部分著手，史載「延明先牧徐方，甚得民譽，招懷舊土，遠近歸之。」〔註250〕由於徐州地域長久在北魏統治下，彭城周遭都是北魏統治範圍，因此元延明先從廣大的百姓著手，希望在人和部分勝過南梁，尤其南梁是漢人政權，對漢人的號召有其正當性，故必須先穩住徐州地區的百姓，而由「甚得民譽」、「遠近歸之」的成效來看，他的策略得到一定效果。

當魏軍陣營接收到蕭綜欲投降的消息時，內部分成兩派意見，一派咸信爲眞；另一派認爲恐是誘敵之計，此時身爲總指揮的元延明的判斷至爲重要，若此舉爲眞，不啻讓北魏掌握「天時」，一旦蕭綜降魏，南梁在彭城的防禦體系恐將崩盤。若他判斷錯誤，則此「天時」將稍縱即逝，幸而他最終判斷正確，蕭綜果然是眞心降魏，駐守彭城梁軍一如預料軍心大亂，元延明得以乘勝追擊，順利收回徐州各淪陷區，「（蕭）綜既降，延明因以軍乘之，復東南之境，至宿豫而還。」〔註251〕魏軍能迅速驅逐梁軍收復徐州地區，除了得利於失去主帥的梁軍毫無鬥志外，另一個重要的因素則是徐州地域原本即是北魏疆土，魏軍士兵熟悉該地區的地理環境、山川形勢，故魏軍佔有「地利」。相形之下，在徐州的南梁軍隊猶如在淮北的孤軍，周遭全是北魏的勢力範圍，故無法佔有地利之優勢。綜合上述，元延明的正確決斷及戰略思維，令其在彭城之戰中掌握天時、地利、人和，以有限的兵力克復彭城及徐州地區，爲北魏在第一階段戰事失城陷地之餘，於第二階段戰事中立下功績，而北魏也因其收復徐州的功勞，委由他經營戰後的徐州，「遷都督，徐州刺史。」〔註252〕徐州經戰亂後受創嚴重，百姓流離失所百廢待興，元延明努力經營和建設，爲廣大的徐州百姓做出了積極貢獻，史載：「（徐州）頻經師旅，人物凋弊，延明招攜新故，人悉安業，百姓咸附。」〔註253〕

次論元彧，他與元延明及元熙並以才學令望有名於世，時人曾評論三位親王，「延明……雖風流造次不及熙、彧，而稽古淳篤過之。」〔註254〕可見他與元延明同樣以才學齊名，且同是宗室應有一定情誼，這從元彧能影響元延明之決策即可窺知一二。當元延明對蕭綜降魏之事舉棋不定未能做決斷之

〔註250〕《魏書》卷20〈文成五王‧安豐王猛附子延明傳〉，頁530。
〔註251〕《魏書》卷20〈文成五王‧安豐王猛附子延明傳〉，頁530。
〔註252〕《魏書》卷20〈文成五王‧安豐王猛附子延明傳〉，頁530。
〔註253〕《魏書》卷20〈文成五王‧安豐王猛附子延明傳〉，頁530。
〔註254〕《魏書》卷20〈文成五王‧安豐王猛附子延明傳〉，頁530。

際，元彧起了臨門一腳的功用。他認爲不能率爾否定該訊息之可能，應派人入彭城刺探虛實，以免貽誤戰機。元延明最終接受了元彧的意見，二人的默契和情誼於此可見一斑，否則在「衆議咸謂不然」的情況下，若非元延明對元彧有一定的信任，他不會與衆僚佐意見相左而僅依元彧的看法拍板定案，遣人入彭城查探，而所遣之人又是元彧的監軍鹿悆，可見促成蕭綜降魏成功，進而達成彭城之役的勝利，元彧功勞亦不小，誠如其墓誌所云：「既而徐兗兩面之民，法僧背誕，扇擾邊服。……乃當會府，復應推轂。……彭汴剋復，淮肥載清。」〔註255〕

北魏能在第二階段戰事中奪回彭城，暫時阻遏南梁軍隊持續北進的氣勢，其主因可歸納爲三：一是靈太后對元延明和元彧的信任，未有易將之舉；二是前述二位親王的合作無間；三是蕭綜的降魏，在這三個因素相互作用下，北魏收回淪陷三個月的徐州及彭城。不過整個徐州地區遭受戰爭破壞的情況相當嚴重，前引文述及徐州戰後情況「頻經師旅，人物凋弊。」〔註256〕當是真實寫照。淮北富庶地區一向是支撐北魏與南朝在淮南爭戰的重要力量，徐州亦然，包括經濟上的軍糧供應、軍事上的兵力援助及武器提供，如今徐州飽受戰亂摧殘，已無太多餘力支援北魏軍隊在淮南的作戰，也間接影響淮南重鎮壽春在第三階段戰事遭梁軍攻陷，可見元法僧的降梁，使南梁勢力跨越淮河，改變了北魏與南梁在兩淮地區的戰略形勢。

三、北魏、南梁在壽春攻守之戰略分析

北魏與南梁在壽春爭奪戰中的戰略有頗多值得檢討之處，北魏方面，中央未見明確的戰略指導，多數時間依靠前後任揚州刺史長孫稚和李憲，以及中央領軍增援壽春的二位親王：河間王元琛和臨淮王元彧，由他們根據當面敵情決定抵禦與抗擊方式。至於南梁，則較常見到梁武帝戰略意志的遂行，負責規畫進取壽春的前後任主帥裴邃與夏侯亶，除秉持梁武帝的戰略指導外，他們的戰略規畫與戰術執行，尤其是裴邃，有許多值得稱述之處。

南梁能夠在壽春爭奪戰中獲得勝利，除了得益於六鎮之亂讓北魏無法顧及南方國防及利用淮堰的自然因素外，梁武帝正確的選將亦是一大主因，否

〔註255〕趙超編，《漢魏南北朝墓誌彙編》，頁504。趙萬里編，《元彧墓誌》，《漢魏南北朝墓志集釋》（上），《石刻史料新編》第三輯（三），圖版九十四，頁389。

〔註256〕《魏書》卷20〈文成五王‧安豐王猛附子延明傳〉，頁530。

則即便能利用北魏內亂及淮堰助攻，若選擇貪儒無能之輩掛帥，能否成功尚是一大疑問。裴邃、夏侯亶俱是南梁優秀的將領，梁武帝以二人先後經營壽春，可謂正確的選擇，雖然夏侯亶乃最後領軍攻入壽春者，但是不可忽視裴邃正確的戰略眼光及長期對壽春的經營，換言之，若無裴邃之前的投入，實無法成就夏侯亶之功。裴「邃少言笑，沉深有思略，爲政寬明，能得士心。居身方正有威重，將吏憚之，少敢犯法。」〔註257〕他承梁武帝之命規畫進取壽春，在觀察壽春的戰略形勢後發現，北魏對壽春至爲重視，以之爲經營淮南的前進基地，因此投入的人力、物力等各項資源豐沛，且城防鞏固，若與駐守壽春的魏軍以攻城戰正面對決，南梁軍隊恐招致嚴重傷亡，故裴邃先從諜報戰入手，期望南梁在壽春城內的間諜能裡應外合，以最少的代價攻佔壽春，故才有前述的李瓜花事件。〔註258〕李瓜花失敗後，身爲豫州刺史的裴邃，爲了配合梁武帝 524 年（魏正光五年、梁普通五年）六月的北伐行動，率先領軍進襲壽春，《梁書‧裴邃傳》：〔註259〕

> 大軍將北伐，以（裴）邃督征討諸軍事，率騎三千，先襲壽陽。九
> 月壬戌，夜至壽陽，攻其郭，斬關而入，一日戰九合，爲後軍蔡秀
> 成失道不至，邃以援絕拔還。於是邃復整兵，收集士卒。

以三千兵力欲攻進壽春城實有難度，故裴邃的失敗當可預料，不過裴邃作戰英勇，與北魏揚州刺史長孫稚一日九戰，「克其外郭。」〔註260〕帶給北魏壽春守軍極大的防禦壓力。當裴邃和長孫稚雙方激戰時，北魏朝廷見壽春形勢危急，迅速遣軍馳援，「魏使行臺酈道元、都督河間王琛救壽陽。」〔註261〕裴邃一方面是後軍蔡秀成失道未至，兵馬不夠戰力不足；一方面是北魏援軍將至，遂暫時退兵以待後圖。

　　經過以李瓜花爲內應及正面和長孫稚衝突後，裴邃總結經驗教訓，認爲直接進攻壽春正面勝算不大，一旦壽春有難，其他城戍魏軍必會馳援，遂決定改變戰略，先掠取壽春外圍鎮戍，藉以達到孤立壽春城之目的，於是裴邃開始將兵鋒轉向壽春周遭城戍：

> （裴邃）先攻狄丘、甓城、黎漿等城，皆拔之。屠安成、馬頭、沙

〔註257〕《梁書》卷 28〈裴邃傳〉，頁 415。
〔註258〕關於裴邃運用李瓜花欲裡應外合及失敗經過，詳見本書，頁 606～608。
〔註259〕《梁書》卷 28〈裴邃傳〉，頁 415。
〔註260〕《資治通鑑》卷 150〈梁紀六〉，武帝普通五年，頁 4685。
〔註261〕《資治通鑑》卷 150〈梁紀六〉，武帝普通五年，頁 4685。

陵等戍。是冬，始修芍陂。明年（525、魏孝昌元年、梁普通六年），
復破魏新蔡郡，略地至於鄭城，汝潁之間所在響應。魏壽陽守將長
孫稚、河間王元琛率眾五萬，出城挑戰，邃勒諸將為四甄以待之，
令直閤將軍李祖憐偽遁以引稚，稚等悉眾追之，四甄競發，魏眾大
敗。斬首萬餘級。稚等奔走，閉門自固，不敢復出。其年五月，卒
於軍中。

裴邃「掠取外圍、孤立壽春」的戰略執行相當成功，先後佔領了狄丘、礐城、
黎漿、安成、馬頭、沙陵、新蔡、鄭城等城戍。長孫稚見周遭城戍接連遭梁
軍攻陷，壽春益形孤立，遂決定化被動為主動，與元琛商議發兵五萬出城抗
擊。不過關於出兵時機，二人卻意見相左，《魏書・長孫稚傳》：〔註262〕

蕭衍將裴邃、虞鴻襲據壽春，（長孫）稚諸子驍果，邃頗難之，號曰
「鐵小兒」。（魏孝明帝）詔河間王琛總眾援之。琛欲決戰，稚以雨
久，更須持重。琛弗從，遂戰，為賊所乘，稚後殿。

長孫稚為揚州刺史，對當地的氣候條件自然較為熟悉，但元琛並不認同，且
其為中央派往壽春支援的將領，又是宗室親王，長孫稚無法約束，結果遭裴
邃設下四層埋伏大敗，由魏軍遭「斬首萬餘級」來看，五萬魏軍遭殲滅萬餘
人的確受創頗重。此後，梁軍取得壽春城外的戰略優勢，而魏軍經此重創後，
長孫稚、元琛僅能「閉門自固，不敢復出。」然而，當梁軍在壽春的戰略形
勢一片大好時，裴邃於「其年五月，卒於軍中。」不過，梁軍對壽春的攻勢
並未因此中斷，裴邃的繼任者夏侯亶延續他的戰略規畫，持續發兵進攻壽春，
使壽春面臨的壓力愈來愈大，最終在梁武帝的運籌帷幄下，利用淮堰水盛分
兵南北二路一舉攻下了壽春。

　　總而言之，南梁君臣的合作無間、戰略規畫正確、戰術執行順暢，使南
梁順利攻佔壽春。梁武帝部分，首先：他運用二位優秀將領裴邃與夏侯亶，
堪稱有識人之明。其次：他對壽春整體戰略形勢有深刻認識，故能規畫合宜
的戰略與戰術，如利用堰堤以淮河水淹壽春，這點與裴邃有相同的戰略認知。
雖然夏侯亶和魏軍作戰屢屢得勝，但在淮河水勢尚未滿溢前，梁武帝仍召回
夏侯亶要其等待時機，而在淮堰水盛後，再命其率軍出擊，運用水文優勢配
合梁軍攻勢，巧妙運用自然條件成為梁軍的一大助力。最後：梁武帝分兵南
北二路夾攻，令壽春城內魏軍左支右絀，既要防範淮河之水，又要分兵抵禦

〔註262〕《魏書》卷25〈長孫稚傳〉，頁647。

南北梁軍的進攻，最終抵抗無效而使壽春陷梁。若梁武帝僅用一個攻擊箭頭進攻，則城內魏軍可全力防禦，而運用雙箭頭進攻便能分散魏軍兵力，故終能攻克壽春這座北魏在淮南經營了數十年之久的軍事重鎮。

裴邃部分，他戰略眼光獨到，積極運用不同的戰術，如運用內應、正面進攻、搶佔外圍鎮戍孤立壽春等，使壽春爭奪戰呈現不同的戰略風格，也因他對各項戰術的嘗試，歸納出以孤立壽春最爲可行且勝算較大，遂朝此戰略目標前進，及至佔領壽春外圍鎮戍，再擊破元琛的五萬魏軍取得優勢後，不斷派兵進攻壽春城，對城內北魏軍民施加心理壓力，同時配合淮堰之水勢，終能讓其後繼者夏侯亶成就攻克壽春大功，足證裴邃在壽春爭奪戰中應居首功。夏侯亶部分，他在接替裴邃的任務後，並未改變裴邃對壽春的戰略戰術，而是忠實執行，可謂蕭規曹隨。在軍隊中，有些將帥交接後，繼任者常會更改前任的戰略與戰術，有時甚至是整個戰略方向的改變，若是錯誤當然有更改必要，但有時往往正確，卻因武將間的意氣之爭而遭改變，然夏侯亶並未如此，反而服膺裴邃的戰略規畫，最終完成裴邃遺願攻佔了壽春。

反觀北魏，在北強南弱態勢下，不斷讓南梁軍隊攻佔壽春周遭城戍，最終失去淮南重鎮壽春，無疑標誌魏孝文帝、魏宣武帝長年南伐的成果正逐漸消逝中。至於北魏在壽春爭奪戰中之戰略檢討，可分三個部分，以下分述之。

第一：中央對地方的猜忌。北魏雖以長孫稚爲揚州刺史，淮南地區最高軍政長官，等於將經營淮南的重責大任託付於他，不過北魏朝廷對長孫稚還是頗有疑慮，《魏書・長孫稚傳》：「初，稚既總強兵，久不決戰，議者疑有異圖。朝廷重遣河間王琛及臨淮王彧、尚書李憲等三都督外聲助稚，內實防之。」〔註263〕按理壽春爲淮南重鎮，北魏進取淮南的前進基地，應會託付向心力強值得信賴之人，而長孫稚乃代人貴族，長孫氏一族在北魏建國前的部落聯盟時期即追隨拓跋氏左右，對北魏政權的建立貢獻良多，從長孫嵩、長孫道生、長孫觀等人，均受到北魏歷代君主的重用即可知，〔註264〕故長孫氏在北魏實爲赫赫有名的政治家族，長孫稚本人亦受到魏孝文帝賞識與重用，其名亦是魏孝文帝所賜，「高祖（魏孝文帝）以其幼承家業，賜名稚，字承業。稚聰敏有才藝，虛心愛士。爲前將軍，從高祖南討，授七兵尚書、太常卿、右將軍。」

〔註263〕《魏書》卷25〈長孫稚傳〉，頁647。
〔註264〕關於長孫家族在北魏的政治地位及北魏歷代君主的重用，參見《魏書》卷25
　　　　〈長孫嵩傳〉，頁643～646。

〔註265〕然何以長孫稚會遭到當時北魏朝廷的猜忌，從《魏書‧長孫稚傳》可看出端倪，「世宗時，侯剛子淵，（長孫）稚之女壻。剛爲元乂所厚，故稚驟得轉進。出爲撫軍大將軍，領揚州刺史，假鎮南大將軍，都督淮南諸軍事。」〔註266〕原來長孫稚之女嫁給元乂集團核心侯剛之子，而長孫稚能成爲北魏在淮南地區的軍政首長，也是因爲這層關係，如此一來，長孫稚即被歸爲元乂一黨。而靈太后再次臨朝聽政後，積極清除元乂集團的勢力，長孫稚遂不可避免的成爲清除對象，無怪乎以靈太后爲首的北魏朝廷對他不放心，派元琛、元彧、李憲領兵增援淮南，實際上是要監督長孫稚，否則遣一上將領兵前往，將大軍交與長孫稚指揮即可，何必派二位親王、一位尚書重臣率軍南下，由這項舉動即可看出北魏朝廷對長孫稚的不信任，果不其然，在元法僧以彭城降梁後，北魏朝廷鑑於淮河南北戰略情勢嚴峻，命李憲接替長孫稚爲揚州刺史。

　　長孫稚雖然與侯剛有兒女親家關係遭猜忌，但是與元乂集團親近及是否忠於北魏乃兩回事，元乂雖專權但並未改朝換代，朝廷眾臣仍是爲北魏政權服務。而長孫稚雖被靈太后歸爲元乂一黨，然其在淮南盡心經營、盡力抵禦梁軍進攻，他所服務者乃北魏這個國家，並非元乂或靈太后。但是政治人物算計的是對自己的忠心，甚少從國家利益的大格局爲思考點，長孫稚遂不可避免的成爲靈太后打擊的對象。也因中央與地方的不合，無法上下齊心抗梁，使北魏以分離的內部對抗梁武帝、裴邃、夏侯亶等南梁君臣的同心，在對抗南梁的戰鬥意志上已顯劣勢。

　　第二：將帥不合。長孫稚除了遭北魏中央猜忌外，他和元琛的抗梁戰略亦產生歧見。元琛認爲，他率五萬兵馬加上原壽春守軍，魏軍在兵力上佔優勢，不應龜縮壽春城內，應採取攻勢主動出擊。長孫稚則認爲，壽春城背倚淮河突出於淮南，周遭爲南梁勢力所籠罩，故攻擊的縱深不足，且大雨不停地勢泥濘，實不適合騎兵作戰，現階段應採守勢，壽春防務牢固，南梁若欲進攻需投入數倍於壽春的兵力，以元琛的五萬魏軍加上原壽春守軍，南梁至少需投入十至十五萬部隊，故長孫稚的戰略思維較爲保守，在不知南梁是否會強行進攻或進行圍城消耗戰時，應先以既有兵力固守，觀察其行動再決定應對方策，並等待天候或其他有利戰機再出城決戰。

　　中央援軍統帥和地方指揮官意見不合，原本可以協商討論，然而元琛等

〔註265〕《魏書》卷25〈長孫稚傳〉，頁647。
〔註266〕《魏書》卷25〈長孫稚傳〉，頁647。

三人除領軍增援壽春外，對長孫稚還負有特殊任務，如今長孫稚不欲出戰，正好坐實了北魏朝廷的懷疑，「（長孫）稚既總強兵，久不決戰，議者疑有異圖。」〔註267〕一般而言，中央派赴支援地方的將領，不會比當地將領更瞭解敵我態勢，雙方都會互相尊重協商戰略戰術的遂行，但是在元琛已有定見且北魏朝廷懷疑長孫稚另有圖謀的情況下，他對長孫稚的建言自然不會採信。而元琛率爾出兵與梁軍決戰的結果，遭梁軍殲滅萬餘人大敗而回，此後只能以防禦態勢將部隊部署於壽春城內，魏軍方面喪失了戰略主動。

其實元琛雖是代表北魏中央至地方支援與督戰，他當然可以奉朝廷意旨進行對長孫稚的監控與懷疑，不過他也可以從國家利益的大局著眼，先觀察長孫稚的言行舉動，若其並無異心且未主動出擊乃是因當面敵情所做的戰略判斷，將這些前線情勢報告中央，並表明支持長孫稚的決定，提供靈太后不同的戰略思考，或許壽春爭奪戰會有另一種結果。但是元琛並未有如此的思考與作為，而是完全執行中央的決定，對長孫稚已先有成見，導致二人對敵情的判斷與戰略戰術的執行有極大落差，使北魏付出壽春陷梁的慘痛代價。至於元琛與長孫稚更因此產生嫌隙，導致二人在之後北魏的內部戰事中無法真誠合作，不僅使戰事落敗，二人也遭到免除官爵的處分，《魏書・長孫稚傳》：〔註268〕

> 會鮮于脩禮反於中山，以（長孫）稚為大都督北討。……稚遣子
> 子裕奉表，稱與（元）琛同在淮南，俱當國難，琛敗臣全，遂生
> 私隙。……琛與稚前到呼沱，稚未欲戰，而琛不從。行達五鹿，
> 為脩禮邀擊，琛不赴之。賊總至，遂大敗，稚與琛並除名。

在鎮壓鮮于脩禮的亂事中，長孫稚和元琛延續在淮南的私怨，互相抵制對方的戰術行動，「稚未欲戰，而琛不從。」又不能相互救援，最終以敗戰收場，二人未能從國家大局著眼，反而以私害公，可見將領的不合，不僅抵銷了戰力，也對戰爭的勝負產生極大的影響。

第三：對淮河水情的掌握欠佳。當梁武帝決定利用淮堰實施水攻壽春的戰略時，並未看到北魏揚州刺史李憲有任何的積極作為，他僅著重在對梁軍的抵禦，《魏書・李憲傳》：〔註269〕

〔註267〕《魏書》卷25〈長孫稚傳〉，頁647。
〔註268〕《魏書》卷25〈長孫稚傳〉，頁647。
〔註269〕《魏書》卷36〈李憲傳〉，頁835。

> 孝昌初，元法僧據徐州反叛。詔（李）憲爲使持節、假鎮東將軍、
> 徐州都督，與安豐王延明、臨淮王彧等討之。……徐州既平，詔遣
> 兼黃門侍郎常景詣軍慰勞，賜憲驊騮馬一匹，仍除征東將軍、揚州
> 刺史、淮南大都督。（孝昌）二年（526、梁普通七年），蕭衍遣其平
> 北將軍元樹、右衛將軍胡龍牙、護軍將軍夏侯亶等來寇壽陽。樹等
> 從下蔡軍於城之東北，亶從黎漿而屯於城南。憲謂不先破元樹等，
> 則夏侯亶無由可克，乃遣子長鈞率眾逆戰。軍敗，長鈞見執。樹等
> 乘之，憲力屈，以城降。因求還國，衍聽歸。

李憲在北魏平定徐州後接替長孫稚出任揚州刺史，全面接管淮南防務。據上引文可知，李憲相當清楚梁軍分南北二路夾攻壽春的結果，因此他的迎敵戰略是先破元樹率領的北路梁軍，再回師迎擊夏侯亶的南路梁軍，可惜其子李長鈞抵抗失敗。李憲決定南守北攻的迎敵戰略，可能是已注意到壽春城北倚淮河，梁軍會利用水攻配合部隊進擊形成雙重攻勢，因此決定先破北路梁軍。不過由於引文並未進一步述明，故無法得知李憲是否已知悉淮河對壽春城的威脅而做出先北後南的防禦戰略，至於其他相關紀傳，亦未見李憲對南梁利用淮堰的破解或防禦之法。〔註270〕

北魏自 500 年（魏景明元年、齊永元二年）二月因南齊豫州刺史裴叔業以壽春歸降已歷二十七年，換言之，北魏的官僚體系即揚州州府已運作了二十七年之久，在這不算短的時間裡，對該區域的氣候、山川、江河等自然形勢必有一定之認識，故即使李憲新任揚州刺史未久對當地情勢尚未熟悉，但州府僚佐應對梁武帝預備用淮堰水淹壽春時，積極向李憲提出破解之道，如派兵破壞淮堰或將官署及指揮體系遷至高處，避免水淹導致行政體系癱瘓，但是在相關史籍中均未見有如此作爲，若州府僚佐未就此向李憲提出建言則是揚州官員失能，北魏統治近三十年，竟未能掌握壽春及淮河的水文情況；若是有人提出建言但李憲未採納，則是李憲失職，然因限於史籍記載缺乏，未知孰是。

其實不論是李憲或北魏在揚州的官僚體系，都應負一定的責任，何也？北魏與南朝圍繞在壽春的戰爭當中，多次出現水攻的作戰方式。如 480 年（魏太和四年、齊建元二年）二月，北魏以丹陽王劉昶與假梁郡王拓跋嘉領

〔註270〕參見《魏書》卷9〈肅宗紀〉，頁 243～245；同書卷98〈島夷蕭衍傳〉，頁 2176
～2177。《梁書》卷3〈武帝紀下〉，頁 70～71；同書卷28〈夏侯亶傳〉，頁
419。《資治通鑑》卷 151〈梁紀七〉，武帝普通七年，頁 4710～4718。

軍進攻壽春。南齊守將豫州刺史垣崇祖認爲北魏大軍來勢洶洶，必須出奇制勝，遂提出水淹之法，當魏軍全力攻城時，垣崇祖趁機堰堤，魏軍大敗而回。〔註271〕再如 514 年（魏延昌三年、梁天監十三年）十月，北魏降將王足向梁武帝提出水淹壽春的戰略，雖然違反水性河情遭到水利專家反對，但梁武帝仍執意做浮山堰，最終遭到自行潰決的命運，反而讓南梁蒙受不小損失。〔註272〕上述二例，垣崇祖爲守方以堰堤水淹魏軍瓦解其對壽春的攻勢；而梁武帝構築浮山堰則是攻守互換，北魏反而成爲守方，由此可見，不論攻方或守方，都可運用水攻戰術，只要運用得宜，均可擊敗對方。李憲身爲淮南前線大將，他與所屬的揚州官衙，必然對這些與壽春相關的歷史戰役知之甚詳。但李憲及其州府僚佐，見梁武帝預備再運用水攻戰術時，未能適時予以破壞，使其水淹戰術得以繼續執行，並配合南北二路梁軍攻佔壽春。因此，未能掌握淮河水情，亦是北魏失去壽春的另一個重要因素。

四、北魏的戰略困境及其與南梁和談的可能性

　　魏孝明帝時期的北魏，國力、國勢已走下坡，同時應付六鎮之亂及與南梁的戰爭，已是捉襟見肘力有未逮，即便是國勢強盛時期的魏太武帝，也不可能同時開闢兩個戰場，分別與柔然、劉宋作戰，他兩次和宋文帝的魏宋大戰，都是在打擊柔然無後顧之憂的情況下，才發動大軍南伐劉宋。〔註273〕之後魏獻文帝和劉宋作戰，也是在未受到柔然掣肘的情況下始能南伐。〔註274〕如果北魏同時和南朝、柔然這南北兩大強敵作戰，將會陷入內線作戰的態勢，〔註275〕尤其北魏並非統一王朝，僅以二分之一的土地與人民，欲同時支撐南北兩大戰場實有其困難，這是北魏君臣在設計國家戰略時所應避免的。然而北魏的領導階層至魏孝明帝時陷入同時應付兩大戰場的戰略困境，不過並非

〔註271〕關於此次戰役的詳細經過，參見本書，頁 58～61。
〔註272〕關於梁武帝興建浮山堰及其潰決經過，參見本書，頁 456～464、474～477。
〔註273〕關於魏太武帝和宋文帝的兩次魏宋大戰，以及當時柔然的情形，筆者在《北魏與劉宋戰略關係研究——從國家戰略觀點的解析（上）（下）》一書中有詳盡論述，詳見該書第三章〈攻勢與守勢兼具——魏太武帝前期與劉宋之戰略關係（423～439）〉，頁 125～170；第四章〈全國總動員的對抗——魏太武帝後期與劉宋之戰略關係（439～452）〉，頁 171～270。
〔註274〕關於魏獻文帝和劉宋作戰及柔然當時的戰略形勢，參見筆者著，《北魏與劉宋戰略關係研究——從國家戰略觀點的解析（下）》第六章〈從黃河到淮河——魏獻文帝與劉宋之戰略關係〉，頁 357～359。
〔註275〕內線作戰本書前章已有詳盡說明，參見本書，頁 71～72。

同時和南朝、柔然作戰，而是柔然換成自六鎮之亂開始的北魏內部動亂。

魏孝明帝後期對南梁的戰略關係大都處於被動狀態，三個階段南梁都是採主動攻勢，而北魏則是呈現全面潰敗的情勢，即便是第二階段收復彭城，也是建立在豫章王蕭綜的主動歸降上，若其對南梁無反心，而是堅守彭城以抗魏軍，安豐王元延明若率魏軍進入攻城戰與梁軍正面衝突，以當時魏梁二軍的戰力及梁軍在淮河一線屢敗魏軍的情況來看，北魏能否克復彭城尚在未定之天。尤其北魏部份將領忙於平定內部動亂，未能投入南方戰場，而當時南梁戰將陳慶之隨蕭綜駐守彭城，他在穩住蕭綜驟然降魏後的混亂局面貢獻甚大，當時梁軍軍中無主，軍心大亂，幸陳慶之適時而起約束部隊，使梁軍得以後退保存戰力，不致遭魏軍襲殺而全軍覆沒。由此觀之，若蕭綜未有降魏之舉，在陳慶之的固守下，魏軍想以正面進攻的方式攻下彭城，實有其難度，即使北魏不斷增派援軍最終得以收復，勢必付出不少代價，有生力量的折損是必然的。

從彭城攻防、壽春之戰、益州戰場、廣陵之役和渦陽爭戰，北魏都是因循南梁的戰略行動被迫應戰，換言之，南梁掌握戰略主動，當然，當時的北魏朝廷窮於鎮壓六鎮之亂引爆的各地動亂，自然無法如魏孝文帝、魏宣武帝般對南梁持主動進攻的態勢，只能隨南梁軍隊的行動而行動，陷於戰略被動。北魏處於這種戰略劣勢下，是否有可能化被動為主動扭轉困境？既然同時應付內部動亂和南梁兩方戰事力有未逮，何不與南梁媾和專注討平內部亂事，若能與南梁維持如魏孝明帝中期般和緩的戰略關係，南北交界地帶兵革不興，對南梁而言，百姓可過安穩的生活，軍隊可舒緩來自北疆的壓力，領導階層也不用擔心北魏的軍事威脅。至於北魏，與南梁談和後，則可抽離南方戰場，調派所有兵力鎮壓動亂。

南北是否可能和談？主動權應操之於北魏。一般而言，願主動談和者多是弱勢一方。然而在北強南弱態勢下，以靈太后為首的北魏朝廷，若為了專力於內部動亂而向南梁釋出和談之議，毋寧是放棄北魏的尊嚴，恐怕會遭到統治階級如元宗室、代人貴族等的反對，即使有大臣具非凡眼光能看清北魏目前所處的劣勢，實應積極與南梁尋求和平關係，才能全力討平內部動亂，但是在北魏大部份統治階級唯我獨尊，對南梁以島夷視之的心態來看，媾和無異是緣木求魚。事實上，就北魏當時所處的戰略環境而論，面對內部、外部敵人威脅程度的不同，戰略作為亦需有所不同，「先安內後攘外」應列為即

刻施行的國家戰略。南梁對北魏而言是一個主體，媾和的話僅需和南梁達成共識，其實只要梁武帝認同即可。至於北魏內部動亂，已如水銀洩地般蔓延各地，各股叛軍皆有領袖人物，就實務上而言，北魏不可能和這些叛軍首領一一談和，而且這些叛軍都是北魏政府統治的子民，在封建專制下，朝廷與其子民談和，其尊嚴之喪失，較之與南梁媾和更甚，故北魏與這些叛軍談和在理論與實務上均不可能。

主動與南梁媾和，需有政治智慧，能高瞻遠矚洞悉全般戰略局勢的領導者始能提出，且要能放下北魏尊嚴的積極務實者，但放眼北魏朝廷實無此領導者。魏孝明帝雖已十七、八歲之齡，但大權仍操之於靈太后，而靈太后貪戀權力、寵幸奸佞、花費無度，僅是一般庸碌的領導者，並不具備卓越的見識及看清時局的能力，且有高度權力慾望者要其降格向南梁媾和，對靈太后而言可能性微乎其微。綜合上述，在種種條件與因素及主客觀情勢之下，欲令北魏主動向南梁提出媾和，藉以使南部情勢緩和俾能全力鎮壓內部動亂已不可能，北魏需同時面對南梁和內部動亂兩方戰事，而兩方戰事均對北魏造成嚴重傷害。南方戰場屢敗於南梁，接連失去義陽、壽春等戰略重鎮。內部動亂則始終無法徹底平定，且在圍剿叛軍過程中，造成尒朱榮崛起，最後演變成河陰之變，而北魏大權也落入尒朱榮手中，若是當時的靈太后有遠大的政治眼光和勇氣與南梁媾和，或許北魏末年的政治局勢會有不一樣的變化。

換個角度思考，若北魏主動與南梁談和，南梁有可能接受嗎？筆者認為機率不大，因自浮山堰潰決使南梁蒙受重大損失後，梁武帝暫息兵戈專注內政，而在休養生息國力日漸增長後，他正尋覓有利戰機對北魏用兵。六鎮之亂爆發後，北魏為了鎮壓動亂無暇南顧，梁武帝遂藉機北伐且在兩淮地區頗有斬獲，如果接受媾和，豈非讓北魏無南顧之憂能專心戡亂，待其內部亂事平定後，便會全力對抗南梁，屆時再尋北魏內亂時機發動北伐恐怕不易。而南北對抗乃北魏與南梁之宿命，即便此時與北魏談和，使雙方戰略關係得以緩和，但不久後又會兵戎相見，故梁武帝不待北魏此時內部動亂起兵攻之，更待何時。總之，當六鎮之亂初始無法平定而愈演愈烈，加上北魏並無足夠智慧的領導者向南梁提出和談之議時，北魏即已陷入需同時應付內外戰事的戰略困境了。

五、靈太后的戰略角色分析

一般而言，歷史上的君主或統治者的表現，率皆後期不如前期，能夠一

路走來始終如一的幾為鳳毛麟角，靈太后和梁武帝亦是如此。靈太后兩度臨朝聽政，第二次遠遜於首次，歷來對這方面的評論甚多，無需贅述。而其二次執政時，亦即魏孝明帝後期，北魏與南梁衝突不斷，多次戰爭結果，北魏軍隊竟一再敗退，淮河南北多處城戍與大片土地盡為梁土，南梁的勢力不僅進入淮北，更將其北方國防線推進至黃河南部一線，使魏孝文帝、魏宣武帝兩代長期以來的南伐成果喪失殆盡，何以致之，靈太后恐須負最大的責任。

靈太后二次執政時，一連串內部亂事及其貪戀權力、寵信奸佞導致政治昏暗，這些北魏內部問題不免影響以往北強南弱的戰略態勢，但她未能深刻動悉此真相並適時改變對南梁的戰略態度，使魏軍與梁軍作戰時接連失利，以戰略觀點分析靈太后的決策作為，可歸納出三點，詳述如下。

第一：對南方的局勢太過輕忽。從元法僧以彭城降梁以及梁武帝在淮河一線發動攻勢開始，當時的元叉及之後的靈太后都過於輕忽，雖然元法僧降梁是發生在元叉執政時期，但靈太后再度執政後，對南方局勢的惡化並未有補強或檢討措施，尤其梁軍已在淮河沿線攻陷多座北魏城戍時，在靈太后認為，南梁的入侵，只是既往南北間的衝突罷了，魏軍雖暫時退卻，但之後必能驅退梁軍。靈太后的自信當然來自於過往的經驗，在她首次執政時，正趕上魏宣武帝末期與南梁戰爭的餘緒，特別是浮山堰的潰決重創南梁，使她初次對抗南梁即以勝利坐收。事實上，當時魏軍的戰略規畫與部署，大都是魏宣武帝時制定的，靈太后只是繼續執行他的戰略與戰術罷了。而梁武帝在浮山堰失敗後，即專注於內政，不願北方再起兵戎，遂與北魏維持和緩的戰略關係，以便能休養生息蓄積國力。如此一來，令靈太后咸信北魏的軍力仍如以往盛世般，能威嚇南梁令其不敢蠢動，以致當其二次執政後，忙於權力鬥爭、培養親信，卻導致國力衰退仍不自知，尚認為南梁在魏孝明帝後期對北魏的侵擾，魏軍的敗退僅是暫時性的，可見靈太后昧於以往的光榮，以致對南方局勢過於輕忽，終至不可收拾。

第二：對將領的猜忌與懷疑。靈太后對前線將領的不信任，也使南方的國防形勢更加惡化，在梁武帝專注內政休養生息使南梁國力上升之際，北魏更應上下一心全力抗梁，但是由於上下的猜忌及將領間的懷疑，使北魏內部無法團結一致，內耗的結果抵消了抗梁力量。以揚州刺史長孫稚為例，他領軍駐守壽春，乃淮南前線抗梁的最高指揮官，統整淮南地區所有兵力、物資，但是靈太后及其左右心腹對他並不信任，故遣河間王元琛領軍南下援助時，

流露出對長孫稚的猜忌與對淮南戰局的擔憂，也使元琛帶著北魏中央的態度至壽春，對長孫稚多所懷疑，以致二人對梁軍作戰的戰略戰術無法取得共識，遭致大敗，上述內容前文已有詳細論述，不再贅言。〔註276〕

　　而靈太后為何會懷疑代人貴族出身的長孫稚，這與她親身經過的政治風暴有關。靈太后遭元叉發動政變奪取大權，這成為她心裡無法磨滅的陰影，元叉何以能夠篡奪大權，乃是依靠靈太后的的提拔。元叉雖是元宗室，但已是宗室疏屬，與魏孝文、宣武、孝明一系的血統已疏遠。靈太后首次臨朝聽政時，因缺乏自己的政治班底，故對妹婿元叉積極提拔，最後更讓其掌禁軍，可見對元叉的信任。若以靈太后的心理角度觀之，從一個在北魏朝廷沒有什麼政治權力的宗室疏屬，成為一人之下萬人之上掌握軍政實權的大臣，元叉所有的權勢與地位都是靈太后賦予的，靈太后更將元叉視為心腹大臣，而今卻遭其反噬。在元叉專政期間，靈太后幾近於軟禁，和魏孝明帝無法相見，所以一旦她二次執政重掌大權後，對大臣的不信感漸增，因此用人率皆逢迎拍馬之輩，如鄭儼、李神軌、徐紇等人，不似她首次執政時重用的大臣，如清河王元懌、任城王元澄、高陽王元雍等，〔註277〕雖然上述宗室諸王中，僅元澄具備較高的軍政能力且公忠體國，但是元懌、元雍二人處理國家大政的能力亦非鄭儼之輩所能企及，鄭儼、徐紇這批人大多無治國能力，只知揣摩上意攻擊大臣。當壽春遭梁軍進攻而長孫稚久不出擊時，由於長孫稚手握重兵，又是淮南地區最高的軍政長官，影響可及兩淮地區，故靈太后的恐懼與憂鬱，在其言談舉止間必會不經意流露出來，而鄭儼、徐紇在觀察出靈太后對長孫稚的猜忌後，隨風起舞造謠生事當可想見。《孫子兵法》有云：〔註278〕

> 故君之所以患於軍者三：不知軍之不可以進而謂之進，不知軍之不
>
> 可以退而謂之退，是謂縻軍。……不知三軍之權，而同三軍之任，
>
> 則軍士疑矣。……故知勝有五：……將能而君不御者勝。

孫武認為，君主會危害到軍隊的情形有三種，第一是不懂軍隊不可以進攻卻

〔註276〕參見本書，頁 638～643。

〔註277〕「司徒、清河王懌進位太傅，領太尉；司空、廣平王懷為太保，領司徒；驃騎大將軍、任城王澄為司空。」《魏書》卷 9〈肅宗紀〉，頁 222。「以高陽王雍為太師。」《魏書》卷 9〈肅宗紀〉，頁 223。「詔雍乘步挽出入掖門。又以本官錄尚書事。……除使持節、司州牧、侍中、太師、錄尚書如故。……詔雍乘車出入大司馬門，進位丞相。」《魏書》卷 21 上〈獻文六王上・高陽王雍傳〉，頁 556。

〔註278〕孫武著、吳仁傑注譯，《孫子讀本》〈謀攻篇第三〉，頁 21～22。

命令軍隊進攻；不懂軍隊不可以後退卻命令軍隊後退，這就是束縛軍隊。第三是不懂軍事上的權謀應變，卻干涉軍中指揮，這兩種危害軍隊的情況都發生在靈太后與長孫稚身上。另外孫武也舉出有五種情況可預知勝利，其中第五種是將領有優異的軍事才華與作戰能力而君主不會加以牽制的，必能獲得勝利。長孫稚身為前線指揮官，最瞭解當面敵情，梁軍圍攻壽春，初時銳氣正盛，而壽春城中戰備充足，應先固守一段時間，並請北魏中央遣軍援助，待梁軍久攻不下銳氣漸失之際，再內外夾攻梁軍。可惜靈太后卻處處牽制長孫稚，對他未主動出擊頗感憂慮，故令元琛率軍支援，即是帶來中央要長孫稚速與梁軍作戰之意，如此作為，不僅會造成中央、地方的不合，也導致長孫稚與元琛的不協，以分裂的魏軍對抗氣勢正盛的梁軍，壽春最後的丟失當可預見。

　　第三：未適時中止與南梁的敵對狀態，進入休養生息儲備國力的沉潛期。靈太后二次執政時與南梁的對抗形勢已有很大不同，北魏的軍事優勢正逐漸流失，尤其是 525 年（魏孝昌元年、梁普通六年）元法僧以彭城降梁事件牽動南北力量的消長，當時南梁社會已休養一段時間，自浮山堰慘敗的元氣也逐漸復原，且上距南梁開國不過二十二年，〔註279〕正是一個王朝朝氣蓬勃時期，適合對外開拓武功。反觀北魏，若自魏道武帝登國元年（386）復興代國算起，〔註280〕已近一百四十年，暮氣漸深，加上魏孝文帝遷都洛陽後，和魏宣武帝兩代不斷發動南伐，雖然對南方的開疆闢土有一定成績，但是國家、社會也付出不少代價，故北魏亦需進入休養生息儲備國力的沉潛期。宗室元老任城王元澄眼光深遠，他綜觀南北局勢後認為，北魏此時的國策應是「以肅寧為大任。」向靈太后提出中止與南梁的敵對狀態，讓社會與國家能得到充分休息，待國力恢復再尋覓適當戰機發動滅梁的統一戰爭，其云：〔註281〕

> 然取外之理，要由內強；圖人之本，先在自備。蕭衍雖虐使其民，而窺覦不已。若遇我虛疲，士民洞窘，賊衍年老志張，思播凶毒，此之弗圖，恐受其病。伏惟陛下妙齡在位，聖德方昇；皇太后總御天機，乾乾夕惕。……修干戈之用，畜熊虎之士；愛時鄙財，輕寶

〔註279〕「天監元年（502、魏景明三年）夏四月丙寅，高祖（梁武帝）即皇帝位於南郊。」《梁書》卷2〈武帝紀中〉，頁33。

〔註280〕「登國元年（386）春正月戊申，（魏道武）帝即代王位，郊天，建元，大會於牛川。」《魏書》卷2〈太祖紀〉，頁20。

〔註281〕《魏書》卷19中〈景穆十二王中・任城王雲附子澄傳〉，頁478～479。

重穀。七八年間，陛下聖略方剛，親王德幹壯茂，將相磬力未衰，愚臣猶堪戎伍，荷戈帶甲之眾蓄銳於今，燕弧冀馬之盛充牣在昔；又賊衍惡積禍盈，勢不能久，子弟閻悖，釁逆已彰，亂亡之兆，灼然可見。兼弱有徵，天與不遠，大同之機，宜須蓄備，……以肅寧爲大任。

然頃年以來，東西難寇，艱虞之興，首尾連接，雖尋得翦除，亦大損財力。且飢饉之氓，散亡莫保，收入之賦不增，出用之費彌眾，不愛力以悅民，無豐資以待敵，此臣所以夙夜懷憂，悚息不寧者也。

元澄並不反對南伐，只是應在適當時機。北魏在孝文帝與宣武帝兩代對南朝的長期戰爭後，國家、社會均已疲憊，加上各地亂事不斷，饑民遍佈且到處流竄。另外，北魏在對內、對外的戰爭上，軍費支出龐大，造成財政困難，若南梁趁北魏貧弱之際發動北伐，則國家和百姓會受到相當大的傷害。是故現在應進入休養期，讓百姓得到休息，同時累積財力、厚實國力，並積極訓練軍隊提升戰力，如此經過一段時間後，再尋覓南梁不穩時機興師南伐，必能完成南北統一。總之，元澄通篇奏章的中心思想即是：「畜力聚財，以待時會。」〔註282〕

　　這篇奏章是靈太后首次執政時元澄上奏的，但整體現象也適用於其第二次臨朝時，只不過當時的內部動亂和對南梁的戰略形勢更加嚴峻。靈太后雖然對元澄的宗室元老、國之重臣的身分頗爲敬重，且他確實針對北魏的沉疴提出真知灼見，但是這個暮鼓晨鐘並未敲醒她的內心，靈太后「雖卒不從，常優答禮之。」〔註283〕而當靈太后再度執政時，元澄早已薨逝，〔註284〕若她經歷過元叉專政能有所警醒，按照元澄提出的方案，對內休養生息、對南梁停止軍事衝突，並採取和平友好政策，使魏孝明帝後期與南梁能進入和緩的戰略關係，同時積極壯大經濟和軍事力量，並緩和內部的民族、階級矛盾，或許北魏會進入中興之期。可惜靈太后並不具備高瞻遠矚的眼光，而只是積極謀求權力的鞏固，在元澄生前都未接受他的建言，遑論在其死後。適時中止與南梁的敵對狀態，主動權操之於北魏，然而，魏孝明帝後期在靈太后的主政下，並未能暫息南北兵爭，而北魏也在內亂外患不斷的紛擾下，逐漸步

〔註282〕《魏書》卷19中〈景穆十二王中·任城王雲附子澄傳〉，頁480。
〔註283〕《魏書》卷19中〈景穆十二王中·任城王雲附子澄傳〉，頁480。
〔註284〕「（元澄）神龜二年（519、梁天監十八年）薨，年五十三。」《魏書》卷19中〈景穆十二王中·任城王雲附子澄傳〉，頁480。

入衰敗之途。

六、梁武帝的戰略角色分析

梁武帝如同靈太后一樣，也是一般統治者的宿命，後期不如前期，在二人統治下的南梁和北魏，都造成國家的紛亂。前段已述靈太后第二次臨朝執政確不如首次執政，帶領北魏向下沈淪。至於梁武帝亦是如此，他在位四十八年，從早期的敬佛、崇佛到晚期的佞佛，以及晚年接受東魏降將侯景，卻引狼入室，不僅造成自己身亡，更是導致南梁敗亡的直接因素。從梁武帝後期的種種作為，甚難跟他前期的淬礪奮發，並逐步攻佔北魏多座城戍和大片土地的正確決策聯想在一起。然而，梁武帝和靈太后不同的是，梁武帝前期的積極作為正是靈太后後期的貪縱享樂，在相同時間裡兩人卻是不同階段，也就是梁武帝在位四十八年，前面的二十四年，正是他較有作為時期，而這時的北魏是魏孝明帝後期，靈太后二度臨朝聽政，也是南梁與北魏對抗最激烈的時期。梁武帝自建立南梁後，北魏的執政者從魏宣武帝至元叉再至靈太后兩次臨朝，梁武帝都和他們主政下的北魏發生過戰爭，從一開始的敗績至逐步扭轉以往南朝對北魏戰爭的劣勢，其政治作為及戰略決策頗值得探討。

一般咸稱梁武帝文治勝於武功，以文學教化治天下，史稱：「制造禮樂，敦崇儒雅，自江左以來，年踰二百，文物之盛，獨美于茲。」〔註285〕上述記載雖非虛言，但並未能彰顯他在軍事武功上的成就。的確，治國多用文儒會使梁武帝的政治作風保守消極，但是在他前期與北魏的對抗上，確有一番成就與作為，而能令其與北魏戰爭勝多敗少的原因，在於有穩固的國力做後盾，而要有穩固的國力就必須任賢施政。梁武帝前期重用之大臣，多具備良相之才，如周捨、徐勉等人，先論周捨，《梁書·周捨傳》：〔註286〕

> 高祖（梁武帝）即位，博求異能之士，……召拜尚書祠部郎。時天
> 下草創，禮儀損益，多自（周）捨出。……累遷太子洗馬，散騎常
> 侍，中書侍郎，鴻臚卿。……遷尚書吏部郎，太子右衛率，右衛將
> 軍，雖居職屢徙，而常留省內，罕得休下，國史詔誥，儀體法律，
> 軍旅謀謨，皆兼掌之。

周捨在南梁建立之初即進入朝廷服務，從「國史詔誥，儀體法律，軍旅謀謨，

〔註285〕《南史》卷 7〈梁紀中〉，頁 225～226。
〔註286〕《梁書》卷 25〈周捨傳〉，頁 375～376。

皆兼掌之。」的程度來看，周捨獲得梁武帝重用與信任，尤其在「軍旅謀謨」上必然會對梁武帝對抗北魏的戰略產生影響。周捨尚有另一項特色是口風很緊，不會妄自洩漏機密，「日夜侍上，預機密，二十餘年未嘗離左右。周捨素辯給，與人汎論談謔，終日不絕口，而竟無一言漏洩機事，眾尤歎服之。」〔註287〕由此引文也可得知周捨輔弼梁武帝二十餘年，正是南梁王朝國力成長的前期，也是梁武帝積極有為的前期。至於徐勉，《梁書・徐勉傳》：〔註288〕

> 高祖（梁武帝）踐阼，拜中書侍郎，遷建威將軍、後軍諮議參軍、本邑中正、尚書左丞。自掌樞憲，多所糾舉，時論以為稱職。……除給事黃門侍郎、尚書吏部郎，參掌大選。遷侍中。時王師北伐，候驛填委。（徐）勉參掌軍書，劬勞夙夜。……除給事中、五兵尚書，遷吏部尚書。……除散騎常侍，領游擊將軍，未拜，改領太子右衛率。遷左衛將軍，領太子中庶子，侍東宮。……轉太子詹事，領雲騎將軍，尋加散騎常侍，遷尚書右僕射，詹事如故。又改授侍中。……尋授宣惠將軍，置佐史，侍中、僕射如故。又除尚書僕射、中衛將軍。

徐勉同樣是梁武帝甫登大位即為南梁政權服務，徐勉為人忠誠謹守，與周捨具備同樣美德，雖參贊機要得知政務、軍事機密，卻不曾外洩，「禁省中事，未嘗漏洩。」〔註289〕徐勉卒於535年（梁大同元年）「冬十一月丁未，中衛將軍、特進、右光祿大夫徐勉卒。」〔註290〕此時北魏已分東西，而梁武帝執政也進入中、後期，政務寬弛、沈溺佛教的情形開始出現，南梁國勢漸走下坡，可見少了徐勉的輔佐對梁武帝影響之深。至於徐勉對梁武帝的輔佐及對南梁的影響與貢獻有多大，陳朝吏部尚書姚察的評價可為最佳註解：〔註291〕

> 徐勉少而屬志忘食，發憤脩身，慎言行，擇交遊；加運屬興王，依光
> 日月，故能明經術以綰青紫，出閭閻而取卿相。及居重任，竭誠事主，
> 動師古始，依則先王，提衡端軌，物無異議，為梁宗臣，盛矣。

梁武帝前期得到不少良臣輔佐，除周捨、徐勉外，尚有「竟陵八友」中的范雲、沈約，〔註292〕范、沈二人都是跟隨梁武帝推翻南齊的建國功臣，在南梁

〔註287〕《梁書》卷25〈周捨傳〉，頁376。
〔註288〕《梁書》卷25〈徐勉傳〉，頁377～379。
〔註289〕《梁書》卷25〈徐勉傳〉，頁379。
〔註290〕《梁書》卷3〈武帝紀下〉，頁79。
〔註291〕《梁書》卷25〈徐勉傳〉，頁388。
〔註292〕南齊「竟陵王子良開西邸，招文學，高祖（梁武帝）與沈約、謝朓、王融、

建國初期均任中樞要職，范雲曾任吏部尚書、尚書右僕射、侍中等職，〔註293〕
沈約曾任尚書左、右僕射；尚書僕射、尚書令、侍中、中書令等職，〔註294〕
雖然二人都有優異的政治能力，但因去世的早，范雲卒於 503 年（魏景明四
年、梁天監二年），〔註295〕沈約略晚卒於 513 年（魏延昌二年、梁天監十二年），
〔註296〕因此在魏孝明帝後期的南北對抗，從 524～528（魏正光五年至永安元
年、梁普通五年至大通元年）這幾年間，梁武帝國政上重要的輔弼大臣應屬
周捨、徐勉，有了他們在國政上的輔佐，國內政治穩定，而這段時間在南梁
朝廷上也未見到激烈的黨爭、政爭，梁武帝遂能無後顧之憂將戰略眼光專注
與北魏的對抗上。

　　一般普遍認爲梁武帝提倡文教禮治，軍事武功非其所長，乃以文化見長
之皇帝，這般論斷稍嫌偏頗，無法窺知梁武帝全貌。事實上，梁武帝文韜武
略皆備，據《梁書‧武帝紀》：「（梁武）帝及長，博學多通，好籌略，有文武
才幹。」〔註297〕而梁武帝在政治生涯中，很早即接觸軍事，「隆昌初，（齊）
明帝輔政，起高祖（梁武帝）爲寧朔將軍，鎮守壽春。」〔註298〕蕭鸞掌控南
齊大權時，即以梁武帝鎮守淮南重鎮壽春，可見梁武帝的軍事歷練甚早。再
者，梁武帝在南齊時期即領兵作戰，曾於 495 年（魏太和十九年、齊建武二
年）於賢首山擊退魏軍，《梁書‧武帝紀》：〔註299〕

> 魏遣將劉昶、王肅帥眾寇司州，以高祖（梁武帝）爲冠軍將軍、軍
> 主，隸江州刺史王廣爲援。距義陽百餘里，眾以魏軍盛，趑趄莫敢
> 前。高祖請爲先啓，廣即分麾下精兵配高祖。爾夜便進，去魏軍數
> 里，逕上賢首山。魏軍不測多少，未敢逼。黎明，城內見援至，因
> 出軍攻魏柵，高祖帥所領自外進戰。魏軍表裏受敵，乃棄重圍退走。

另外在 497 年（魏太和二十一年、齊建武四年）魏孝文帝率軍南伐的過程中，
南齊主帥崔慧景率軍在鄧城與魏軍遭遇，結果魏軍大敗齊軍，《梁書‧武帝

　　蕭琛、范雲、任昉、陸倕等並遊焉，號曰八友。」《梁書》卷1〈武帝紀上〉，
　　頁2。
〔註293〕參見《梁書》卷13〈范雲傳〉，頁231。
〔註294〕參見《梁書》卷13〈沈約傳〉，頁235。
〔註295〕參見《梁書》卷13〈范雲傳〉，頁232。
〔註296〕參見《梁書》卷13〈沈約傳〉，頁242。
〔註297〕《梁書》卷1〈武帝紀上〉，頁2。
〔註298〕《梁書》卷1〈武帝紀上〉，頁2。
〔註299〕《梁書》卷1〈武帝紀上〉，頁2。

紀》：〔註300〕

> 魏帝自率大眾寇雍州，（齊）明帝令高祖（梁武帝）赴援。十月，至襄陽，詔又遣左民尚書崔慧景總督諸軍，高祖及雍州刺史曹虎等並受節度。明年三月，慧景與高祖進行鄧城，魏主帥十萬餘騎奄至。慧景失色，欲引退，高祖固止之，不從，乃狼狽自拔。魏騎乘之，於是大敗。高祖獨帥眾距戰，殺數十百人，魏騎稍却，因得結陣斷後，至夕得下船。慧景軍死傷略盡，惟高祖全師而歸。

崔慧景見十萬魏軍早已膽怯，極欲後撤，結果遭魏軍乘勢掩殺，齊軍傷亡慘重，幸當時梁武帝率所部齊軍與魏軍作戰，最後更全師而歸。從上述兩例可看出梁武帝不僅曾領兵作戰，更率軍與魏軍做第一線的衝鋒戰鬥，且能在劣勢中保存兵力。事實上，梁武帝不僅在戰術層面有不凡見識，從上述和魏軍在鄧城遭遇時，梁武帝的判斷和行動即比崔慧景高明；即便在戰略層級，亦有綜觀全局的規劃與執行能力，如他決定進兵建康推翻東昏侯的戰略中，兵力的配置、各路部隊進軍先後等軍事部署，以及策反南齊軍隊和聯絡猶疑兩端的各地方勢力等之政治作戰，〔註301〕都可看出梁武帝有非凡的軍事才能與戰略素養。雖然南梁建立後即與北魏衝突、戰爭不斷，且在浮山堰潰決後損失慘重，但是梁武帝能記取教訓，暫避北魏鋒芒，以休養生息恢復國力為優先，再靜待有利時機出擊，由此亦可看出梁武帝具備適時調整國家戰略的能力。從上述梁武帝在軍事上的經歷與作為可看出，他確是文武雙全，能運籌帷幄更能親自率軍戰鬥，從前鋒將領至統兵主帥皆能勝任，前者如賢首山與魏軍的接觸；後者如起兵推翻南齊政權。蓋凡開國君主大都能領軍作戰具軍事素養，此乃需其率軍推翻現任統治者，或領軍盪平各股勢力，而梁武帝亦屬這類具軍事能力的君主。

也因梁武帝有這般的軍事經驗與歷練，使其對戰略形勢的變化具敏感度，當他看見北魏從中央到地方都是紛亂不已，中央自元乂專政到靈太后二度執政皆處於政治紛擾中；地方則是六鎮之亂引爆的動亂四處蔓延，在這種上下皆不安的情況下，提供了梁武帝發動侵魏戰爭的最佳契機，而梁武帝也把握機會，在淮河一線不斷發動攻勢，使魏孝明帝中期與南梁尚稱平和的戰略關係，自 524 年（魏正光五年、梁普通五年）開始進入全面對抗的戰略態勢，而南梁與北魏的全面衝突也成為魏孝明帝後期與南梁的戰略關係。或有

〔註300〕《梁書》卷1〈武帝紀上〉，頁2～3。
〔註301〕參見《梁書》卷1〈武帝紀上〉，頁4～13。

論者以為，梁武帝能利用六鎮之亂進攻北魏取得輝煌勝果，乃因北魏內部自亂的結果，的確，北魏內亂才給了梁武帝北伐契機。但是，若南朝正逢無任何軍事歷練或沒有企圖心；或縱情聲色、貪圖享樂的君主，如宋後廢帝、齊東昏侯等，他們恐怕無暇觀察北魏內部動亂進而採取積極的北進政策，即使北魏內部動亂加劇，他們只要魏軍不來侵擾即已足矣，遑論趁機出兵。由此可見，具戰略眼光及通曉軍事的君主，對國家戰略的制訂及掌握戰略主動具有決定性的影響。

一個國家的統治者在國家戰略的走向中扮演極為重要的戰略角色，甚至是最關鍵、最核心的角色，從北魏與南梁的統治者靈太后與梁武帝加以分析比較，即可知他們對兩國戰略關係的影響，也可得知梁武帝在魏孝明帝後期能屢敗北魏軍隊的關鍵。首先是梁武帝有領軍作戰經驗，具戰略思維與觀察北魏的戰略眼光；靈太后無此經歷，僅是從一後宮一躍而為皇太后，故其戰略思維與觀察南梁的戰略眼光自然遜於梁武帝。其次，梁武帝身旁輔臣如周捨、徐勉等人，公忠體國且以國家利益為優先，同時以穩固的內政作為梁武帝對抗北魏的後盾；靈太后周圍則是鄭儼、徐紇等佞臣，營私舞弊擅權納賄，所看重者乃個人利益，沒有國家大義的概念，也因這些人掌權，北魏政治混濁不堪，紛爭不斷，需知，當北魏與南梁對抗時，需有穩定的後勤支援，而這必須在沒有鬥爭、紛擾的政治環境中始能提供，而當時南梁顯然比北魏更具備穩固的內政與後勤支援這兩個條件。再其次，前文已述，一個統治者或領導者的能力與作為，後期往往不如前期，這個特質在靈太后與梁武帝身上均可看出。不過，不同的是，靈太后的後期乃梁武帝前期，梁武帝前期在政治、軍事上均有所作為；靈太后後期的施政品質較之前期差距甚大，二人對比高下立判。最後，從整個朝代的大環境與格局來看，在魏孝明帝後期北魏與南梁對抗這段期間，南梁開國不過二十餘年，梁武帝又是開國之君，尚有新興王朝的銳氣與朝氣；反觀北魏，則是傳國近一百四十年，皇位傳承歷經八帝，社會上各項矛盾充斥且國家暮氣沉沉，極需改革中興，是故在國家的精神與氣運上，南梁佔有優勢。

綜合上述，從靈太后與梁武帝分居北魏、南梁的國家總體戰略主導者來看，不論從其人格特質、軍事歷練、左右輔臣、內部安定等方面，以及二人執政的前後階段和王朝傳承、國運氣勢等方面，率皆梁武帝優於靈太后，是故北魏在魏孝明帝後期與南梁的戰事中屈居劣勢，以及南北對抗從爭戰淮河

一變爲爭戰河南，一點也不令人意外。

第四節　小　結

　　魏孝明帝後期與南梁的戰略關係呈現全面衝突的戰爭狀態，這種緊繃的戰略關係，在北魏與南梁的南北對抗中經常見到，不足爲奇，但是卻出現多種特殊現象與樣貌，有些甚至是首次發生。其一：國家戰略主軸由權臣主導。雖然魏孝明帝前期亦曾出現權臣擅政，但于忠專權不過半年而已，且靈太后行動自由，而這也是她能結合宗室諸王力量，結束于忠專權最關鍵、最重要的因素。但元叉專權則不然，他能專權達四年半之久，在於軟禁靈太后、魏孝明帝，更隔離二人無法相見。當時北魏國政皆由元叉定奪，國家戰略亦出其意，因此北魏與南梁的戰略關係及六鎮之亂初期平亂的戰略方針，這些戰略決策率皆由其主導。而在元叉主政下的北魏，他顯然欲與南梁維持和緩的戰略關係，如此方能專注於內部的政治控制。因此在他執政期間，並未持進攻態勢發動對南梁戰爭，遂使魏孝明帝中期與南梁戰略關係得以緩和。不過在六鎮之亂爆發後，元叉面對梁武帝趁勢北伐，只能被動遣軍因應，而南北衝突的再起，也標幟元叉欲求南北和平已不可得，魏孝明帝中期與南梁和緩的戰略關係亦告結束，進入魏孝明帝後期與南梁的全面衝突階段，而該階段前期北魏的戰略決策者仍是元叉，他的許多作爲與戰略失當，造成北魏一再失城陷地。

　　其二：南梁具軍事優勢。雖然仍是北強南弱的戰略格局，但梁武帝持積極主動的戰略企圖，入侵北魏，南梁軍隊勝多敗少，並攻佔北魏多座城戍，佔有軍事優勢。一般而言，北魏與南朝長期的對抗，北魏大多持主動攻勢入侵南朝，加上魏軍的騎兵優勢，與南朝軍隊作戰勝多敗少，且戰場多是在南朝地域，戰爭結果多是北魏攻佔南朝的城戍與土地。然在魏孝明帝後期與南梁的戰爭則不然，且是與上述既有南北衝突的印象完全相反。北魏軍隊敗多勝少，且戰場多在北魏境內，土地遭受破壞嚴重。而最重要的是，北魏屢屢失城陷地，甚至壽春、義陽等淮河重鎮均遭梁軍攻佔，連淮北重鎮彭城亦一度淪陷，雖然最後收復，但不免元氣大傷。其實，南朝採積極攻勢的君主不止梁武帝，宋文帝亦復如是，他在進攻過程中，亦攻陷北魏多座城戍或重鎮，但往往無法久守，待北魏發動反攻便能收復，〔註302〕未有如梁武帝在魏孝明

〔註302〕宋文帝在元嘉七年（430、魏神䴥三年）和元嘉二十七年（450、魏太平眞君

帝後期對北魏的進攻，佔領壽春、義陽等重鎮，至戰爭結束北魏都未能收復，可見南梁在這一時期佔有軍事優勢。不過軍事上的優勢只是一時的，並不能扭轉魏強梁弱的戰略態勢，換言之，北魏的總體國力及魏軍戰力仍高於南梁，只不過受其內部亂事影響，無法全力抗梁。

其三：北魏陷入南北作戰的戰略困境。北魏因位於柔然、南朝中間的四戰之地，若柔然、南朝南北夾攻，對北魏至為不利，因此北魏始終避免南北同時用兵。北魏前期柔然勢盛，魏太武帝、魏獻文帝欲南伐劉宋前，必發兵北討柔然，將其大力打擊使其敗走後，便能無後顧之憂入侵劉宋。〔註303〕現今則不然，北魏鎮壓內部動亂投入的兵力，無異於對柔然作戰，同時應付內部動亂和南梁兩大戰事，實力有未逮，更因此分散了軍事資源，使得南方戰事一路敗退。當時北魏主政者靈太后並未具有上述二位君主避免南北同時作戰的戰略思維；或者是靈太后亦有此認知，應先以內部戡亂為主，但是要與南梁罷兵言和，就北魏的尊嚴而言，實令她無法有此作為，果如此，則靈太后未能從務實的方面著眼，遂導致北魏終究須同時面對內外戰事，從而使南方戰事陷入劣勢與困境的局面。

魏孝明帝後期與南梁的對抗與戰爭，也是北魏與南梁戰略關係的轉捩點，在此之前，雙方在南北戰爭中，北魏雖也有敗退之時，但未有敗勢如此持續，而今這種敗退之勢卻一直持續下去，至都城洛陽遭南梁攻陷而達到高峰，可見以往北魏強勢進攻南朝，在南方境內揚威征戰的情形，至534年（東魏天平元年、西魏永熙三年、梁中大通六年）北魏分東西止，均未再見，正如北魏的盛世光榮傳至魏孝明帝時，已一去不復返了。

十一年）的兩次北伐，初始皆氣勢如虹，攻佔北魏多座城戍與土地，然而當魏太武帝發起反攻時，宋軍不敵開始敗退，所佔城戍又回歸北魏，關於劉宋軍隊佔領北魏城戍得而復失情形，詳見筆者著，《北魏與劉宋戰略關係研究——從國家戰略觀點的解析（上）》第三章〈攻勢與守勢兼具——魏太武帝前期與劉宋之戰略關係（423～439）〉，頁125～157。同書下冊第四章〈全國總動員的對抗——魏太武帝後期與劉宋之戰略關係（439～452）〉，頁171～254。

〔註303〕魏太武帝在430年和450年兩次與宋文帝的南北大戰前，當魏太武帝察覺劉宋有軍事動員的跡象，似乎正在部署大戰時，為了避免陷入南北同時作戰的困境，均有先北討柔然之舉，參見筆者著，《北魏與劉宋戰略關係研究——從國家戰略觀點的解析（上）》第三章〈攻勢與守勢兼具——魏太武帝前期與劉宋之戰略關係（423～439）〉，頁125～129。同書下冊第四章〈全國總動員的對抗——魏太武帝後期與劉宋之戰略關係（439～452）〉，頁176～178。

第十二章　從高張力戰爭到地區紛爭
——魏孝莊、孝武二朝與南梁之戰略關係（528～534）

　　北魏自 528 年（魏武泰元年、梁大通二年）二月魏孝明帝崩至 534 年（東魏天平元年、西魏永熙三年、梁中大通六年）十月高歡立魏孝靜帝元善見，〔註 1〕北魏一分為東魏、西魏止，這七年間皆是權臣專擅局面，且皇位更迭頻繁，皇帝的廢立都操控在權臣手中，從尒朱氏到高歡均是如此，是故北魏王朝最後的七年，不論是哪位君王，都是權臣的傀儡，既然無法乾綱獨斷，當然無法主導國家戰略，也因此對南梁是戰、是和，北魏與南梁呈現何種戰略關係，均非任何一位北魏君主可以置喙的。

　　河陰之變後尒朱榮掌握北魏實權，尒朱氏成員佈滿朝廷內外，魏孝莊帝元子攸既是尒朱榮所立，國家戰略當然需視尒朱榮意向而定。當時各地叛亂不斷，北魏的戰略主軸乃著重應付內部的亂事，無暇也無力南侵，是故與南梁的戰略關係呈現消極的防禦態勢。而梁武帝從魏孝明帝後期一連串對北魏的戰爭行為，在多次擊敗北魏軍隊，更佔領壽春、義陽等淮南重鎮後，對君弱臣強且亂事不斷的北魏，當然不會放過繼續進攻的契機。於是利用護送南降的北魏宗室元顥北返之機，遣南梁一代名將陳慶之北伐，竟如入無人之境，

〔註 1〕　魏孝明帝崩於武泰元年（528、梁大通二年）二月「癸丑，帝崩於顯陽殿，時年十九。」《魏書》卷 9〈肅宗紀〉，頁 248。魏孝靜帝則是天平元年（534、西魏永熙三年、梁中大通六年）「冬十月丙寅，即位于城東北。」《魏書》卷 12〈孝靜紀〉，頁 297。

連戰皆捷並攻入北魏都城洛陽，迫使魏孝莊帝出逃。而陳慶之北伐的經過，也成爲魏孝莊帝時期北魏與南梁最重要的戰事。

魏孝武帝的政治處境與魏孝莊帝不遑多讓，甚至有過之而無不及，他乃權臣高歡所立，在政非己出的情況下，自然無法主導北魏與南梁的戰略關係。而此時北魏內部陷入高歡與宇文泰二人的爭鬥中，不過梁武帝並未趁北魏內部政治紛亂的情況下發動戰爭，也因此魏孝武帝時與南梁的戰略關係較之魏孝莊帝時平和不少。然而在魏孝武帝與高歡矛盾日深的情況下，爲了自身安危，遂西奔長安依宇文泰，高歡追之不及，另立魏孝靜帝，已名存實亡的北魏至此一分爲二，雖然東魏、西魏與其後的北齊、北周，仍與南梁衝突不斷，但那已是三個不同政權間的戰略關係，就北魏政權而言，其與南梁的戰略關係已告結束。

第一節　魏孝莊帝與南梁之戰略關係

魏孝莊帝在位僅短短三年，這三年與南梁的戰略關係呈現被動態勢，迥異於以往北魏諸帝與南朝對峙時，大都掌握戰略主動，南朝除了少數幾次北伐外，大都視北魏各項軍事行動而被動因應。其實從魏孝明帝後期開始，梁武帝利用北魏內部動亂不斷的契機，逐漸掌握戰略主動，且這種情況一直持續，至魏孝莊帝時，戰略主動權幾乎全遭梁武帝掌握，除了魏孝莊帝皇權旁落沒有能力主導對南梁的戰略關係外，專制朝政的尒朱榮，忙於平定各地動亂，無暇顧及與南梁的戰略關係，對南梁的軍事行動僅能被動因應。而這段時間，北魏與南梁基本上還是紛擾的戰爭狀態，且北魏還遭遇建國以來最屈辱的局面，都城洛陽遭梁軍攻陷，迫使魏孝莊帝出逃的窘境。

一、戰略環境

魏孝莊帝時期的北魏，與南梁相較，其所面臨的戰略環境較爲不利，除了尒朱榮掌握北魏大權外，各地此仆彼起的動亂，也讓北魏軍隊疲於奔命，加上自魏孝明帝後因皇位繼承紊亂引起的政治動盪，使北魏內部無法團結一致對外。反觀南梁，在梁武帝的治理下，內部情勢處於穩定的局面；至於外部情勢不僅佔領壽春、義陽等淮南重鎮，勢力更跨越淮河持續向北推進，可見南梁處於較佳的戰略環境。

（一）河陰之變與尒朱榮的專擅

靈太后自 525 年（魏孝昌元年、梁普通六年）四月二次臨朝聽政後，[註2] 對權力的佔有更加強烈，其時魏孝明帝已十六歲，非懵懂無知兒童，他不願做有名無實的君主，又對靈太后寵信鄭儼、徐紇等佞臣及穢亂宮廷頗為不滿，「鄭儼汙亂宮掖，勢傾海內；李神軌、徐紇並見親侍。」[註3] 母子間的關係遂逐漸惡化。至 528 年（魏武泰元年、梁大通二年）時，已十九歲的魏孝明帝決定與靈太后攤牌，導火線應是其妃子生下女兒，靈太后竟「秘言皇子。」[註4] 由於魏孝明帝後宮一直未生育皇子，他不知靈太后詐言皇子有何政治算計，且對其種種離譜行徑已無法忍受，遂決定剷除朝中奸佞，並取回自己的皇權，但環顧北魏朝廷，盡皆靈太后人馬，自己並無任何政治力量可依恃，缺乏政治歷練的魏孝明帝，決定尋求外藩力量。

魏孝明帝選中在鎮壓六鎮之亂中嶄露頭角的實力派人物尒朱榮，他是尒朱氏家族的領袖人物，而尒朱氏在秀容川擁有相當的力量，「尒朱榮，字天寶，北秀容人也。其先居於尒朱川，因為氏焉。常領部落，世為酋帥。」[註5] 尒朱榮以契胡武士為核心的軍事力量，[註6] 在鎮壓六鎮之亂及後續各地動亂中建有功勳，使尒朱榮的官爵不斷晉升，「復進號征東將軍、右衛將軍、假車騎將軍、都督并肆汾廣恒雲六州諸軍事，進為大都督，加金紫光祿大夫。」[註7] 靈太后對尒朱榮的崛起頗為忌憚，但是又必須依賴其武力平亂，遂將其力量限制在太行山以西以北等地。尒朱榮曾主動上書欲至河北、山東平亂，卻遭靈太后否決，而靈太后之所疑，正好成為魏孝明帝吸收的對象。魏孝明帝遂命尒朱榮率所屬祕密向洛陽進軍，「欲以脅太后。」[註8] 援引外藩將領有其風險，稍一不慎，恐引狼入室甚至成為其箝制的對象。當尒朱榮部隊行至上黨時，魏孝明帝頓然醒悟，遂詔尒朱榮停止前進。[註9]

〔註 2〕　參見《魏書》卷 9〈肅宗紀〉，頁 240。
〔註 3〕　《魏書》卷 13〈皇后・宣武靈皇后胡氏傳〉，頁 339。
〔註 4〕　《魏書》卷 9〈肅宗紀〉，頁 248。
〔註 5〕　《魏書》卷 74〈尒朱榮傳〉，頁 1643。
〔註 6〕　蘇小華認為尒朱氏家族的武裝力量是以契胡武士為核心，其云：「尒朱氏集團是指以尒朱氏家族為領袖，以契胡武士為核心軍事力量，以北鎮鮮卑武裝為外圍軍事力量所組成的軍事政治集團。」參見蘇小華，《北鎮勢力與北朝政治文化》（北京：中國社會科學出版社，2012 年 10 月），頁 36
〔註 7〕　《魏書》卷 74〈尒朱榮傳〉，頁 1645。
〔註 8〕　《資治通鑑》卷 152〈梁紀八〉，武帝大通二年，頁 4739。
〔註 9〕　參見《資治通鑑》卷 152〈梁紀八〉，武帝大通二年，頁 4739 載：魏孝明帝「密

　　雖然尒朱榮暫停向洛陽進軍，但是魏孝明帝引外藩為奧援的舉動使其與靈太后長期的矛盾終於爆發，靈太后竟殘忍地鴆殺親生兒子，528 年（魏武泰元年、梁大通二年）四月「（魏孝明）帝崩於顯陽殿，時年十九。」〔註 10〕魏孝明帝暴崩的消息傳出後，尒朱榮認為這是進入洛陽的大好機會，遂「與元天穆等密議稱兵入匡朝廷。」〔註 11〕在獲得這位元宗室、時為并州刺史的元天穆支持後，〔註 12〕尒朱榮舉兵向洛陽進發。靈太后聞尒朱榮舉兵，乃召朝臣商議禦敵之策，時太后寵臣黃門侍郎徐紇認為尒朱榮不足慮，「尒朱榮馬邑小胡，人才凡鄙，不度德量力，長戟指闕，所謂窮轍拒輪，積薪候燎。」〔註 13〕徐紇言語間對尒朱榮頗為輕視，故他提出的防守戰略甚為輕率：「今宿衛文武，足得一戰。但守河橋，觀其意趣。榮懸軍千里，兵老師弊，以逸待勞，破之必矣。」〔註 14〕靈太后深以為然，遂遣大都督李神軌統領禁軍迎戰，「別將鄭季明、鄭先護將兵守河橋，武衛將軍費穆屯小平津。」〔註 15〕觀乎北魏朝廷的軍事佈署，完全是守勢的戰略思維，認為只要守住黃河河橋和黃河渡口小平津這些戰略要地，將尒朱榮軍隊阻擋在黃河北岸令其無法渡河，屆時待各地勤王軍一到，便能以優勢兵力擊退之。

　　靈太后二次執政以來，只知寵信奸佞鬥爭奪權，現又殺害魏孝明帝，種種劣跡早已失去宗室和大臣的支持，屆時會有多少勤王軍不無疑問。事實上，北魏軍隊的主力早已在鎮壓各地動亂中消耗殆盡，才不得不依賴尒朱榮的武裝力量繼續平亂，因此除了京師洛陽的禁衛部隊外，實無其他兵力可和尒朱榮對抗。然在雙方部隊都尚未正面衝突，鄭季明、鄭先護即陣前倒戈率先開城投降，而李神軌見河橋已陷，不戰而逃。至於費穆則見大勢已去，亦降。

　　　詔（尒朱）榮舉兵內向，欲以脅太后。榮以高歡為前鋒，行至上黨，帝復以私詔止之。」
〔註 10〕《魏書》卷 9〈肅宗紀〉，頁 248。
〔註 11〕《魏書》卷 74〈尒朱榮傳〉，頁 1646。
〔註 12〕「（尒朱）榮謂并州刺史元天穆曰：『皇帝晏駕，春秋十九。海內士庶，猶曰幼君。況今奉未言之兒以臨天下，而望昇平，其可得乎？吾世荷國恩，不能坐看成敗。今欲以鐵馬五千，赴哀山陵，兼問侍臣帝崩之由。君竟謂如何？』穆曰：『明公世跨并、肆，雄才傑出。部落之民，控弦一萬，若能行廢立之事，伊（尹）霍（光）復見今日。』榮即共穆結異姓兄弟。」楊衒之著、劉九洲注譯，《洛陽伽藍記》卷 1〈城內‧永寧寺〉，頁 34～35。
〔註 13〕楊衒之著、劉九洲注譯，《洛陽伽藍記》卷 1〈城內‧永寧寺〉，頁 35。
〔註 14〕楊衒之著、劉九洲注譯，《洛陽伽藍記》卷 1〈城內‧永寧寺〉，頁 35。
〔註 15〕《資治通鑑》卷 152〈梁紀八〉，武帝大通二年，頁 4740。

尒朱榮未遇多大抵抗便進入洛陽城。

　　北魏朝廷文武官員見尒朱榮率軍進入洛陽，靈太后已無兵力可資對抗，尒朱榮掌控朝政幾成定局，於是在四月「十二日，百官皆朝於行宮。」〔註16〕不料卻在隔日發生震驚內外的「河陰之變」。〔註17〕尒朱「榮遣騎拘送太后及幼主於河陰。」〔註18〕接著將靈太后及三歲幼主元釗沉於黃河，之後更殺害北魏宗室、大臣一千三百餘人，〔註19〕《魏書・尒朱榮傳》：〔註20〕

> （尒朱榮）乃引迎駕百官於行宮西北，云欲祭天。朝士既集，列騎圍遶，責天下喪亂（魏孝）明帝卒崩之由，云皆緣此等貪虐，不相匡弼所致。因縱兵亂害，王公卿士皆斂手就戮，死者千三百餘人。
>
> 皇弟、皇兄並亦見害，靈太后、少主其日暴崩。

作爲北魏朝廷支柱的文武大臣及元宗室等政治力量，幾乎在河陰之變中遭摧殘殆盡，北魏大權遂成尒朱榮囊中物。

（二）北魏皇位繼承的紊亂

　　北魏自魏孝文帝遷都洛陽後，前期皇位繼承尚稱順利，雖有魏孝文帝的太子元恂因喜愛草原文化，捲入漢化派與保守派政爭的漩渦，更遭保守派利用欲陰謀叛變，最終被魏孝文帝賜死。〔註21〕之後魏孝文帝將皇位傳給次子元恪，是爲魏宣武帝；魏宣武帝傳給唯一兒子元詡，是爲魏孝明帝。上述皇位繼承均是父子一脈相承，但至魏孝明帝之後的皇位繼承，均無父子的血脈相承，可用一片混亂毫無章法形容，原因有二：其一爲魏孝明帝無子；其二

〔註16〕《魏書》卷74〈尒朱榮傳〉，頁1647。

〔註17〕司馬光認爲河陰之變中尒朱榮會殘殺靈太后、幼主元釗及千餘位大臣、元宗室，乃昧於費穆之說，據《資治通鑑》卷152〈梁紀八〉，武帝大通二年，頁4742載：「費穆密說（尒朱）榮曰：『公士馬不出萬人，今長驅向洛，前無橫陳，既無戰勝之威，羣情素不厭服。以京師之眾，百官之盛，知公虛實，有輕侮之心。若不大行誅罰，更樹親黨，恐公還北之日，未渡太行而內變作矣。』榮心然之。」

〔註18〕《魏書》卷13〈皇后・宣武靈皇后胡氏傳〉，頁340。

〔註19〕河陰之變的死亡人數各家說法不一，此據《魏書・尒朱榮傳》爲一千三百餘人，參見《魏書》卷74〈尒朱榮傳〉，頁1648。然同書〈孝莊紀〉及《北史》、《資治通鑑》、《洛陽伽藍記》均載二千餘人，參見《魏書》卷10〈孝莊紀〉，頁256。《北史》卷5〈魏本紀〉，頁162。《資治通鑑》卷152〈梁紀八〉，武帝大通二年，頁4742。《洛陽伽藍記》卷1〈城內・永寧寺〉，頁35。

〔註20〕《魏書》卷74〈尒朱榮傳〉，頁1648。

〔註21〕關於元恂捲入漢化派與保守派的政治鬥爭，及魏孝文帝廢元恂太子名位並賜死經過，詳見筆者著，《北魏皇位繼承不穩定性之研究》，頁149～153。

爲太后與權臣專擅。

　　從魏孝明帝開始至魏孝武帝時分裂成東魏、西魏，這段時期的北魏諸帝，皇權嚴重旁落，無任何一位君主享有完整皇權。魏孝明帝因靈太后兩次臨朝聽政，令他在政事上毫無施展空間；而從魏孝明帝之後的北魏皇帝，皆權臣所立，故不可能擁有完整皇權。當魏孝明帝於 528 年（魏武泰元年、梁大通二年）四月暴崩後，皇位繼承問題浮現，由於魏孝明帝無子，靈太后爲續掌大權，立魏孝明帝三歲侄子元釗爲帝，元釗乃魏孝文帝曾孫，「皇曾孫故臨洮王寶暉世子釗，體自高祖。……及（元）翊日弗愈，大漸彌留，乃延入青蒲，受命玉几。」〔註22〕但是這位幼主和靈太后在河陰之變中皆遭尒朱榮殺害。

　　當魏孝明帝暴崩的消息傳出後，「（尒朱）榮聞之大怒，謂鄭儼、徐紇爲之，與元天穆等密議稱兵入匡朝廷，討定之。」〔註23〕如果尒朱榮直接起兵攻打洛陽即爲謀逆，因爲當時靈太后已立元釗爲帝，雖僅有三歲，但仍是北魏之主，因此爲了與靈太后爭取民心與名份，須擁立一元宗室爲北魏之君，尒朱榮「與從弟（尒朱）世隆密議廢立。（尒朱）天光乃見莊帝（元子攸），具論（尒朱）榮心，帝許之。天光等還北，榮發晉陽。」〔註24〕由前引文可知魏孝莊帝乃尒朱榮所立，然何以長樂王元子攸能在眾多宗室中出線，獲尒朱榮青睞，據《魏書‧孝莊紀》載：「肅宗崩，大都督尒朱榮將向京師，謀欲廢立。以帝家有忠勳，且兼民望，陰與帝通。」〔註25〕元子攸「家有忠勳，且兼民望。」正是尒朱榮擁其爲帝以便能與靈太后所立元釗爭大統的原因。由於靈太后殺魏孝明帝引起各方憤怨，而元子攸乃「彭城王勰之第三子。」〔註26〕彭城王元勰具出眾才華與能力，乃元宗室中出類拔萃人物，而其冤死更引起朝野普遍同情，〔註27〕故立元子攸可謂忠勳與民望

〔註22〕《魏書》卷9〈肅宗紀〉，頁 248。

〔註23〕《魏書》卷 74〈尒朱榮傳〉，頁 1646。

〔註24〕《魏書》卷 74〈尒朱榮傳〉，頁 1647。

〔註25〕《魏書》卷 10〈孝莊紀〉，頁 255。

〔註26〕《魏書》卷 10〈孝莊紀〉，頁 255。

〔註27〕彭城王元勰遭高肇構陷而慘遭殺害，其經過參見《魏書》卷 21 下〈獻文六王下‧彭城王勰傳〉，頁 582～583 所載：（元勰）性仁孝，言於朝廷，以其舅潘僧固爲冀州長樂太守。京兆王愉搆逆，僧固見逼從之。尚書令高肇性既凶愎，賊害賢俊。又肇之兄女，入爲夫人，順皇后崩，世宗（魏宣武帝）欲以爲后，勰固執以爲不可。肇於是屢譖勰於世宗，世宗不納。因僧固之同愉逆，肇誣勰北與愉通，南招蠻賊。勰國郎中令魏偃、前防閤高祖珍希肇提攜，搆成其

兼而有之。而尒朱榮的遠見也在關鍵時刻起了作用，雖然元釗有靈太后的政治力量支持，但是許多北魏朝臣在元釗和元子攸間選擇了後者，「及尒朱榮稱兵向洛，靈太后令（鄭）先護與鄭季明等固守河梁，先護聞莊帝即位於河北，遂開門納榮。」〔註28〕鄭先護受靈太后之命鎮守河橋阻止尒朱榮向洛陽進軍，不料在得知魏孝莊帝繼位後，竟不戰而開門納魏孝莊帝及尒朱榮大軍，可見靈太后殺魏孝明帝之舉已大失人心。

尒朱榮以武力支持魏孝莊帝進入洛陽，更發動河陰之變殺害靈太后與幼主元釗後，篡奪北魏大權，開啓皇位遭權臣掌控的一頁。在魏孝莊帝之前的皇位繼承，均是順向的父死子繼，偶有例外者乃魏太武帝傳位其孫魏文成帝，但也是祖孫的順向繼承。魏孝莊帝則不然，他乃魏孝明帝叔父，於是從魏孝莊帝開始，北魏皇位繼承已無輩份的上下順序，最大原因乃君主本身無權且無力，而北魏此後的皇位繼承均操縱在權臣手中，毫無規則且紊亂不已。

（三）北魏地方動亂不斷

沃野鎮人破落汗拔陵於524年（魏正光五年、梁普通五年）三月聚眾反，爆發六鎮之亂，也揭開北魏末年大動亂的序幕，之後各地動亂警訊頻傳，四月高平酋長胡琛反；〔註29〕六月秦州城人莫折太提反；〔註30〕次年八月柔玄鎮人杜洛周反；〔註31〕十二月五原降戶鮮于脩禮反，〔註32〕這些都是見於《魏書》所載連綿數州的大動亂，未見史書所載的地方小型動亂更是所在多矣，可見北魏河北、關隴、河東、荊豫、青齊等地區皆捲入漫天烽火。

從六鎮之亂開始的這些動亂，雖然在北魏朝廷的強力鎮壓下，許多亂事首領被殺，其勢力遭到瓦解，但一連串的動亂實已動搖北魏的統治根基，且這些亂事從未徹底平息過，因爲各叛軍勢力也會互相兼併。葛榮、元洪業二

事。肇初令侍中元暉以奏世宗，暉不從，令左衛元珍言之。世宗訪之於暉，暉明愬無此。世宗更以問肇，肇以魏偃、祖珍爲證，世宗乃信之。……愬既有大功於國，無罪見害，百姓冤之。行路士女，流涕而言曰：「高令公枉殺如此賢王！」在朝貴賤，莫不喪氣。另元愬遭殺害的詳細經過，本書前面章節已有詳細引述，參見本書，頁258～259。
〔註28〕《魏書》卷56〈鄭義附先護傳〉，頁1247。
〔註29〕參見《魏書》卷9〈肅宗紀〉，頁235。
〔註30〕參見《魏書》卷9〈肅宗紀〉，頁236。
〔註31〕參見《魏書》卷9〈肅宗紀〉，頁241。
〔註32〕參見《魏書》卷9〈肅宗紀〉，頁243。

人本是鮮于脩禮部將，當元洪業殺鮮于脩禮預備向北魏投降之際，葛榮立即襲殺元洪業取得領導權，接著又先後擊潰章武王元融、廣陽王元淵兩支魏軍。之後更火拼杜洛周，接收其部眾，故至魏孝莊帝時，葛榮成為最大的一股叛軍勢力，史載「葛榮自破章武、廣陽二王之後，鋒不可當。」〔註33〕但是魏孝莊帝面對的，不只剿滅葛榮而已，其他亂事亦不斷爆發。528年（魏永安元年、梁大通二年）六月，「幽州平北府主簿河間邢杲，率河北流民十餘萬戶反於青州之北海，自署漢王，號年天統。」〔註34〕次月，「高平鎮人万俟醜奴僭稱大位，署置百官。」〔註35〕北魏軍事力量在魏孝明帝時投入鎮壓各地叛軍，長期的戰事使其損耗嚴重，故至魏孝莊帝時僅能依靠尒朱榮的武裝力量平叛。然而，尒朱榮也無法完全討平動亂，雖消滅葛榮，但其餘黨韓樓仍率殘餘勢力竄擾各地，加上還有不少地方型的小型叛亂，如 528年五月「己巳，齊州郡民賈皓聚眾反，夜襲州城。」〔註36〕七月「壬子，光州人劉舉聚眾數千反於濮陽，自稱皇武大將軍。」〔註37〕次年二月，「燕州民王慶祖聚眾於上黨，自稱為王。」〔註38〕這些亂事都需仰賴尒朱榮平定，也使尒朱氏集團的武力轉戰各地而疲於奔命。

（四）北魏宗室與州刺史的降梁

南北對峙時期，宗室親王、封疆大吏、邊防將領等投降對方的例子屢見不鮮，有些是受對方誘惑；有些則是夾雜對本國的仇恨，一般而言數量不多，但是在魏孝莊帝時突然有一批元宗室與州刺史降梁。528年（魏永安元年、梁大通二年）四月，《魏書・孝莊紀》：「汝南王悅、北海王顥、臨淮王彧前後奔蕭衍，郢州刺史元願達據城南叛。」〔註39〕元願達的官銜雖僅載郢州刺史，但其實他也是元宗室，「元願達，亦魏之支庶也。祖明元帝。父樂平王。願達仕魏為中書令、郢州刺史。」〔註40〕前述《魏書》所載投降南梁者均是元宗室，其實不只，《梁書・武帝紀》所載更為詳細：「夏四月辛丑，魏郢州刺史

〔註33〕《魏書》卷 56〈崔辯附楷傳〉，頁 1256。
〔註34〕《魏書》卷 10〈孝莊紀〉，頁 258～259。
〔註35〕《魏書》卷 10〈孝莊紀〉，頁 259。
〔註36〕《魏書》卷 10〈孝莊紀〉，頁 257～258。
〔註37〕《魏書》卷 10〈孝莊紀〉，頁 259。
〔註38〕《魏書》卷 10〈孝莊紀〉，頁 261。
〔註39〕《魏書》卷 10〈孝莊紀〉，頁 257。
〔註40〕《梁書》卷 39〈元願達傳〉，頁 555。

元願達以義陽內附，置北司州。時魏大亂，其北海王元顥、臨淮王元彧、汝南王元悅並來奔；其北青州刺史元世儁、南荊州刺史李志亦以地降。」〔註41〕《梁書・武帝紀》較《魏書・孝莊紀》多了元世儁、李志二位刺史，元世儁是否為元宗室，史書未載故不得而知，但既是元姓，具宗室身分的機率頗高，應是旁枝疏屬才未載史籍。

這批元宗室和州刺史叛魏降梁並非偶發事件，其背後有深層意義，否則以宗室親王之尊，何以背叛本國奔降南梁，其中關鍵因素即是在「河陰之變」中，元宗室和許多北魏重臣遭到殺害，為了避難紛紛南奔，如臨淮王元彧：「會尒朱榮入洛，殺害元氏。彧撫膺慟哭，遂奔蕭衍。」〔註42〕北海王元顥：「顥以葛榮南侵，尒朱縱害，遂盤桓顧望，圖自安之策。……顥以事意不諧，遂與子冠受率左右奔於蕭衍。」〔註43〕汝南王元悅：「及尒朱榮舉兵向洛。既憶入間。俄而聞榮肆毒於河陰，遂南奔蕭衍。」〔註44〕至於元世儁以所轄北青州降梁，其地並非位處南北交界的一級戰區，「魏北青州治東陽，去梁境甚遠。」〔註45〕位處南北地帶的邊關將領，以所屬州郡降附對方乃常有之事，但元世儁竟會叛魏投梁，不排除也有因河陰之變而有避禍南梁之舉。

梁武帝面對這些降附的北魏宗室、刺史，展現歡迎的態度，一來這些刺史以所轄地域降附，南梁可獲得土地的實質利益；再者可從上述元宗室、刺史口中獲得北魏內部情報，尤其是魏孝莊帝與尒朱榮政治勢力的消長情況。另外還可利用北魏自河陰之變後皇位繼承紊亂的動盪局勢，立元宗室為傀儡政權，加劇北魏內部的政治紛爭，從中奪取符合南梁的利益，如興師北伐攻佔北魏領土與州郡。事實上，梁武帝也積極循此規劃推動，他以北海王元顥為魏主，命南梁名將陳慶之護送返北與魏孝莊帝爭位。魏孝莊帝為彭城王元勰之子，元顥則是北海王元詳之子，元勰、元詳俱為魏孝文帝之弟、魏獻文帝之子，故魏孝莊帝和元顥俱為魏獻文帝之孫，可見元顥的皇室血統、名份與魏孝莊帝完全相同。魏孝明帝猝崩後，北魏皇位在靈太后立元釗、尒朱榮擁立魏孝莊帝間爭奪，雖然最後魏孝莊帝勝出且獲得普遍承認，但尒朱榮一手製造的河陰之變，也令魏孝莊帝的皇位蒙上陰影。如能令元顥和魏孝莊帝

〔註41〕《梁書》卷3〈武帝紀下〉，頁72。
〔註42〕《魏書》卷18〈太武五王・臨淮王譚附彧傳〉，頁420。
〔註43〕《魏書》卷21上〈獻文六王上・北海王詳附子顥傳〉，頁564～565。
〔註44〕《魏書》卷22〈孝文五王・汝南王悅傳〉，頁593。
〔註45〕《資治通鑑》卷152〈梁紀八〉，武帝大通二年，頁4747。

內鬥激烈，製造北魏政治紛擾，便能符合南梁的國家利益，而這也是得利於元宗室的降梁，才能讓梁武帝作如此的戰略運用。

（五）梁武帝崇信佛法

梁武帝崇佛信佛眾所皆知，但是前期並不如中、後期的沉迷，魏孝明帝在位的十三年間（515～528、魏延昌四年至武泰元年、梁天監十四年至大通二年）約當梁武帝前期，見諸《梁書・武帝紀》的佛事活動僅有一次。〔註46〕現將《梁書・武帝紀》所載 527～531 年（魏孝昌三年至普泰元年、梁大通元年至中大通三年）梁武帝的佛事活動表列如下，以便加以分析比較。

表五：527～531 年梁武帝佛事活動表

西元	紀　年	佛　事　活　動	出　　處
527	魏孝昌三年 梁大通元年	三月辛未，輿駕（梁武帝）幸同泰寺捨身。	《梁書》卷 3〈武帝紀下〉，頁 71。
528	魏武泰元年 魏永安元年 梁大通二年	無	
529	魏永安二年 梁中大通元年	（九月）癸巳，輿駕幸同泰寺，設四部無遮大會，因捨身，公卿以下，以錢一億萬奉贖。	《梁書》卷 3〈武帝紀下〉，頁 71。
530	魏永安三年 魏建明二年 梁中大通二年	無	
531	魏建明二年 魏普泰元年 魏中興元年 梁中大通三年	冬十月己酉，行幸同泰寺，高祖（梁武帝）升法座，為四部眾說大般若涅盤經義，迄于乙卯。 十一月乙未，行幸同泰寺，高祖升法座，為四部眾說摩訶般若波羅蜜經義，訖于十二月辛丑。	《梁書》卷 3〈武帝紀下〉，頁 75。

527 年是魏孝明帝在位的最後一年，也是梁武帝在魏孝明帝在位十三年所做的唯一一場佛事活動。魏孝莊帝即位後，梁武帝也步入執政中期，佛事活動逐漸增多，雖然魏孝莊帝在位的三年間（528～530），梁武帝僅有一次在 529

〔註46〕梁武帝 515～528 年的佛事活動，參見《梁書》卷 2〈武帝紀中〉，頁 54～59；同書卷 3〈武帝紀下〉，頁 63～72，僅有 527 年（魏孝昌三年、梁大通元年）表五所見的一次，其他並無任何記載。

年九月的佛事活動，若以這三年僅有一次單獨視之，無法凸顯其意義，也不能將魏孝明帝在位十三年、魏孝莊帝在位三年，梁武帝各僅有一次來類比，應從527～531這五年梁武帝佛事活動的頻率分析。

以頻率而言，梁武帝的佛事活動呈現增加的趨勢，雖然梁武帝在魏孝明帝和魏孝莊帝時各有一次至同泰寺捨身，但是前者十三年一次、後者是三年一次，後者的頻率大於前者。而531年梁武帝兩次駕幸同泰寺，這年北魏皇位再度發生變動，前後共有三位君主，皆是權臣擁立。〔註47〕也因高歡與尒朱氏各擁其主，雙方彼此爭鬥，對南方的國防不免疏忽，這種混亂局面使梁武帝對北方國防不必投注過多心力，因此能增加對佛事的關注，使他在這五年中佛事活動日漸頻繁。

梁武帝積極參與佛事活動，必然會分散他對政治的參與及北魏局勢的關注，而且會耗費不少金錢，如捨身同泰寺，需「以錢一億萬奉贖」，對國家財政、經濟不無影響。不過仔細觀察527～531這五年間的變化，這五年是梁武帝執政中期的開端，也是他積極投入佛事活動的開始，僅531年即有兩次駕幸同泰寺，但是這一年魏孝莊帝早已被殺，亦即魏孝莊帝在位三年間，《梁書‧武帝紀》僅有一次佛事活動的記載，換言之，魏孝莊帝時期梁武帝雖對佛事積極投入，但尚未影響其施政及對北魏戰略局勢關注的態度。

（六）陳慶之的崛起

南梁軍事奇才陳慶之，乃南北朝時期南方少見的戰將，他能夠在北強南弱的軍事格局下，與北魏作戰屢戰屢勝，可謂一代戰將。而其在南梁軍界及政壇崛起的經過，與一般文武官員頗為不同。他雖然很早即追隨梁武帝，「幼而隨從高祖（梁武帝）。……從高祖東下平建鄴，稍為主書，散財聚士，常思効用。」〔註48〕從其曾隨梁武帝「東下平建鄴。」可知陳慶之亦屬從龍功臣，且在南齊時期即已在梁武帝身邊，但是何以未得到重用，這恐怕與他的出身有關。

陳慶之非世家大族子弟，「陳慶之字子雲，義興國山（今江蘇宜興）人也。」

<hr>

〔註47〕531年（魏普泰元年、梁中大通三年）先有尒朱世隆立長廣王元曄，尋廢之，改立廣陵王元恭（《魏書》稱前廢帝）。又有高歡立渤海太守元朗（《魏書》稱後廢帝），次年高歡進兵洛陽，囚魏前廢帝、廢魏後廢帝，改立平陽王元脩，是為魏孝武帝。

〔註48〕《梁書》卷32〈陳慶之傳〉，頁459。

〔註49〕乃一般庶族出身。在重視門閥政治的南北朝，豪門世族壟斷政治利益，寒門庶族無法參與政治權力的分配。一般而言，寒門子弟能獲得政治權力與地位，大多靠軍功起家，在戰場上拼殺而得之，但是陳慶之「本非將種，又非豪家。」〔註50〕更不擅騎射，「射不穿札，馬非所便。」〔註51〕陳慶之既非世族、又非將門之後，本身又非身強體建且擅長武藝，欲獲得梁武帝的青睞恐非易事，故陳慶之只能充任主書、奉朝請等無關緊要或閒散之官職。

梁武帝長陳慶之二十歲，據《梁書·武帝紀》可知梁武帝生於宋孝武帝大明八年（464、魏和平五年），〔註52〕而陳慶之雖然史籍未載其生年，但是可從《梁書·陳慶之傳》載其卒年及享壽推算。陳慶之卒於梁武帝大同五年（539）十月，得年五十六，〔註53〕故可推算生於齊武帝永明二年（484、魏太和八年）。雖然二人相差二十歲，但是都有一向共同的嗜好——下棋。「高祖（梁武帝）性好棊，每從夜達旦不輟，等輩皆倦寐，惟慶之不寢，聞呼即至，甚見親賞。」〔註54〕梁武帝喜歡下圍棋，而且嗜棋到了通宵達旦的地步，當梁武帝的左右都無法熬夜陪他下棋時，或許這就是陳慶之的本事，只有他能不論日夜隨傳隨到，而且精神飽滿、思路敏捷與梁武帝下棋。因此陳慶之在南梁王朝的前二十年，主要工作便是陪梁武帝下棋，沒有引起太多的注意，同時也因他的庶族背景，在南梁朝廷默默無聞。

梁武帝在南齊時即經常領兵作戰，更率軍與南齊朝廷軍作戰，推翻東昏侯，因此作戰經驗豐富，有一定的軍事素養。在他與陳慶之對弈的過程中，欲令對方棄子投降，需思考戰略戰術的運用，黑白子即是雙方統領之兵馬，而棋局有如戰場變化莫測，何時採正面攻擊、何時採側翼襲擊，都牽涉戰略思考與戰術運用。梁武帝下棋時的運籌帷幄與各項部署，正是陳慶之最佳的學習對象，對其軍事素養的累積與成長頗有助益。是故陳慶之前二十年陪棋的經歷，並非單調無聊，而是一個涵養的過程，陳慶之不僅學習不少兵家之事，也磨練了智慧和勇氣，陳慶之所欠缺的即是一個機會。

梁武帝終於在 525 年（魏孝昌元年、梁普通六年）給了已四十二歲的陳

〔註49〕《梁書》卷 32〈陳慶之傳〉，頁 459。

〔註50〕《梁書》卷 32〈陳慶之傳〉，頁 460。

〔註51〕《梁書》卷 32〈陳慶之傳〉，頁 464。

〔註52〕參見《梁書》卷 1〈武帝紀上〉，頁 1。

〔註53〕參見《梁書》卷 32〈陳慶之傳〉，頁 464。

〔註54〕《梁書》卷 32〈陳慶之傳〉，頁 459。

慶之首度領兵機會，「魏徐州刺史元法僧於彭城求入內附，以慶之爲武威將軍，與胡龍牙、成景儁率諸軍應接。」〔註55〕這是陳慶之軍事生涯的起點，也造就了陳慶之的崛起，此後他在南北戰場上屢挫魏軍，帶給以軍事武力見長的北魏極大壓力，也締造他非凡的軍事成就。

二、戰略規畫與作戰經過

在北強南弱態勢下，北魏往往採取戰略主動，大多積極興師南伐；而南朝雖也有出兵北伐，但次數並不多，且率皆以失敗收場。然而在魏孝莊帝時，南梁主動發兵北進，梁武帝之所以改採積極進取的戰略主動，乃是著眼於北魏內部動亂自顧不暇，遂趁機北伐奪取城戍與土地。同時利用南降的元宗室北海王元顥，希冀以其爲號召，分裂北魏內部的政治力量，遂在 528 年（魏永安元年、梁大通二年）十月，梁武帝「以魏北海王元顥爲魏主，遣東宮直閣將軍陳慶之衛送還北。」〔註56〕陳慶之率軍侵入魏境，再度點燃南北戰火。

（一）睢陽與考城之戰

梁武帝此次發動的北伐，乃以元顥與陳慶之領軍北進，其戰略規畫是以元顥作爲政治號召，希望藉由他的聲望與力量，號召北魏境內其舊部及其他力量加入梁軍陣容；至於陳慶之則是負責軍事作戰的統帥。元、陳二人領軍「發自銍縣，進拔滎城，遂至睢陽。」〔註57〕梁軍一路過關奪隘並未遭遇太大抵抗，迅速攻佔銍縣（今安徽宿縣西南）、滎城（今河南寧陵南），直至睢陽（今河南商丘）始遭遇大股魏軍抵抗。北魏睢陽守將丘大千，見梁軍一路長勝北進銳不可擋，爲了分散梁軍攻擊力道並滯緩其進攻，特修築九座堡壘建構防禦體系，每座堡壘重兵駐守，遇梁軍攻擊可互相支援發揮最大防禦力量，「魏將丘大千有眾七萬，分築九城以相拒。」〔註58〕丘大千在睢陽能否統有七萬魏軍不無疑問，當時各地動亂不斷，北魏軍隊多派至各地平亂，若北魏在睢陽部署七萬大軍，與陳慶之所率七千梁軍相較，攻守達十比一之比，兵力差距過於懸殊，陳慶之能否以七千梁軍擊潰七萬魏軍，存疑。因此，若從北魏朝廷見睢陽危急，急遣濟陰王元暉業率軍二萬赴援觀之，〔註59〕筆者

〔註55〕《梁書》卷32〈陳慶之傳〉，頁459。
〔註56〕《梁書》卷3〈武帝紀下〉，頁72。
〔註57〕《梁書》卷32〈陳慶之傳〉，頁461。
〔註58〕《梁書》卷32〈陳慶之傳〉，頁461。
〔註59〕濟陰王元暉業率領二萬魏軍，《梁書》、《資治通鑑》均有載。參見《梁書》卷

認爲睢陽魏軍當在一至二萬之間。此外，上述引文出自《梁書・陳慶之傳》，南北對峙期間，南北史書各因立場所限，多讚揚己方、貶抑對方，《梁書》膨脹魏軍人數，不無有誇大陳慶之戰功之嫌。

陳慶之於 529 年（魏永安二年、梁中大通元年）四月對睢陽發動攻勢，雖然丘大千部署九座堡壘嚴防睢陽，防禦工事可謂嚴密，但陳慶之直接作正面攻擊，未採迂迴或側擊等其他戰術，「慶之攻之，自旦至申，陷其三壘，大千乃降。」〔註60〕或許梁軍的正面突破出乎魏軍意料之外，處於兵力劣勢的梁軍竟未運用任何戰術而直接進攻，遂使魏軍猝不及防遭攻陷三座堡壘。魏軍失守三座堡壘後，整個聯防體系出現缺口，導致睢陽遭梁軍攻陷。梁軍進佔睢陽後，元顥「於梁國（即睢陽）城南登壇燔燎，號孝基元年。」〔註61〕元顥稱帝後，首先要面對的是元暉業爲救援睢陽駐守在考城（今河南蘭考）的二萬魏軍，元暉業雖救援睢陽不及，但他並未率軍後撤，領二萬魏軍進駐考城欲阻擋梁軍北進，其戰略思考可謂正確。

陳慶之對於考城的進攻戰術與睢陽完全不同，他見考城「四面縈水，守備嚴固。」〔註62〕天然形勢使其易守難攻，若逕行攻城恐折損士兵無算，遂決定沿城牆修築土壘，以彌補梁軍士兵仰攻城牆的劣勢，「慶之命浮水築壘，攻陷其城，生擒暉業，獲租車七千八百兩（輛）。」〔註63〕陳慶之率軍渡過護城河，逼近城牆修築土壘，梁軍士兵再以土壘爲基礎躍上城牆攻入城內，俘虜元暉業，更繳獲大批輜重與裝備。梁軍連續攻陷睢陽、考城，不但造就陳慶之屢戰屢勝的聲勢，更重要的是北魏都城洛陽已成爲陳慶之的戰略目標，身處洛陽的魏孝莊帝也感受到威脅，開始部署洛陽的外圍防務，而陳慶之一如所料，率軍直撲洛陽而來。

（二）洛陽保衛戰

北魏朝政雖然由尒朱榮操控，但是他並不在洛陽，魏孝莊帝只能自行部署洛陽保衛戰，五月「丁巳，以撫軍將軍、前徐州刺史楊昱爲使持節、鎮東將軍、東南道大都督，率眾鎮滎陽；尚書僕射尒朱世隆鎮虎牢；侍中尒朱世

32〈陳慶之傳〉，頁 461。《資治通鑑》卷 153〈梁紀九〉，武帝中大通元年，頁 4758。
〔註60〕《梁書》卷 32〈陳慶之傳〉，頁 461。
〔註61〕《魏書》卷 21 上〈獻文六王上・北海王詳附子顥傳〉，頁 565。
〔註62〕《梁書》卷 32〈陳慶之傳〉，頁 461。
〔註63〕《梁書》卷 32〈陳慶之傳〉，頁 461。

承鎮嵩岊。」〔註64〕於是以楊昱守滎陽（今河南滎陽）、尒朱世隆據虎牢（今河南泗水）、尒朱世承鎮嵩岊（今河南登封東南）的洛陽防禦體系基本成形，這三處地勢險要，均是洛陽外圍的軍事重鎮。另外，上黨王元天穆甫於四月辛丑「大破邢杲於齊州之濟南，杲降。」〔註65〕他見洛陽情勢危急，立即率軍趕赴滎陽，希冀增強滎陽防禦力量，阻遏梁軍進攻洛陽。

陳慶之首先對滎陽發動攻勢，但是滎陽城兵力雄厚，加上城防堅固，梁軍久攻不下，《梁書·陳慶之傳》：〔註66〕

> 魏左僕射楊昱、西阿王元慶、撫軍將軍元顯恭率御仗羽林宗子庶子
> 眾凡七萬，據滎陽拒（元）顯。兵既精強，城又險固，（陳）慶之攻
> 未能拔。魏將元天穆大軍復將至。

陳慶之盱衡時勢後作戰略評估，他認為一旦讓元天穆魏軍與滎陽魏軍會師，梁軍勢必陷入腹背受敵的困境，故必須搶佔滎陽並據城而守，以待元天穆之魏軍並與之決戰。然因滎陽城北魏置重兵駐守，梁軍遲遲無法突破，士兵恐慌之意漸增，陳慶之決定強化心理建設，務必要在元天穆魏軍到來前攻克滎陽，遂集合全軍將士激勵士氣曰：〔註67〕

> 吾至此以來，屠城略地，實為不少；君等殺人父兄，略人子女，又
> 為無算。天穆之眾，並是仇讎。我等纔有七千，虜眾三十餘萬，今
> 日之事，義不圖存。吾以虜騎不可爭力平原，及未盡至前，須平其
> 城壘，諸君無假狐疑，自貽屠膾。

陳慶之認為與元天穆的騎兵在平原衝殺，梁軍步兵必然居於劣勢，唯有迅速攻佔滎陽並據城而守，始能與其抗衡。而梁軍士兵在陳慶之激勵下，對滎陽城發動猛烈攻勢。楊昱輕梁軍兵少，自恃魏軍勇猛且滎陽城防堅固，詎料，陳慶之竟率軍直接攻城，「將士即相帥蟻附而入，（五月）癸酉，拔滎陽，執

〔註64〕　《魏書》卷 10〈孝莊紀〉，頁 262。另尒朱世承鎮「嵩岊」，《魏書·尒朱世承傳》則作「轘轅」。參見《魏書》卷 75〈尒朱世承傳〉，頁 1671 載：「及元顯內逼，（魏孝莊帝）詔世承守轘轅。」

〔註65〕　《魏書》卷 10〈孝莊紀〉，頁 261。

〔註66〕　《梁書》卷 32〈陳慶之傳〉，頁 461。

〔註67〕　《梁書》卷 32〈陳慶之傳〉，頁 461。《梁書·陳慶之傳》所言魏軍三十餘萬實不可信，《南史·陳慶之傳》竟又膨脹至四十餘萬。《南史》卷 61〈陳慶之傳〉，頁 1499 載：「我等纔有七千，賊眾四十餘萬。今日之事，義不圖存。」當時北魏各地動亂不斷，北魏軍隊早已派赴各地鎮壓，滎陽不可能駐有三十萬魏軍，《梁書》、《南史》作如此載述，當是為誇大陳慶之戰功。

楊昱。」〔註68〕陳慶之攻下滎陽城後，元天穆大軍也兵臨滎陽城外，幸而陳慶之戰略判斷正確，先一步攻佔滎陽，否則早已陷入滎陽內外兩支魏軍夾擊之險境，七千梁軍恐全遭殲滅。

　　面對元天穆即將展開的攻城行動，陳慶之雖然在佔領滎陽城後獲得大批後勤物資，「收滎陽儲實，牛馬穀帛不可勝計。」〔註69〕但他不願進入城池攻防戰，因為物資必有用完之時，且梁軍遠到作戰，後勤補給不易，一旦陷入攻城戰泥沼，戰況對梁軍不利，故陳慶之欲利用魏軍立足未穩，尚未佈署攻城行動前，率先發動逆襲，「慶之率騎三千背城逆戰，大破之，魯安於陣乞降，元天穆、尒朱吐沒兒單騎獲免。」〔註70〕從元天穆僅以單騎走免可知魏軍幾已全軍覆沒。當陳慶之攻陷洛陽外圍三重鎮之一的滎陽後，決定乘勝追擊，移師伐虎牢。虎牢關乃護衛洛陽的雄關，易守難攻，有一夫當關萬夫莫敵之險，守將尒朱世隆若據關而守，即便未能阻過梁軍前進，亦能遲滯其步伐。然尒朱世隆雖是尒朱榮從弟，卻未有他的勇猛與韜略，竟懼於陳慶之聲威，未予抵抗便棄城而走，梁軍輕而易舉攻佔虎牢，《魏書·尒朱世隆傳》：〔註71〕

> （尒朱世隆）鎮虎牢。世隆不關世事，無將帥之略。（元）顥既克滎陽，擒行臺楊昱，世隆懼而遁還。莊帝倉卒北巡，世隆之罪也。

尒朱世隆棄守虎牢後，洛陽外圍三鎮已失其二，僅剩尒朱世承鎮守的崿岅。而尒朱世隆撤離虎牢時，竟未通知尒朱世承，「世隆棄虎牢，不暇追告，尋為元顥所擒，欒殺之。」〔註72〕孤軍作戰的尒朱世承戰敗被殺。自此，滎陽、虎牢、崿岅三鎮均遭梁軍攻佔，洛陽門戶洞開，魏孝莊帝不得已出城北逃。虎牢、崿岅的失守，尒朱世隆須負最大責任，滎陽雖遭梁軍攻陷，但畢竟經過激烈的攻防。滎陽失守後，尒朱世隆應堅守虎牢，與崿岅形成防線鞏固洛陽，不料他卻未戰先退，導致崿岅孤立遭梁軍攻陷，洛陽失陷遂不可免，無怪乎史書評論「莊帝倉卒北巡」皆「世隆之罪也。」梁軍於五月正式佔領洛陽城，「丙子，元顥入洛。」〔註73〕此前劉宋、南齊二朝與北魏長年爭戰，均

〔註68〕《資治通鑑》卷153〈梁紀九〉，武帝中大通元年，頁4759。
〔註69〕《梁書》卷32〈陳慶之傳〉，頁462。
〔註70〕《梁書》卷32〈陳慶之傳〉，頁461～462。
〔註71〕《魏書》卷75〈尒朱世承傳〉，頁1668。
〔註72〕《魏書》卷75〈尒朱世承傳〉，頁1671。
〔註73〕《魏書》卷10〈孝莊紀〉，頁262。另《梁書》卷3〈武帝紀下〉，頁73載：「乙

未能攻入北魏中心地帶，遑論攻佔都城洛陽，而陳慶之率領梁軍長驅直入攻陷洛陽，「自發銍縣至于洛陽十四旬，平三十二城，四十七戰，所向無前。」〔註74〕使南梁的北伐作為達到空前成就。

（三）北魏收復洛陽

529年（魏永安二年、梁中大通元年）五月梁軍攻佔洛陽後，北魏由元天穆發動第一波收復行動：〔註75〕

> 魏大將軍上黨王元天穆、王老生、李叔仁又率眾四萬，攻陷大梁，
> 分遣老生、費穆兵二萬，據虎牢，刁宣、刁雙入梁、宋，慶之隨方
> 掩襲，並皆降款。天穆與十餘騎北渡河。

魏軍收復大梁（陳留）、梁國（睢陽），而虎牢在費穆急攻下，戰況對梁軍不利，洛陽情勢告急。元顥見魏軍大舉來攻，急遣陳慶之回擊，而元天穆竟懼於陳慶之威名，不敢與其正面交鋒，領軍北渡黃河，造成河南魏軍頓失領導中樞，被陳慶之各個擊破，「費穆攻虎牢，將拔，聞天穆北渡，自以無後繼，遂降於慶之。慶之進擊大梁、梁國，皆下之。」〔註76〕洛陽情勢逐轉危為安。

北魏首度收復洛陽的嘗試雖然失敗，但是第二波行動隨即在尒朱榮的領導下展開。尒朱榮和元天穆分別在長子（今山西長治）、河內（今河北定興）先後和魏孝莊帝會合，「太原王尒朱榮會車駕於長子，即日反旆。上黨王天穆北渡，會車駕於河內。」〔註77〕其他各路魏軍也分別向尒朱榮集中，「旬日之間，兵馬大集，資糧器仗，繼踵而至。」〔註78〕魏軍聲勢浩大直趨洛陽。反觀梁軍內部卻產生分裂，元顥入洛陽後，「改稱建武元年。」〔註79〕以北魏君主自居，但是他並未積極進行善後和安撫工作，反而貪圖安逸縱情享受。當時在他身旁有一批北魏降臣，以安豐王元延明、臨淮王元彧為代表，他們鼓動元顥叛梁自立，並排擠陳慶之，不願梁武帝增派軍隊援助洛陽。陳慶之認

亥，元顥入洛陽。」有一天之誤差。另據《資治通鑑》卷153〈梁紀九〉，武帝中大通元年，頁4760載：「丙子，顥入洛陽宮。」《魏書·孝莊紀》與《資治通鑑》均載元顥丙子入洛陽，僅《梁書·武帝紀》書乙亥日，今從《魏書》、《資治通鑑》。

〔註74〕　《梁書》卷32〈陳慶之傳〉，頁462。
〔註75〕　《梁書》卷32〈陳慶之傳〉，頁462。
〔註76〕　《資治通鑑》卷153〈梁紀九〉，武帝中大通元年，頁4761。
〔註77〕　《魏書》卷10〈孝莊紀〉，頁262。
〔註78〕　《魏書》卷74〈尒朱榮傳〉，頁1652。
〔註79〕　《魏書》卷21上〈獻文六王上·北海王詳附子顥傳〉，頁565。

為「洛下南人不出一萬，羌夷十倍。」〔註80〕且洛陽戰雲密佈，各路魏軍逐漸向洛陽周遭靠攏，北魏必然傾全力收復洛陽，爆發大戰勢所必然，因此需請梁武帝增派援軍始可抵禦魏軍進攻，於是希望元顥奏請梁武帝增兵洛陽，元顥原欲從之，不料卻遭元延明反對：〔註81〕

> 元延明說顥曰：「陳慶之兵不出數千，已自難制；今增其眾，寧肯復為用乎？權柄一去，動轉聽人，魏之宗社，於斯而滅。」顥由是致疑，稍成疏貳。慮慶之密啟，乃表高祖（梁武帝）曰：「河北、河南一時已定，唯尒朱榮尚敢跋扈，臣與慶之自能擒討。今州郡新服，正須綏撫，不宜更復加兵，搖動百姓。」高祖遂詔眾軍皆停界首。

元延明這批北魏降臣，其目的是要排除南梁勢力，擁護元顥為北魏主。前文已述，元顥和魏孝莊帝繼承皇位的資格與血統均相同，但是魏孝莊帝乃尒朱榮擁立，遂造成北魏朝廷權臣專擅局面，因此以元延明、元彧為首的政治勢力，冀望元顥與魏孝莊帝爭正統，排除尒朱氏的勢力，重新建立以北魏皇室為核心的北魏王朝。而陳慶之統領七千梁軍便能發揮如此大的戰力，屢敗魏軍一路北進，輕易攻佔洛陽，若再讓梁武帝遣軍增援，則陳慶之的力量將更形壯大，元顥勢必無法脫離南梁的控制而成為傀儡政權，故不能讓梁武帝增派更多軍隊開赴洛陽。

當時洛陽的戰略態勢不利於南梁，陳慶之見增軍無望，而尒朱氏的主力已雲集河北，準備展開收復洛陽的行動，故需有人在河北佈防阻擋北魏大軍；另一方面也為避開和元延明的政治紛爭，遂獨自率軍北渡，固守黃河北岸的北中郎城，北中郎城遂成為梁軍在黃河以北的唯一據點。至於洛陽防務，元顥交由其子元冠受和元延明負責，元冠受的部隊主要是南梁北伐軍，而元延明率領的是原北魏軍隊。尒朱榮的攻擊箭頭先指向北中郎城，但是在陳慶之的堅守下，魏軍多次進攻皆遭擊退，且死傷不少，「三日中十有一戰，傷殺甚眾。」〔註82〕尒朱榮見久攻不下竟有退兵之念，但遭勸阻，「（尒朱榮）議欲還北，更圖後舉。黃門郎楊侃、高道穆等並謂大軍若還，失天下之望，固執以為不可。」〔註83〕於是尒朱榮改變戰略，避開陳慶之的北中郎城，遣尒朱

〔註80〕《梁書》卷32〈陳慶之傳〉，頁463。
〔註81〕《梁書》卷32〈陳慶之傳〉，頁462～463。
〔註82〕《梁書》卷32〈陳慶之傳〉，頁463。
〔註83〕《魏書》卷74〈尒朱榮傳〉，頁1652。

兆、賀拔勝繞道渡黃河逕攻洛陽，洛陽攻防戰於焉展開：〔註84〕

　　（元）顥子領軍將軍（元）冠受率馬步五千拒戰，（尒朱）兆大破之，
　　臨陳擒冠受。（元）延明聞冠受見擒，遂自逃散，顥便率麾下南奔。

元延明率領的原北魏軍隊，對元顥的洛陽政權原本向心力即不強，現見魏孝莊帝率大軍反攻，意志不堅當可想見，故與魏軍之戰鬥大多由梁軍承擔，而此戰戰況激烈，據《洛陽伽藍記》載：「五月，北海王入洛，莊帝北巡。七月，北海大敗，所將江淮子弟五千，盡被俘虜，無一得還。」〔註85〕由上述引文可知，陳慶之率領的七千梁軍，他將五千主力交給元顥防守洛陽，自己率二千防守北中郎城。

　　元顥見戰況不利逃出洛陽，「顥率帳下數百騎及南兵勇健者，自輾轅而出。至臨潁，顥部騎分散，為臨潁縣卒所斬。」〔註86〕其洛陽政權僅維持兩個月便告覆滅。〔註87〕魏軍收復洛陽後，此時尚在北中郎城的陳慶之便成為敵後孤軍，當他得知洛陽大敗後，率軍急撤，遭尒朱榮率軍截擊：〔註88〕

　　慶之馬步數千，結陣東反，（尒朱）榮親自來追，值嵩高山水洪溢，
　　軍人死散。慶之乃落鬚髮為沙門，間行至豫州，豫州人程道雍等潛
　　送出汝陰。至都，仍以功除右衛將軍，封永興縣侯，邑一千五百戶。

據上引文可知梁軍全軍覆沒，僅陳慶之一人落髮偽裝成和尚回到建康，梁武帝的北伐成果喪失殆盡，不過能攻佔洛陽對梁武帝與陳慶之而言皆屬莫大功績。

三、戰略檢討

　　南梁能在北強南弱態勢下，利用北魏內部動亂之機，以七千兵力便能一路北進，攻佔北魏都城洛陽，創造南北對抗中南朝的不世之功，不過，卻是得城而無法久守，魏軍兩個月後即告收復，南梁倏而成功、倏而失敗的原因何在，實有必要對南梁的整體戰略加以檢討。至於北魏，在綜合國力、軍力均優於南梁情況下，竟然會失去都城，雖然最終擊潰梁軍光復洛陽，但先敗後勝、洛陽失而復得的戰略運籌過程，亦需檢討，現將北魏、南梁的戰略檢討解析如下。

〔註84〕《魏書》卷74〈尒朱榮傳〉，頁1652。
〔註85〕楊衒之著、劉九洲注譯，《洛陽伽藍記》卷2〈城東·平等寺〉，頁173。
〔註86〕《魏書》卷21上〈獻文六王上·北海王詳附子顥傳〉，頁565。
〔註87〕《梁書》卷32〈陳慶之傳〉，頁463載：「（元）顥據洛陽六十五日。」
〔註88〕《梁書》卷32〈陳慶之傳〉，頁463。

（一）梁武帝戰略目標模糊

　　梁武帝之所以命陳慶之率軍北伐，並非出自於其強烈的主觀意志，而是一個特殊的機緣得以乘勢利用：〔註89〕

　　　　大通初，魏北海王元顥以本朝大亂，自拔來降，求立爲魏主。高祖
　　　　（梁武帝）納之，以慶之爲假節、飈勇將軍，送元顥還北。

換言之，若非河陰之變後北魏一干宗室、大臣、將領降梁，強化梁武帝用兵北魏的動力，欲讓梁武帝進攻北魏，雖不可謂機率全無，但肯定不高，這從三個地方可以看出，首先：梁武帝交付陳慶之北伐的兵力僅有七千，〔註90〕若他有積極北伐的意願，斷不可能僅出動七千兵馬，必然是多路大軍齊發，派宗室或良將爲總指揮節制各路部隊，七千兵力投入邊關衝突或許可以，區域戰爭都嫌不足，何況北伐！其次：陳慶之在南梁名不見經傳，在軍界名聲不顯亦無百戰軍功，雖然在 525 年（梁普通六年、魏孝昌元年）六月豫章王蕭綜以彭城降魏事件中，梁軍遭受魏軍攻擊一片潰敗，只有陳慶之所部獲得保全；以及 527 年（梁大通元年、魏孝昌三年）十月渦陽之戰大敗魏軍，〔註91〕但這都是南北常見的邊界衝突與區域戰爭，梁武帝以陳慶之在這兩戰建立的聲名，即拔擢他爲北伐統帥，稍嫌冒險。最後：陳慶之攻佔洛陽後向梁武帝請求增派援軍入洛，而梁武帝竟聽信元顥之言未再繼續投入兵力，最終造成洛陽失守的局面，何以梁武帝未採陳慶之之言，啓人疑竇，令人不禁懷疑梁武帝北伐的企圖與決心。

　　綜合上述，從兵力、主帥、增援洛陽三個層面來看，梁武帝的北伐並未有明確的戰略目標，其初始信念是利用元顥的元宗室身份與魏孝莊帝爭位，製造北魏內部的分裂與動盪，因此並未有發動大規模戰爭的企圖，也未具佔領洛陽的決心，他僅想利用元顥爲政治招牌北伐，能攻佔北魏多少城池、取得多少土地便是收獲，即便甫與魏軍接觸即敗退，對南梁而言並無損失，梁武帝會有這種戰略思考，應是著眼於北魏各地動亂不斷，在內憂如此嚴重情況下，實難對南梁用兵，故不必擔心北魏對南梁的反撲。是故梁武帝的北伐，不論梁軍與魏軍接戰的順利與否，至少南梁不會有太大的損失。也因此，梁

〔註89〕《梁書》卷 32〈陳慶之傳〉，頁 461。
〔註90〕參見《梁書》卷 32〈陳慶之傳〉，頁 461。
〔註91〕關於陳慶之在「彭城之役」與「渦陽之戰」的優異表現，參見筆者著，〈陳慶之在蕭梁軍事上的貢獻與影響〉，《實踐博雅學報》，第 24 期，2016 年 7 月，頁 11～32。

武帝僅想乘勢北伐奪取利益，並無全力北伐的企圖與決心，故首要在避免損失，僅動用七千兵馬而非發動數萬甚至數十萬大軍，領軍主將亦非沙場老將，其思考點在於若是動員大軍遭致慘敗或優秀的將領陣亡，對南梁而言都是一大損失，換言之，選擇一位甫嶄露頭角將領率七千兵馬北伐，即便損失，當是梁武帝可接受的範圍內。

其實不妨用另一種角度思考，梁武帝未對北魏發動全面性的北伐，在於南梁的國力並未足以滅亡北魏，這恐怕也是梁軍佔領洛陽後，梁武帝未續增援軍的原因之一。即使梁武帝應陳慶之要求派大軍開赴洛陽，繼續在北魏境內攻城掠地，甚至滅亡北魏，然而在北魏亡後，梁武帝首先要面臨的是各地亂事，依當時南梁的國力，是否有能力鎮壓各地動亂？再者，北魏新滅之餘，原北魏政治勢力必然不斷對抗各地梁軍，如元宗室或尒朱氏等地方實力派，梁武帝需從南梁境內調動大批軍隊鎮壓上述各地動亂與北魏政治勢力，勢必引起南梁上下激盪，且大批梁軍北調，南梁境內武力空虛，是否會引起蠻族動亂或其他政治力量乘機而起，均未可知。因此，乘北魏內部自顧不暇之際，以少數兵力乘機攻佔城戍與土地，避免成為全國大戰，當是梁武帝主要的戰略思維。雖然梁武帝北伐的戰略目標模糊不夠明確，卻也讓其進退之間有彈性運用的空間，佔領洛陽後可思考是否繼續擴大戰爭亦或限縮戰爭規模，而梁武帝選擇了後者，無疑的，趁北魏內亂攫取符合南梁的利益，對梁武帝而言是當時最佳的方式。

（二）南梁北伐軍成份複雜

陳慶之率領的南梁北伐軍，組織成份複雜，約可分為三部：第一是由陳慶之直領的七千梁軍，這支兵馬是南梁北伐軍的主力，也是最初、最核心的部隊。第二是北海王元顥的舊部，元顥乃元宗室，曾任職中央、地方文武要職，據《魏書·元顥傳》載其經歷過的官職有：〔註92〕

> 龍驤將軍、通直散騎常侍。轉宗正卿、光祿大夫、長兼宗正卿、散騎常侍、平東將軍。轉都官尚書，加安南將軍。出除散騎常侍、撫軍將軍、徐州刺史。……以本將軍加使持節、假征西將軍、都督華幽東秦諸軍事、兼左僕射、西道行臺。……進號征西將軍。又除尚書右僕射，持節、行臺、都督如故。尋遷車騎大將軍、儀同三司。……

〔註92〕《魏書》卷21上〈獻文六王上·北海王詳附子顥傳〉，頁564。

> 武泰初，以（元）顥爲侍中、驃騎大將軍、開府儀同三司、相州刺
> 史以禦（尒朱）榮。

梁武帝送元顥回北魏之目的，即是欲以其名望爲號召，據上引文可知其門生故舊遍天下，在北魏有一定號召力，而在元顥北進過程中，陸續有不少舊部來附，這也是他入主洛陽的基礎，而他的稱帝，也是得到這些舊部擁戴。第三是新降勢力，梁軍北伐一路攻陷的城戍如睢陽、考城、滎陽、虎牢、崿岅等城戍，都有不少北魏降將、士兵，進入洛陽後更多，如安豐王元延明、臨淮王元彧等人，這些降臣降將，皆領有不少原北魏軍隊。

南梁北伐之始，元顥乃寄人籬下，需靠梁軍護持，但是隨著一連串勝利，投降的魏軍愈來愈多，而其舊部也紛紛來歸，人數逐漸超越梁軍的七千人，於是量變產生質變，元顥的舊部及新降勢力，自然傾心於他，不可能完全服膺陳慶之的指揮，更排擠陳慶之爭奪主控權，也才有反對陳慶之請求梁武帝增派援軍之舉。

南梁北伐軍未有統一指揮亦是一大問題，主因在元顥與陳慶之的定位模糊，導致指揮權紊亂。按理元顥乃依靠南梁庇護始能重返北魏並進入洛陽，護衛他的陳慶之領有七千梁軍，故應有軍事指揮權。然而隨著元顥的建元稱帝，以及投降或歸附的北魏降軍、降臣愈來愈多，使他儼然以實權君主自居，封「慶之爲侍中、車騎大將軍、左光祿大夫，增邑萬戶。」〔註 93〕這些封賜動作應是梁武帝所爲，元顥不過是南梁所立的傀儡政權，現竟主客易位。陳慶之面對這種局勢，選擇了隱忍並未與元顥直接對抗，他率部份軍隊北渡黃河固守北中郎城，洛陽城內防務則由元顥負責，使南梁北伐軍的軍事指揮權一分爲二。

軍隊組成複雜及未有統一指揮亦是這次南梁北伐失利的主要因素，原北魏軍隊及政治勢力必然忠於元顥，他們與梁軍並無一致的戰略目標，甚至可說是隱約對立。而指揮權也因元顥的介入，使陳慶之無法統領包含原北魏軍隊在內的全部南梁北伐軍，南梁在軍隊無法齊心、指揮權無法專一的情況下，欲繼續開拓北伐成果，自然極爲困難。

（三）梁軍進攻的戰略與戰術

梁軍的進攻戰術完全取決於其主帥陳慶之，陳慶之並非將門之後也無任

〔註93〕《梁書》卷 32〈陳慶之傳〉，頁 461。

何兵學淵源，因此他領兵作戰，多是正面對決，少見其他戰術之運用，諸如：截斷糧道或燒毀糧草、運用內應、佯敗引魏軍追殺再設伏襲擊、引誘魏軍至設置好的陣形等。在與魏軍戰鬥較激烈的睢陽、考城、滎陽等城戍爭奪戰中，陳慶之都是採取正面衝突直接對決，尤其在考城一役，築土壘至與城高時強行攻城，最終順利攻下考城。一般而言，正面對決是在己方具優勢兵力，為求快速殲滅對方而採取的作戰方式，但是陳慶之在上述多場戰役中，兵力均處劣勢，與優勢兵力的魏軍正面廝殺，容易遭對方殲滅，但是梁軍卻能屢戰屢勝，在於梁軍的氣勢與指揮官的信念。

　　就梁軍的氣勢而言，其關鍵在指揮官的作戰方式。在北強南弱格局及魏軍鐵騎勇猛剽悍情況下，魏軍往往都是正面對決的一方，以往南朝將領除非己方兵力佔優勢，否則鮮少與魏軍正面作戰。是故魏軍未曾意料兵力弱勢的梁軍竟然採正面進攻，《孫子兵法》有云：「故兵無成勢，無恆形。」〔註94〕用兵沒有一成不變的戰場態勢，亦無恆常不移的作戰方法。陳慶之勇於突破以往南朝軍隊對魏軍作戰的窠臼，沒有任何迂迴、側襲，直接進攻魏軍正面，一開始魏軍被陳慶之的氣勢威嚇而敗戰，無形中也建立陳慶之的威望，爾後魏軍再與陳慶之的部隊作戰時，心理上難免會有壓力。而當梁軍在陳慶之的領導下與魏軍多次正面衝突皆獲勝利時，自然形成一股威望及氣勢，魏軍與他作戰往往氣先衰，才會發生元天穆據守虎牢時，因懾於陳慶之的威勢，不敢與之交鋒而棄守出逃的情況。

　　至於指揮官的信念，則是陳慶之求勝的信念。一般為官為將者，作決策時往往會有政治算計，如考慮朝廷、官場同僚等因素，當然，最重要的是自己的升遷。陳慶之在前面二十餘年與梁武帝下棋的生涯中，史籍未見他向梁武帝爭取任何官職，因此他的信念單純，反映在戰爭上，僅有一個贏的信念，不需考慮戰敗後面對各方的批判與攻擊，以及為應付各個政治勢力而在戰爭行動上有所妥協，甚至思考到勝敗對自己仕途的影響，這些在具政治算計將領身上常出現的情況並未在陳慶之的身上出現，也因如此，陳慶之的戰爭頭腦相當簡單，即是「贏」，不會有其他的想法影響他對戰爭的思考。

　　不過，在陳慶之這種信念帶領下的梁軍直接與魏軍正面對決，不可否認的帶有冒險的成份，一旦戰敗，很容易全軍覆沒，陳慶之亦有可能陣亡，梁武帝遣陳慶之率七千梁軍北伐時是否有思考此問題！事實上，梁武帝已對損

〔註94〕孫武著、吳仁傑注譯，《孫子讀本》〈虛實篇第六〉，頁44。

害進行控管，首先：即使七千將士全部陣亡，對南梁損失並不大，當在可接受範圍內。其次：前文已述，陳慶之並非戰功彪炳的沙場老將，一旦折損亦不會對南梁軍界產生重大影響。而從戰爭後續的發展可觀察出梁武帝的戰略思維與對上述問題的思考，當陳慶之佔領洛陽向梁武帝請求增派援軍時，表面上看是梁武帝在元顥和陳慶之之間選擇相信前者而未派軍增援，即便當時南梁朝臣強烈要求梁武帝遣軍赴洛，如中書黃門侍郎王規曰：「我孤軍無援，深入寇境，威勢不接，餽運難繼，將是役也，為禍階矣。」〔註95〕可是梁武帝不為所動，仍聽信元顥的說法，「今州郡新服，正須綏撫，不宜更復加兵，搖動百姓。」〔註96〕讓陳慶之在洛陽陷入孤軍作戰的困境，何以如此，這牽涉到梁武帝的戰略思維。若再遣大軍北上，勢必與尒朱榮在黃河北岸逐漸集結的大軍對戰，屆時一旦戰敗，包含有生力量、兵仗、物資等各項損失，以之與七千梁軍的損失相較，其差距不可謂不大。若梁武帝的戰略思維是以最少的代價趁機掠奪北魏的城戍與土地，他不願再出兵赴洛當可理解，但是七千梁軍有可能全部犧牲，這對一國之君梁武帝的仁德而言，不免有損。

陳慶之北伐的失敗，戰術層面雖有冒險的成份，但就過程而言帶給北魏極大的震撼，而最後的結果則是洛陽遭北魏奪回，南梁北伐成果盡皆喪失，其中最大的原因在於未能及時支援。不論是梁武帝聽信元顥之言，或不願投入更多軍隊避免造成更大犧牲的戰略思維，都無法改變陳慶之在洛陽陷入孤軍作戰的困境。事實上，這七千將士都是南梁子民，梁武帝不願發大軍前往，至少應遣部份軍隊支援，以便在面對北魏大軍反撲時，能掩護梁軍撤退保全實力。呂思勉對此批判梁武帝曰：「一遣慶之，遂無後繼，此其舉措，所以為荒謬絕倫也。」〔註97〕其評論堪稱允當。

（四）北魏先安內後擴外的戰略選擇

魏孝莊帝自528年（魏永安元年、梁大通二年）四月依尒朱榮之力即帝位並進入洛陽以來，便面對一連串的內部動亂，光是該年據《魏書·孝莊紀》所載，規模較大之亂事有：四月，「郢州刺史元願達據城南叛。」〔註98〕六月，「南荊州刺史李志據城南叛。」〔註99〕「通直散騎常侍高乾邕及弟等，

〔註95〕《梁書》卷41〈王規傳〉，頁582。
〔註96〕《梁書》卷32〈陳慶之傳〉，頁462～463。
〔註97〕呂思勉，《兩晉南北朝史》第十二章〈元魏亂亡〉，頁526。
〔註98〕《魏書》卷10〈孝莊紀〉，頁257。
〔註99〕《魏書》卷10〈孝莊紀〉，頁258。

率合流民、起兵於齊州之平原，頻破州軍。」〔註100〕「幽州平北府主簿河間邢杲，率河北流民十餘萬戶反於青州之北海，自署漢王。」〔註101〕七月，「光州人劉舉聚眾數千反於濮陽，自稱皇武大將軍。是月，高平鎮人万俟醜奴僭稱大位，署置百官。」〔註102〕八月，「太山太守羊侃據郡引蕭衍將軍王辯攻兗州。」〔註103〕至於葛榮之亂，九月時雖然大致平定，「柱國大將軍尒朱榮率騎七萬討葛榮於滏口，破擒之，餘眾悉降。冀、定、滄、瀛、殷五州平。……以平葛榮，大赦天下。」〔註104〕但其餘黨如韓樓等人仍不時為亂。上述叛亂雖賴尒朱氏集團武力平定不少，但仍有不少勢力較大者，於南梁十月發動北伐時仍難以平定，如邢杲、羊侃、韓樓等亂事，且又爆發新的動亂，如燕州王慶祖之亂，使北魏同時面臨內憂外患。

　　當陳慶之率七千梁軍開始北伐時，雖然一開始即攻佔銍縣、滎城等城戍，但是北魏朝廷對這支南梁的小型部隊並未重視，仍然以邊區衝突視之，認為不需多久即會遭各地北魏駐軍擊退，尒朱氏集團的首腦人物普遍持這種看法，《魏書·尒朱榮傳》：「北海王元顥南奔蕭衍，衍乃立為魏主，資以兵將。時邢杲寇亂三齊，與顥應接。朝廷以顥孤弱，不以為慮。」〔註105〕上黨王元天穆當時正要征討邢杲，而梁軍已開始北進，究竟要先抵禦梁軍或先討平邢杲，元天穆曾召集僚佐討論：〔註106〕

　　　　元天穆討邢杲也，以（薛）琡為行臺尚書。時元顥已據鄴城。天穆
　　　　集文武議其所先。議者咸以杲眾甚盛，宜先經略。琡以為邢杲聚眾
　　　　無名，雖強猶賊；元顥皇室昵親，來稱義舉，此恐難測。杲鼠盜狗
　　　　竊，非有遠志，宜先討顥。天穆以羣情所欲，遂先討杲。

元天穆的僚佐及部將大多認為梁軍之入寇實不足為慮，而邢杲勢盛且日漸坐大，宜先用兵邢杲。不過亦有遠見者看出元顥與邢杲的不同，薛琡認為元顥具元宗室身分，其志向非邢杲雞鳴狗盜之輩可比，但薛琡之看法並非主流意見，元天穆最終採眾人之意先進攻邢杲，待平定邢杲後再「還師擊（元）顥，

〔註100〕《魏書》卷10〈孝莊紀〉，頁258。
〔註101〕《魏書》卷10〈孝莊紀〉，頁258。
〔註102〕《魏書》卷10〈孝莊紀〉，頁259。
〔註103〕《魏書》卷10〈孝莊紀〉，頁260。
〔註104〕《魏書》卷10〈孝莊紀〉，頁260。
〔註105〕《魏書》卷74〈尒朱榮傳〉，頁1651～1652。
〔註106〕〔唐〕李百藥，《北齊書》（中華書局點校本）卷26〈薛琡傳〉，頁370。

逐引兵東出。」〔註107〕

　　北魏面臨的是先安內或攘外的戰略選擇，就當時的主政者尒朱榮而言，內亂和外患何者為先，端賴其對北魏的危害程度。七千梁軍就一般魏人的戰略認知，大都認為無法對北魏國防形成威脅，而羊侃、邢杲等幾股大的叛亂勢力，若未先予以鎮壓，一旦讓其坐大將會引爆連鎖效應，導致各地亂事烽起，此從魏孝明帝時六鎮之亂引爆各地動亂的結果即可知曉，故基於歷史經驗與教訓，決定先平內憂後再應付南梁的入寇，對於陳慶之的北伐，由各地駐軍先行抵禦即可。於是尒朱榮開始調兵遣將鎮壓羊侃、邢杲、韓樓、王慶祖等亂事，韓樓乃葛榮餘黨，為防其死灰復燃，遣「大都督侯淵討韓樓於薊。」〔註108〕命行臺崔孝芬、大都督刁宣等將攻打羊侃；〔註109〕派元天穆討伐邢杲；自己率軍征討王慶祖。不過就在尒朱榮分遣各將領至各地鎮壓亂事時，梁軍竟勢如破竹攻克各城戍，最後更攻陷都城洛陽，大出尒朱榮意料。

　　其實就當時的戰略態勢而論，在尒朱榮主導下的北魏國家戰略，訂定先安內後攘外的用兵順序，原無可厚非。若是先攘外後安內，先調動大軍對抗梁軍，則內部動亂在無優勢兵力鎮壓下，恐會如薪火燎原般蔓延開來，重蹈前朝覆轍。而從魏孝明帝延續至魏孝莊帝的各地動亂，在尒朱氏集團武力的強力鎮壓下，已逐漸平息，尒朱榮必然不願這些動亂再死灰復燃，故他認為內亂對北魏的威脅遠比梁軍入侵來的嚴重，只不過始料未及的是梁軍竟一路乘勝北進。當戰略制定後，欲中途改變實有困難，因其牽涉軍隊的調動、後勤的支援、將領的調派等，故當梁軍攻下滎陽進逼洛陽時，尒朱榮欲調遣部隊轉換戰略目標救援洛陽實有難度，一旦抽掉部隊回師救援，則原來的叛軍壓力一鬆，恐會乘勢坐大，若救援洛陽失敗，則兩邊任務均無法達成，故唯有討平亂事再馳援洛陽，「永安二年（529、梁中大通元年）春，詔大將軍元天穆先平齊地，然後回師征（元）顥。」〔註110〕詔書雖是魏孝莊帝所下，但內容其實是尒朱榮之意志。

　　528年（魏永安元年、梁大通二年）十一月「癸亥，齊獻武王（高歡）、行臺于暉，與徐兗行臺崔孝芬、大都督刁宣大破羊侃於瑕丘，侃奔蕭衍。兗

〔註107〕《資治通鑑》卷153〈梁紀九〉，武帝中大通元年，頁4758。
〔註108〕《魏書》卷10〈孝莊紀〉，頁263。
〔註109〕參見《魏書》卷10〈孝莊紀〉，頁261。
〔註110〕《魏書》卷74〈尒朱榮傳〉，頁1652。

州平。」〔註111〕次年二月，尒朱榮於上黨擒獲王慶祖，燕州亂平。〔註112〕四月「辛丑，上黨王天穆、齊獻武王大破邢杲於齊州之濟南，杲降，送京師，斬於都市。」〔註113〕當羊侃、王慶祖、邢杲等亂事逐漸剿滅之際，尒朱榮開始部署對梁軍的反擊行動。他先命元天穆率所屬救援滎陽，拱衛洛陽外圍防線，詎料，他竟畏懼陳慶之聲威不戰而逃，致使洛陽淪陷。但尒朱榮還是在河北會集各路魏軍，一舉收復洛陽，全殲梁軍，由此可見，先安內後攘外的戰略決定，不僅將內部動亂平定大部，也收復洛陽令梁軍全軍覆沒，就結果而言未有太大的過失。

　　北魏先安內後攘外的戰略雖然符合當時的戰略形勢，但過程中有一項因素讓尒朱榮無法掌控，即各地魏軍無法抵抗梁軍的進攻而節節敗退。事實上，魏孝莊帝時北魏面臨的南北戰略格局已與魏孝明帝時有很大不同，但是尒朱榮顯然並未察覺。梁武帝利用北魏六鎮之亂的變局，對其南部邊區發動攻勢，雙方爭戰於淮河沿線，當時南梁勢力尚無法完全跨越淮河，而淮南卻有北魏勢力插足其間。不過隨著南梁在 526 年（魏孝昌二年、梁普通七年）十一月攻克壽春；〔註114〕528 年（魏永安元年、梁大通二年）四月佔有義陽，〔註115〕至此南梁全數控有淮南四鎮：義陽、壽春、鍾離、盱眙，更以此為基礎向淮北伸展勢力，北魏勢力退至淮河已北。換言之，北魏與南梁的勢力在淮河地區發生翻轉，原淮北屬北魏勢力範圍，並可藉壽春、義陽等軍事重鎮威脅南梁，如今北魏在淮南已無立足點，南梁勢力更跨越淮河向北拓展。然而這項事實尒朱榮並未嚴肅看待，相信其他將領亦是如此，才使陳慶之北伐能連克各城戍一路北進。若尒朱榮清楚認知南北形勢已發生變化，雖仍是採行先平內亂、再禦南梁的先安內後攘外戰略，但是可嚴命各邊區守將嚴加戒備，強化魏軍將士對梁軍的危機意識，相信即使未能阻擋梁軍北進，但至少可拖延其行軍步伐，或許可在梁軍進攻洛陽前，各路魏軍已敉平亂事轉進洛陽，洛陽當不致淪陷。

〔註111〕《魏書》卷 10〈孝莊紀〉，頁 261。
〔註112〕《魏書》卷 10〈孝莊紀〉，頁 261。
〔註113〕《魏書》卷 10〈孝莊紀〉，頁 261。
〔註114〕「夏侯亶、胡龍牙、元樹、曹世宗等眾軍剋壽陽城。」《梁書》卷 3〈武帝紀下〉，頁 70～71。
〔註115〕「魏郢州刺史元願達以義陽內附，置北司州。」《梁書》卷 3〈武帝紀下〉，頁 72。

（五）尒朱榮的堅持到底

尒朱榮在黃河北岸匯整大軍進攻洛陽，雖然擁有兵力優勢，初期交戰也斬殺元顥的將領，「顥都督宗正珍孫、河內太守元襲固守不降，（尒朱）榮攻而克之，斬珍孫、元襲以徇。」〔註116〕但是北岸的北中郎城因陳慶之的固守屢攻不下，待改變戰略繞道北中郎城逕攻洛陽時，卻發覺安豐王元延明緣河據守。由於魏軍未有舟船渡河，尒朱榮遂有暫且退兵再圖後舉之念，「黃門郎楊侃、高道穆等並謂大軍若還，失天下之望，固執以爲不可。」〔註117〕楊、高二人認爲：〔註118〕

> 若今即還，民情失望，去就之心，何由可保？未若召發民材，惟多縛筏，間以舟楫，沿河廣布，令數百里中，皆爲渡勢。首尾既遠，（元）顥復知防何處，一旦得渡，必立大功。

尒朱榮聽完上述建言與分析後，幡然醒悟，命「車騎將軍尒朱兆與大都督賀拔勝縛材爲筏。」〔註119〕並利用夜色掩護自馬渚西硖石渡河，果然一舉成功，大敗元延明及元冠受的洛陽守軍，順利收復洛陽。

尒朱榮的堅持到底，對北魏能收復洛陽並殲滅梁軍絕對居關鍵地位，試想，若尒朱榮就此退兵以圖再舉，洛陽城內局勢的變化及梁武帝戰略思維的轉變，皆無法預料。一旦朝北魏最不利的方向進行，其一：元顥開始振作，不但整合各政治勢力，更收攬人心恢復社會秩序，對比魏孝莊帝和尒朱榮卻撤軍離開洛陽，不免大失洛陽城內人心，兩相對照之下，元顥有可能取代魏孝莊帝成爲北魏眾望所歸的君主。其二：梁武帝改變不便派軍增援的戰略思維，遣軍赴援洛陽，如此一來，南梁在洛陽的戰力提升，又有陳慶之的領導，尒朱榮欲重整魏軍再奪取洛陽，恐面臨更大的挑戰，魏軍士兵的犧牲也會更大。是故爲了排除上述情況的發生，就必須堅持到底不能輕易退兵。

在北魏大軍與洛陽梁軍對決前，尒朱榮已派出另一支兵馬切斷梁軍後退之路，「行臺崔孝芬、大都督刁宣破元顥後軍都督侯暄於梁國（睢陽），斬之，擒其卒三千人。」〔註120〕睢陽被魏軍所佔，也是梁軍全軍覆沒的原因之一，蓋因此處乃梁軍後撤的必經之道。假設尒朱榮暫且先退兵，難保元顥不會在

〔註116〕《魏書》卷74〈尒朱榮傳〉，頁1652。
〔註117〕《魏書》卷74〈尒朱榮傳〉，頁1652。
〔註118〕《魏書》卷58〈楊播附子侃傳〉，頁1283。
〔註119〕《資治通鑑》卷153〈梁紀九〉，武帝中大通元年，頁4765。
〔註120〕《魏書》卷10〈孝莊紀〉，頁262。

洛陽危機暫時解除後，將睢陽列爲戰略目標派兵收復；或梁武帝遣軍進攻藉以鞏固洛陽後防。如此一來，在睢陽的魏軍須同時應付洛陽與南梁的軍事威脅，也無法和河北的北魏大軍相呼應，故尒朱榮一旦決定退兵，極有可能使睢陽魏軍遭受攻擊，甚至全軍覆沒。

北魏的洛陽收復之戰，兩大障礙是陳慶之固守北中郎城以及未有渡河載具，導致尒朱榮有撤軍之念，幸避開北中郎城並用楊侃之策得以克服，使尒朱榮未半途而廢，畢其功於一役，同時也保障了睢陽魏軍的安全。而洛陽的收復，也使元顥挑戰北魏皇位失敗，北魏的君主名位遂定於魏孝莊帝一尊。

魏孝莊帝在位三年，〔註121〕這段時間北魏與南梁的戰略關係，是緊繃的戰爭狀態亦或和緩的平和關係，主動權其實操之於南梁。蓋北魏內部事故不斷，從六鎮之亂、魏孝明帝遭殺害、河陰之變、尒朱榮專擅等一連串變故，北魏無力也無法主導對南梁的戰略關係，而梁武帝趁北魏內部變亂相尋之契機，命陳慶之領兵北伐，使魏孝莊帝時期與南梁之戰略關係，聚焦在陳慶之的北伐作戰，雖然他以七千梁軍爲基礎，攻無不克、戰無不勝，「自發銍縣至于洛陽十四旬，平三十二城，四十七戰，所向無前。」〔註122〕不過這僅是表象，事實眞相並非如此。當時尒朱榮的武力都派往各地鎮壓動亂，淮河南北兵力空虛，梁軍並未與北魏的主力遭遇，呂思勉曾評論曰：「其兵鋒可謂銳矣，然魏之兵力，未大損也。」〔註123〕加上陳慶之的行軍路線，從睢陽、考城、滎陽、虎牢、洛陽，這一線都是廣闊平原，利於行軍，故從攻克睢陽到佔領洛陽，僅費二十五天，破滎陽、佔虎牢只花八天。南梁北伐雖獲如此成就，但並無穩固的根基支撐，因此當尒朱榮重整大軍兵進洛陽時，梁軍無法抗衡全遭殲滅，僅主帥陳慶之以身免。故可言之，南梁雖然自魏孝明帝起逐漸扭轉北強南弱的戰略格局，但其與北魏的力量對比並未達到絕對優勢，故陳慶之的北伐成果僅是曇花一現。此後，終魏孝莊帝之世，南梁未再對北魏挑起戰爭。至於魏孝莊帝，因與尒朱榮激烈對立，最後雖然殺了尒朱榮，但自己亦被尒朱兆所弒，使魏孝莊帝與南梁的戰略關係因此畫上句點，北魏與南梁之戰略關係進入北魏末主最後一個階段。

〔註121〕魏孝莊帝在位三年，528～530年、魏永安元年至三年、梁大通二年至中大通二年。

〔註122〕《梁書》卷32〈陳慶之傳〉，頁462。

〔註123〕呂思勉，《兩晉南北朝史》第十二章〈元魏亂亡〉，頁525～526。

第二節　魏孝武帝與南梁之戰略關係

　　北魏末主魏孝武帝元脩〔註 124〕在位三年（532～534、魏永熙元年至三年、梁中大通四年至六年），和魏孝莊帝在位三年一樣，都是北魏政治最動盪的時刻，而這六年也是權臣專擅時期，如同魏孝莊帝爲尒朱榮擁立導致大權遭其掌控一樣，魏孝武帝由高歡所立，國政大權亦落入高歡手中，因此，魏孝武帝時期北魏與南梁的戰略關係，魏孝武帝當然沒有主導權。不過，這三年雖是北魏動亂時刻，但是梁武帝卻未利用此契機出兵北伐，兩國邊區衝突不多且未爆發戰爭，北魏與南梁戰略關係相對和緩。

一、戰略環境

　　魏孝武帝時期的戰略環境，北魏與南梁有極大不同，北魏仍是延續魏孝莊帝時的紛擾，政治亂象並未改善，依然是權臣專擅控制皇帝的局面。而南梁皇位始終定於梁武帝一尊，未受到其他挑戰，內政上較爲穩定，不過梁武帝並未因此採積極進攻的戰略。以下就戰略環境分成北魏、南梁兩方面敘述之。

（一）北魏權臣爭鬥與內戰

　　魏孝武帝能登九五之尊，乃依高歡之力，高歡爲懷朔鎮人，自稱漢人大族渤海高氏之後，這血統實屬依託僞造，〔註 125〕高歡應是出自河州（今渭水上游至河湟一帶）鮮卑或早已鮮卑化的河州漢人，絕非渤海人。〔註 126〕他率所屬武裝力量參與尒朱氏集團，日本學者長部悅弘認爲，尒朱氏集團是

〔註 124〕《魏書》稱出帝，參見《魏書》卷 11〈出帝紀〉，頁 281。《資治通鑑》稱孝武帝，參見《資治通鑑》卷 155〈梁紀十一〉，武帝中大通四年，頁 4824。

〔註 125〕關於高歡的族屬問題，呂春盛詳細分析了王鳴盛、姚薇元、周一良、譚其驤、濱口重國等人的觀點。參見呂春盛著，《北齊政治史研究──北齊衰亡原因之考察》，國立臺灣大學文史叢刊之 75（臺北：臺灣大學出版委員會，1987 年 6 月），頁 14～25。

〔註 126〕日本學者濱口重國歸納高氏的事蹟與河州地區息息相關，所以認定高歡是出自河州鮮卑或早已鮮卑化的河州漢人，絕非渤海人，而且在徙居懷朔鎮前就已經鮮卑化了。詳見濱口重國，〈高齊出自考──高歡の制霸と河北の豪族高乾兄弟の活躍（上）〉，《史學雜誌》，第 49 卷第 7 號，頁 1～35；〈高齊出自考──高歡の制霸と河北の豪族高乾兄弟の活躍（下）〉，同卷第 8 號，1938 年，頁 42～78。

一個集結各派武裝力量的軍閥集團，〔註127〕由於高歡能力出眾，深受介朱榮的賞識，介朱榮嘗問左右曰：「一日無我，誰可主軍？」〔註128〕眾人皆稱介朱榮從子介朱兆，然介朱榮卻曰：「此正可統三千騎以還，堪代我主眾者唯賀六渾耳。」〔註129〕高歡字賀六渾。介朱榮瞭解高歡非等閒之輩，故將其遠調為晉州刺史，並告誡當時負責山西地區的介朱兆不可輕視高歡，將來奪權者必是此人。

介朱榮一語成讖，當魏孝莊帝與介朱榮矛盾升高，彼此權力爭奪日漸激烈之際，魏孝莊帝決定先下手為強，530年（魏永安三年、梁中大通二年）九月，以介朱皇后誕下皇子為名，計誘介朱榮入宮，成功襲殺介朱榮及上黨王元天穆。介朱榮被殺，撼動介朱氏集團，多位介朱氏將領紛紛舉兵向洛陽，汾州刺史介朱兆與其叔父介朱世隆共推長廣王元曄即皇帝位，準備取代魏孝莊帝。而在洛陽的魏孝莊帝，並無足夠的軍隊可防禦介朱氏的各路兵馬，洛陽城很快被攻破，介朱兆挾持魏孝莊帝至晉陽，於十二月甲子殺之。〔註130〕雖然魏孝莊帝被殺，但介朱氏並未讓元曄續為北魏君主，蓋因其血統疏遠，雖可作為一時起兵之號召，但無法獲得朝野認同，遂廢之，改立廣陵王元恭，史稱魏節閔帝、魏前廢帝，〔註131〕他乃廣陵王元羽之子，亦即魏獻文帝之孫。雖然北魏有了新君魏前廢帝，但仍是介朱氏的傀儡，且政治局勢仍未穩定。由於介朱榮已死，介朱氏集團內部缺乏能鎮懾各股勢力的領袖人物，將領間多有不和情勢發生，且各擁軍隊獨霸一方，介朱氏集團力量遂因內鬥而削弱。

高歡見介朱氏集團分裂，彼此互不相讓兼之無法團結，遂乘勢崛起背叛介朱氏，並立章武王元融三子，渤海太守元朗為帝，改元中興，《魏書》稱後廢帝，揮軍向洛陽與介朱氏爭奪北魏天下。介朱氏集團雖然整體實力大於高歡，但無人可節制各方整合戰力，以致無法與高歡抗衡。532年（魏中興二年、梁中大通四年）閏三月，高歡於韓陵一戰大敗介朱氏軍隊，介朱氏各

〔註127〕長部悅弘，〈北魏介朱氏軍閥集團考〉，中國魏晉南北朝史學會、武漢大學中國三至九世紀研究所編，《魏晉南北朝史研究：回顧與探索》（武漢：湖北教育出版社，2009年），頁319。

〔註128〕《北齊書》卷1〈神武紀上〉，頁4。

〔註129〕《北齊書》卷1〈神武紀上〉，頁4。

〔註130〕參見《魏書》卷10〈孝莊紀〉，頁268。《資治通鑑》卷154〈梁紀十〉，武帝中大通二年，頁4793。

〔註131〕《北史》稱魏節閔帝，參見《北史》卷5〈魏紀・節閔帝紀〉，頁166。《魏書》稱前廢帝，參見《魏書》卷11〈前廢帝紀〉，頁273。

將領率所屬殘軍四散奔逃。四月,高歡進入洛陽控制朝政,並決定改立新君。魏前廢帝乃尒朱氏所立,自然廢之;而魏後廢帝雖是高歡所立,但支屬疏遠,依然廢之。高歡改立廣丕王元懷三子,亦即魏孝文帝之孫元脩為北魏新君,是為魏孝武帝,至此,北魏各權臣軍閥擁立皇帝互相爭奪皇位的紛亂情形暫時穩定下來。不過,高歡並未留在洛陽操控朝政,他在晉陽設立大丞相府,即高歡的霸府,〔註132〕成為北魏的軍政中心,並派心腹左右居朝廷各要職,同時監視魏孝武帝,於是北魏京城、霸府的二元政治體制逐告確立。

(二)梁武帝皇權鞏固

至於南梁方面,陳慶之的北伐失敗後,北魏內部仍然陷於混亂,但是梁武帝並未再乘機北伐,他的施政重心在內政而非外部的國防事務,對佛教也更加崇敬,投入更多的佛事活動中,如531年(魏中興元年、梁中大通三年)曾兩幸同泰寺:〔註133〕

> 冬十月己酉,行幸同泰寺,高祖(梁武帝)升法座,為四部眾說大般若涅盤經義,迄于乙卯。……十一月乙未,行幸同泰寺,高祖升法座,為四部眾說摩訶般若波羅蜜經義,訖于十二月辛丑。

533年(魏永熙二年、梁中大通五年)「二月癸未,行幸同泰寺,設四部大會,高祖升法座,發金字摩訶波若經題。」〔註134〕由上述記載可知,梁武帝積極參與佛事活動,也更加崇佛,而他在講解佛教經義時,不可能處理國家大事。梁武帝在同泰寺並非一天兩天,而是七天,〔註135〕這七天內梁武帝等於將俗事塵務拋於腦後,對尋常百姓影響不大,但一國君主如此,對軍國大政不免有所影響。

綜合上述,北魏仍舊處於內部分裂,軍閥權臣各擁其主局面,光是531年(梁中大通三年)便先後出現三位君主、三個年號:長廣王元曄建明二年、魏前廢帝普泰元年、魏後廢帝中興元年。雖然高歡立魏孝武帝後,北魏皇位繼承亂象逐漸過去,卻也形成京城洛陽、霸府晉陽互相對抗的政治亂象。反

〔註132〕關於高歡霸府的政治體制及運作,可參見陶賢都,〈高歡父子霸府述論〉,《青島大學師範學院學報》,第23卷第1期,2006年3月,頁51～57。

〔註133〕《梁書》卷3〈武帝紀下〉,頁75。

〔註134〕《梁書》卷3〈武帝紀下〉,頁77。

〔註135〕梁武帝這三次行幸同泰寺都是七天,《資治通鑑》均載:「七日而罷。」參見《資治通鑑》卷155〈梁紀十一〉,武帝中大通三年,頁4814、4816。同書卷156〈梁紀十二〉,武帝中大通五年,頁4832。

觀南梁，一直是統一政權，皆在梁武帝的統治下，地方上未出現實力雄厚的軍閥，因此皇權鞏固，未有北魏政治上的動盪不安。不過梁武帝的信佛舉動，卻有愈來愈沉迷的趨勢，然總體而言，南梁穩定的情勢勝於北魏，故戰略環境南梁優於北魏。

二、北魏與南梁的糾紛與衝突

魏孝武帝時北魏與南梁的衝突類型，大多是邊區的小型紛爭，以及邊區守將以所轄領域依附對方的叛降行動，未見大型戰爭，且這些小型的衝突，在雙方執政者的控制下，並未演變成兩國大戰或全面性的戰爭。

（一）譙城衝突

532 年（魏永熙元年、梁中大通四年）七月，不過在魏孝武帝即位後的三個月，北魏與南梁隨即在譙城爆發衝突，《魏書‧出帝紀》：「東南道大行臺樊子鵠大破蕭衍軍於譙城，擒其鄴王元樹及譙州刺史朱文開。」〔註136〕北魏何以遣樊子鵠攻佔譙城，其實並非主動挑起戰端，而是為收復譙城。譙城原為北魏所有，前一年遭南梁佔領，「南兗城民王乞德逼前刺史劉世明以州降蕭衍，衍使其將元樹入據譙城。」〔註137〕梁武帝通過北魏降人獲得譙城後，以「侍中元樹為鎮北將軍、都督北討諸軍事，鎮譙城。」〔註138〕譙城為北魏南兗州州治，乃軍政中心，尤其南兗州下轄陳留、梁、下蔡、譙、北梁、馬頭、沛等七郡，〔註139〕南梁佔有譙城後，可以此為據點拓展南兗州地域，或侵略北魏其他地區，因此北魏急欲收回譙城。

魏孝武帝雖是北魏主，但大權操之於高歡，故無法主導對南梁的戰略與戰事。然何以高歡會在七月發兵進攻譙城，關鍵在於他已無後顧之憂，因其與尒朱氏集團的爭戰，逐漸取得勝利，《魏書‧出帝紀》：〔註140〕

> （七月）壬寅，齊獻武王（高歡）率眾入自滏口，大都督厙狄干入自井陘，討尒朱兆。乙巳，齊獻武王以尒朱天光、尒朱度律送之京師，斬於都市。

〔註136〕《魏書》卷 11〈出帝紀〉，頁 285。
〔註137〕《魏書》卷 11〈後廢帝紀〉，頁 279。
〔註138〕《資治通鑑》卷 155〈梁紀十一〉，武帝中大通三年，頁 4816。
〔註139〕參見《魏書》卷 106 中〈地形志中〉，頁 2541～2543。
〔註140〕《魏書》卷 11〈出帝紀〉，頁 284。

介朱天光、介朱度律被殺，介朱兆也被高歡擊敗，「北走秀容，并州平。」
〔註 141〕雖然介朱兆敗走秀容，但介朱氏集團的武裝力量基本上已遭高歡消
滅殆盡，介朱兆已無法威脅高歡，因此他開始將戰略眼光聚焦於南方，發動
譙城之戰。

　　樊子鵠在進攻譙城的過程中，同時進攻周遭的城戍，藉以孤立譙城，斷
絕其外援：〔註 142〕

> 魏東南道大行臺樊子鵠圍元樹於譙城，分兵攻取蒙縣等五城，以絕
> 援兵之路。樹請帥眾南歸，以地還魏，子鵠等許之，與之誓約。樹
> 眾半出，子鵠擊之，擒樹及譙州刺史朱文開以歸。

元樹見譙城被圍戰況不利，遂與樊子鵠議定，願交還所佔之地換取安全撤
軍。不料樊子鵠背信，令魏軍中途截擊，導致梁軍大敗，元樹、朱文開皆被
俘虜。雖然譙城之役梁軍敗退，又有將領、官員被俘，但梁武帝沒有擴大戰
爭的想法，北魏方面亦無乘勝追擊打算，高歡僅想收回譙城而已，故在雙方
執政者的自我約束下，北魏與南梁的軍事衝突至譙城而止。

（二）東徐州攻防

　　533 年（魏永熙二年、梁中大通五年）五月，北魏又有州城發生動亂，
東徐州城民王早殺刺史崔庠，以下邳城降南梁，〔註 143〕下邳城為北魏東徐
州州治。〔註 144〕梁武帝未透過戰爭手段即獲得東徐州，遂「改下邳為武州。」
〔註 145〕北魏朝廷見東徐州陷梁，不久後便有軍事動作：「十有一月癸巳，持
節、征北將軍、殷州刺史邸珍為徐州大都督、東道行臺僕射，率將討東徐州。」
〔註 146〕北魏朝廷賦予邸珍收復東徐州之重任，可謂所託非人，史載其人「性

〔註 141〕《魏書》卷 11〈出帝紀〉，頁 285。
〔註 142〕《資治通鑑》卷 155〈梁紀十一〉，武帝中大通四年，頁 4826。
〔註 143〕參見《資治通鑑》卷 156〈梁紀十二〉，武帝中大通五年，頁 4833。另參見《魏
　　　　書》卷 11〈出帝紀〉，頁 288 載：「（五月）東徐州城民王早、簡實等殺刺史
　　　　崔庠，據州入蕭衍。」《梁書》卷 3〈武帝紀下〉，頁 77 載：「六月己卯，魏
　　　　建義城主蘭寶殺魏東徐州刺史，以下邳城降。」《魏書》、《梁書》所載皆有少
　　　　許謬誤，《魏書》所書簡實應是蘭寶之誤；而《梁書》所記時間為六月，《通
　　　　鑑考異》認為應取《魏書》五月為是，故司馬光取《魏書》、《梁書》正確之
　　　　敘述綜合為：「魏東徐州民王早等殺刺史崔庠，以下邳來降。」詳見《資治通
　　　　鑑》卷 156〈梁紀十二〉，武帝中大通五年，頁 4833。
〔註 144〕參見《魏書》卷 106 中〈地形志中〉，頁 2555。
〔註 145〕《梁書》卷 3〈武帝紀下〉，頁 77。
〔註 146〕《魏書》卷 11〈出帝紀〉，頁 288～289。

嚴暴，求取無厭。……（邸）珍御下殘酷，眾士離心，」〔註147〕雖然史書未載北魏與南梁軍隊在下邳交戰過程，但顯然北魏並未收復東徐州，據《魏書‧地形志》：「東徐州，孝昌元年（525、梁普通六年）置，永熙二年（533、梁中大通五年）州郡陷，武定八年（550、梁大寶元年）復。治下邳城。」〔註148〕由此可知，終北魏之世並未收復東徐州，直到十七年後的東魏末才重新回歸北方政權統治。

　　南兗州和東徐州的衝突，皆屬典型的區域戰爭，北魏州郡因內部叛亂降梁，使南梁以最少的代價獲得上述二州地域，而北魏朝廷不甘損失，也派兵奪回，但是不論魏軍最終能否收復失地，都在雙方執政者的克制下未使戰事擴大。然而魏孝武帝時期與南梁的戰略關係不僅只有上述的區域戰爭，尚有州刺史以所轄領域投降之舉，不過，率皆為南梁刺史降附北魏。首先是 533 年（魏永熙二年、梁中大通五年）正月，「蕭衍勞州刺史曹鳳、東荊州刺史雷能勝等舉城內屬。」〔註149〕曹鳳、雷能勝都是蠻族酋首，梁武帝以其地置州郡、設刺史安之。〔註150〕知悉曹、雷二人背景後，對其降魏也就不會訝異了。蓋凡南北分裂時期，處於中間地帶的蠻族一直是南北政權爭相拉攏的對象，而蠻族也依違南北政權間，藉以獲取最大利益，所謂利之所趨、蠻族之所向，故蠻族忽而降南、忽而臣北，南北朝時期屢見不鮮。而梁武帝對勞州和東荊州的入魏，並未採取後續措施，如遣軍征討，或許梁武帝認為再施以恩惠或利誘，日後當能促使曹鳳、雷能勝再度回歸南梁。其次是 534 年（魏永熙三年、梁中大通六年）二月，「蕭衍假節、豫州刺史、南昌王毛香舉城內附，授以持節、安南將軍、信州刺史、義昌王。」〔註151〕對於毛香以其所屬降魏，梁武帝同樣未派兵奪回。綜上可知，梁武帝對州刺史的降魏之舉，不願輕啟戰端，也未採取積極的補救措施，終使上述三位州刺史降魏成為既定之事實。

三、戰略檢討

　　魏孝武帝時期北魏與南梁的戰略關係，雙方都持保守的戰略態度，並未

〔註147〕《北齊書》卷 47〈酷吏‧邸珍傳〉，頁 651。
〔註148〕《魏書》卷 106 中〈地形志中‧東徐州〉，頁 2555。
〔註149〕《魏書》卷 11〈出帝紀〉，頁 287。
〔註150〕參見《資治通鑑》卷 156〈梁紀十二〉，武帝中大通五年，頁 4830。
〔註151〕《魏書》卷 11〈出帝紀〉，頁 289。

積極出兵攻打對方，雙方皆因本國人以州郡土地投降對方，而導致紛爭與衝突，進而產生軍事對抗的局面。何以魏梁執政者均採保守戰略，其實都與內部局勢有關。先論北魏，高歡擁立的魏孝武帝，雖然進入洛陽獲得北魏上下普遍承認，但是尒朱氏集團的勢力仍盤據各地，故高歡認為與南梁進行軍事對抗非當務之急，相反的，應與南梁避免衝突，以掃蕩尒朱氏殘餘勢力為戰略優先，如果與南梁屢爆衝突，引起梁武帝遣軍入寇，則高歡無法全力剿滅尒朱氏武力，甚且有腹背受敵之虞。一旦北魏與南梁的戰略關係陷入緊繃的戰爭衝突，高歡在分兵對抗南梁之際，尒朱氏集團壓力一鬆，有可能死灰復燃，屆時與高歡的爭戰會演變成何種情況，殊難預料。尒朱氏集團本就實力雄厚，拜各將領無法真誠合作導致力量分散，才使高歡有可乘之機，若讓尒朱氏各將領幡然醒悟團結一致，戰局恐會逆轉，此乃高歡最不樂見之情況，而這也是高歡須對南梁維持和緩的戰略關係，避免爆發戰爭的重要原因。

次論南梁，與北魏由權臣軍閥主導對南梁戰略關係不同的是，南梁對北魏的戰略關係，由梁武帝全盤掌控。然而在他遣陳慶之北伐佔領洛陽，締造輝煌戰績後，面對魏孝武帝時期一樣政治紛亂的北魏，卻未繼續採取積極的攻勢作為，反而與北魏維持平和的戰略關係，尤其陳慶之當時不過五十之齡，〔註152〕尚可領軍作戰，何以梁武帝不願在戰略環境與戰略態勢利於南梁之際，再次對北魏用兵？這應與其更加信佛、崇佛有關。前文述及在北魏先後有三位君主的531年（魏普泰元年、梁中大通三年），梁武帝即兩幸同泰寺講經，533年（魏永熙二年、梁中大通五年）也有一次，這三次都停留七天，可見梁武帝日漸沉迷佛事活動，佛教講究普渡眾生、戒殺戮，反映在人的思想上，自然不願有戰爭殺伐之事，以免殘害生靈，所謂「兵者，國之大事也，死生之地，存亡之道，不可不察也。」〔註153〕死生之地乃謂戰爭關係到軍民的生死。如果發動戰爭，會造成生靈塗炭社會動盪，與佛教教義不免相違背，故在梁武帝對佛教信仰日漸深迷之際，對戰爭行為必然會慎重考慮，即使當時陳慶之仍在世，是否要再次北伐，也會令梁武帝思之再三。從《梁書·武帝紀》可看出中後期的戰爭行為與軍事征伐較少，除非是關乎國家生存的必要性戰爭，諸如平定地方叛亂或抗擊北方政權入侵，否則不會輕易動用武力，

〔註152〕據《梁書·陳慶之傳》，他卒於大同五年（539）十月，年五十六，故可推算魏孝武帝在位的三年間（532～534、魏永熙元年至三年、梁中大通四年至六年），陳慶之不過五十歲左右。

〔註153〕孫武著、吳仁傑注譯，《孫子讀本》〈計篇第一〉，頁3。

這與其前期與北魏爭奪壽春、義陽等戰役，及建造軍事用途的浮山堰相較，其軍事作為的強度的確減少許多。當然，或許梁武帝也如當時陳慶之攻佔洛陽未派兵增援的戰略思維一樣，若趁高歡和尒朱氏集團鷸蚌相爭之際再度遣軍北伐，即使能攻陷洛陽，並擊敗高歡或尒朱氏之武力，但南梁能否有足夠力量穩住北方情勢，不無疑問，故暫且按兵不動，視北魏情勢發展決定下一步作為，這也是梁武帝未再用兵北魏，而選擇與北魏維持和緩戰略關係的原因之一。

　　由於這時期北魏與南梁的戰略關係不若以往緊繃，未有南伐、北伐等大型戰爭發生，僅有因北魏內部叛降而歸附南梁的南兗州、東徐州衝突，及南梁勞州刺史曹鳳、東荊州刺史雷能、豫州刺史毛香等人的降附北魏，這五次糾紛中，南兗州的譙城衝突相較於其他四次糾紛，乃衝突較激烈且可提供檢討戰略戰術之處。當元樹所率梁軍在譙城遭樊子鵠的魏軍圍困，且後路也遭切斷情形下，願與樊子鵠議和，退出譙城交換梁軍安全撤退，這是將梁軍士兵安危建立在樊子鵠的信用上。「兵者，詭道也。」〔註154〕詭道即欺詐的方式，對敵人用詭詐手段本就無可厚非，對樊子鵠而言，其戰略目的是擊敗梁軍收回譙城，所謂兵不厭詐，戰場上運用陰謀詭計實屬稀鬆平常，故背約截擊梁軍不過是戰術行動中的一環而已。至於元樹，將全軍將士的生命寄託在對方統帥的承諾上，實屬不智，而其結果則是樊子鵠毀諾追擊，梁軍遭到覆沒的命運。設若元樹率梁軍殺出重圍，會有突圍失敗遭殲滅或突破魏軍包圍敗逃兩種結果，前者與樊子鵠毀約追擊的結果一樣，俱遭魏軍殲滅，不過卻是壯烈犧牲，會得到對手的尊敬；至於後者也會有一定犧牲，但至少能率殘軍回到南梁，在日後究責時，當會與樊子鵠私下達成協議卻遭其追殺，導致梁軍傷亡慘重受到更少的責難。

〔註154〕孫武著、吳仁傑注譯，《孫子讀本》〈計篇第一〉，頁7。

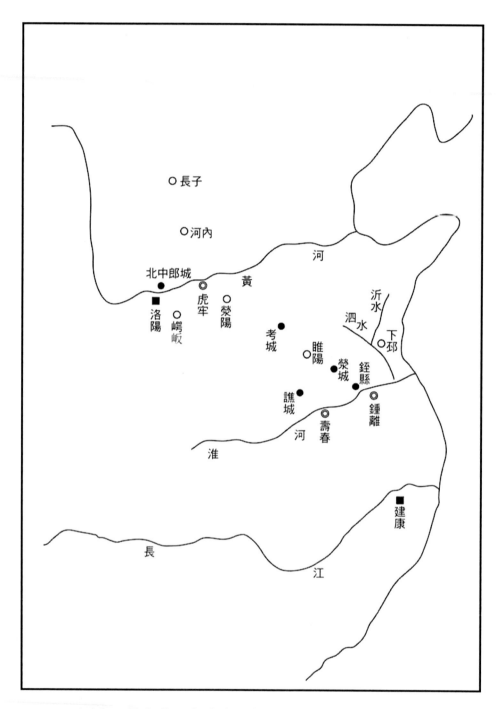

圖十：魏孝莊、孝武帝二朝與南梁戰爭相關形勢圖

第三節　小　結

　　魏孝莊帝與魏孝武帝在位都是三年，這六年北魏和南梁的戰略關係，呈現一弛一張的情形，魏孝莊帝時是緊繃的戰爭狀態；魏孝武帝則是常見的邊區衝突，戰略關係較為和緩，可見這二帝時期北魏與南梁的戰略關係不同，雖是如此，卻也不盡然，不同中也有相同的情形，試將魏孝莊、孝武二帝與南梁戰略關係的特質分析如下。

　　第一：魏孝莊、孝武二帝沒有國家戰略主導權及決策權。由於二帝分別為尒朱榮、高歡所立，故皇權旁落二位權臣，雖然前代也曾發生君主皇權旁落，導致其無法主導國家戰略的情形，如魏孝文帝時的文明太后及魏孝明帝時的靈太后，當時國家戰略主導者是二位太后，不過她們和尒朱榮、高歡在執政本質上有所不同。魏孝文帝、孝明帝都是幼主繼位，前者五歲；後者六歲，〔註155〕幼主無能力執掌政務，故二位太后是合法代行皇權，雖然二位太后在前述君主成年後，均未有還政的打算，不過那是另一個層次的問題。尒朱榮、高歡執掌大權，等於是以臣子身分竊奪皇權，特別是魏孝莊帝、孝武帝登基時皆已成年，前者二十二歲、後者二十三歲，〔註156〕故沒有需要大臣輔政的問題，而在尒朱榮、高歡專權情況下，魏孝莊、孝武二帝不過拱手而已。也因此對南梁的國家戰略，應與南梁維持何種戰略關係，二帝實無置喙之餘地，因真正具主導及決策權者，乃尒朱榮、高歡二位權臣。

　　第二：承上，尒朱榮、高歡雖是魏孝莊、孝武二朝實際的執政者，但是他們都面臨相同的戰略環境，即內亂不斷，二人都無暇顧及南梁，對其無法採取積極的攻勢，只能消極保守的被動因應。尒朱榮、高歡的戰略思維不約而同都是先內後外，內部戰事的處理優於外部與南梁的戰事。尒朱榮的武力

〔註155〕魏孝文帝生於皇興元年（467、宋泰始三年）八月，五年（471、宋泰始七年）八月繼位，參見《魏書》卷7上〈高祖紀上〉，頁135。魏孝明帝生於永平三年（510、梁天監九年）三月，延昌四年（515、梁天監十四年）繼位，參見《魏書》卷9〈肅宗紀〉，頁221。

〔註156〕魏孝莊帝生於正始四年（507、梁天監六年），永安元年（528、梁大通二年）四月繼位，參見《魏書》卷10〈孝莊紀〉，頁255。魏孝莊帝生年乃根據其崩於永安三年（530、梁中大通二年），年僅二十四歲而推算出，參見《魏書》卷10〈孝莊紀〉，頁268。魏孝武帝生於永平三年（510、梁天監九年），永熙元年（532、梁中大通四年）四月繼位，參見《魏書》卷11〈出帝紀〉，頁281。魏孝武帝生年乃根據其崩於永熙三年（534、梁中大通六年），年僅二十五歲而推算出，參見《魏書》卷11〈出帝紀〉，頁292。

主要是平定各地的動亂；高歡則是剿滅尒朱氏集團的武力，因此二人均避免與南梁爆發衝突或戰爭，以免將所屬武力一分為二，造成腹背受敵困境。不過，若是南梁發動戰爭，如魏孝莊帝時面對南梁名將陳慶之的北伐，即需遣軍抗擊，此乃北魏遭受侵略，為護衛國家，須將入侵梁軍擊退。

第三：梁武帝主導魏孝莊、孝武二朝南北的戰略關係。既然當時北魏的執政者尒朱氏、高歡不願與南梁衝突，則魏梁是戰、是和，主動權操之於梁武帝。當其欲戰時，遣陳慶之北伐，雙方遂爆發戰爭；當其欲維持和緩的戰略關係時，則未有任何戰爭之舉，如魏孝武帝時，梁武帝未持續用兵北魏。然何以魏孝莊、孝武二帝時的北魏，均是權臣專政、內亂紛擾，梁武帝卻對北魏的戰略關係有不同的思維，呈現一張一弛的現象。筆者認為原因有二：一是陳慶之的北伐，雖然攻佔洛陽，但旋遭擊潰，使梁武帝認知到南梁與北魏國力仍有一段差距，能短時間連克北魏各城戍及都城，不過是趁其內亂暫時取得軍事優勢罷了，欲滅亡北魏仍有困難，以致魏孝武帝登基後，雖北魏仍是內亂不斷，但梁武帝並未續持積極的攻勢，發兵北伐挑起戰爭。另一是梁武帝佛事活動增多，受佛教教義影響，不願發動戰爭，雖然現有史料並無充分證據顯示梁武帝的心理想法，但不妨做為另一種思考面向的補充。事實上，梁武帝中後期施政逐漸寬鬆，應有一定程度受佛教影響，而反映在對北魏的戰略關係上，自然不願多所殺戮。

魏孝武帝、孝莊帝都是賴權臣軍閥高歡、尒朱榮之武力得以君臨天下，但是魏孝武帝與高歡的情況，較之魏孝莊帝與尒朱榮的情況更加不如。尒朱榮未設霸府，尒朱榮仍處於名義上以魏孝莊帝為中心的北魏朝廷，但是魏孝武帝一朝的政權，完全操之於高歡在晉陽設立的霸府。而高歡對內要徹底消滅尒朱氏集團的勢力，故對外不願再有戰事發生，因此和南梁僅有地方州城南降或北降的小型糾紛與區域衝突而已，相較於魏孝莊帝時面臨陳慶之北伐，在北魏境內攻城掠地，魏孝武帝一朝與南梁的戰略關係，相對低調緩和許多。至於魏孝武帝，終究無法忍受皇權旁落猶如傀儡皇帝的事實，於 534 年（魏永熙三年、梁中大通六年）七月西奔長安，依關西大行臺宇文泰，〔註157〕而高歡也於同年十月，另立清河王元懌之孫元善見為帝，是為東魏孝靜帝，北魏分裂成東魏、

〔註157〕參見《魏書》卷 11〈出帝紀〉，頁 291。〔唐〕令狐德棻等撰，《周書》（中華書局點校本）卷 1〈文帝紀〉，頁 13。《資治通鑑》卷 156〈梁紀十二〉，武帝中大通六年，頁 4851。

西魏，而東魏、西魏與之後的北齊、北周，和南方的南梁，形成東魏北齊、西魏北周與南梁的後三國爭戰時代，南北政權進入另一個階段的南北對峙。

結 論

　　北魏與南齊、南梁的對峙，自 479 年（魏太和三年、齊建元元年）南齊建立起，至 534 年（東魏天平元年、西魏永熙三年、梁中大通六年）北魏分東、西魏止，共約五十六年。雖然是南北對立，但雙方的戰略關係不全然是緊張的戰爭狀態，亦有低緩的平和時期，彼此相安無事。即便是關係緊繃爆發戰爭兵戎相見，戰爭型態也有很大的不同，邊區衝突有之；區域戰爭有之；全面性的戰爭亦有之，可見北魏與南齊、南梁之戰略關係，呈現多樣性的風貌，而會形成多樣性風貌的原因，可分內、外兩部份言之，內部指南北君主的戰略思維與戰略態度；外部則是受該國當時所處的戰略環境影響。

　　內部原因指南北君主（或執政者）的主觀因素，其戰略思維與態度，會影響南北戰略關係的走向，若其中一人具窮兵黷武的戰略思維與積極主戰的戰略態度，則兩國間必定烽火不斷；反之，若兩人均不願妄動干戈，皆持保守的戰略態度，如此兩國間會有低緩的戰略關係，甚至出現和平時期。至於外部原因則是指客觀的戰略環境，戰略環境包括該國本身及敵國呈現的環境因素，如本國政治動盪或內亂不斷，必然會制約該國君主對外的軍事行動，使其無法全力對外，尚需擔憂內部戰略環境的變化。反之，若敵國君主異動甚至改朝換代，在權力承繼上導致局勢不穩，以及敵國邊關守將、大臣的叛降，都會影響該國用兵敵國的積極意願。

　　魏孝文帝在位可分四個時期，扣掉魏獻文帝的太上皇帝時期與劉宋南北對抗外，其與南齊的戰略關係，正可分為前中後三個時期。魏孝文帝前期與南齊之戰略關係，從 479～490 年（魏太和三年至十四年、齊建元元年至永明八年）約十一年餘，當時北魏的執政者是文明太后，魏孝文帝不過拱手而已。

至於南齊則歷經齊高帝、齊武帝兩位君主。而這一時期就當時的內外因素而言，文明太后與魏獻文帝的權力鬥爭甫落幕，其二度臨朝聽政，雖然文明太后並未對南齊具必然的主戰態度，但是在大權定於文明太后一尊，內部局勢趨於穩定的情況下，加上南方王朝更迭，南齊取代劉宋，文明太后遂決定利用此契機用兵南齊，爆發北魏與南齊的首次戰爭。文明太后雖然主動挑起戰爭，但是其戰略思維仍屬保守，僅欲趁南齊初建基礎不穩之際，在北魏已佔有淮北及青齊之地的基礎下，擴大對淮南地域的佔領，因此戰爭規模只是區域戰爭，並非舉國性的大戰。魏軍初始雖然攻勢凌厲，攻佔不少城戍，但是南齊對魏軍的進攻仍能有效的防禦，指標性的淮南重鎮如義陽、壽春、朐山等城戍之攻防，均能有效擊退魏軍。文明太后見戰事拖長對魏軍不利，加上爆發淮北司馬朗之之亂及沙門法秀的謀反，內部情勢不穩，遂決定結束與南齊的戰爭。而齊高帝鑑於南齊甫建立，應先鞏固內部穩定統治，故未趁勢北伐擴大戰爭，兩國的戰事因此結束。

文明太后和齊高帝在戰後都戮力於內政，未有對外興兵的意願，文明太后致力於漢化改革，齊高帝則是排除劉宋殘於勢力，專力於南齊政權的鞏固，並進行戰後復原工作，因此北魏與南齊的戰略關係從緊張的戰爭衝突轉為和緩的干戈不興。齊高帝崩後齊武帝繼位，仍承襲齊高帝保守平和的戰略思維，因此與北魏長達九年沒有發生戰爭。由此可見，魏孝文帝前期與南齊之戰略關係，彰顯出「從衝突到和緩」的過程，在齊高帝時是緊繃的戰爭狀態，而在齊武帝時則是得到一定程度的緩和。

魏孝文帝中期與南齊之戰略關係，從 490～495 年（魏太和十四年至十九年、齊永明八年至建武二年）約有五年多時間。這一時期表現在魏孝文帝身上有兩個特色，其一是文明太后於 490 年（魏太和十四年、齊永明八年）崩逝後，魏孝文帝終得親政，成為真正的北魏主；其二是他在 493 年（魏太和十七年、齊永明十一年）將都城從平城遷至洛陽，開啟了北魏的洛陽時代。這一時期魏孝文帝面對的南齊君主主要是齊武帝和齊明帝。前五年仍是齊武帝在位，魏孝文帝仍延續其前期後段與南齊和緩的戰略關係，對南齊未見太大的軍事動作。但是在魏孝文帝已然擁有完整皇權，且漢化改革已初見成效並完成遷都的情況下，其對南齊的戰略態度轉趨積極。若此時外部的戰略環境有利於北魏，魏孝文帝發兵南侵的機率極大。果不其然，494 年（魏太和十八年、齊建武元年）十二月，魏孝文帝以聲討齊明帝篡位自立為名，動員三

十萬大軍大舉南伐，與南齊爆發淮漢大戰，大有一舉盪平南齊的氣勢。

　　魏孝文帝御駕親征率四路大軍南伐，鎖定義陽、鍾離、南鄭、襄陽、赭陽、壽春等南齊重鎮。齊明帝雖得位不正，但是卻能有效組織南齊軍隊抗擊北魏大軍的攻勢，使各路魏軍屢攻不下其目標城戍。魏軍遠道而來久戰不利，加上北魏戰略環境發生變化，漢化改革派與草原保守派對立日漸嚴重，魏孝文帝爲顧及內部問題，遂結束對外戰事班師北返。至於齊明帝則忙於鞏固自身權位，對齊高、武二帝子孫展開屠殺，對北魏亦無積極的戰略態度，淮漢大戰遂畫下句點，北魏投入龐大兵力進攻南齊，卻無具體成果。另外，魏孝文帝中期與南齊的戰略關係有兩項特殊性必須說明，一是北魏雖然已遷都洛陽，但不過一年而已，故魏孝文帝對南齊作戰的憑藉，仍是平城時期的施政基礎。二是文化戰略的實施，魏孝文帝放還戰爭中俘獲的南齊軍民，同時親自祭祀孔子、比干等先聖、先哲，並採行一系列尊孔措施，目的在以文化戰略爭取漢人的認同，配合軍事戰略雙管齊下，藉以達到征服南齊的目的。而這一時期雖然北魏與南齊爆發淮漢大戰，不過卻僅有三個月的戰爭衝突，其他五年多的時間都是處於和平狀態，因此魏孝文帝中期與南齊之戰略關係，可謂「戰爭與和平」兼而有之。

　　魏孝文帝後期與南齊之戰略關係，從495～499年（魏太和十九年至二十三年、齊建武二年至永元元年）約四年餘。雖然時間不長，卻有兩個衝突階段，戰爭行爲幾乎佔滿這四年時間。而這一時期魏孝文帝與南齊作戰的君主，乃齊明帝與東昏侯。魏孝文帝爲一漢化極深的君主，當其漢化改革已見成效，且受大一統思維影響下，遂形成積極主戰的態度。497年（魏太和二十一年、齊建武四年）六月，魏孝文帝再度親自領軍南伐，爲了清除南齊對洛陽南面的威脅，故以沔北地域爲攻佔目標，與南齊爆發沔北大戰。由於這次的戰爭距遷都洛陽已有五年，故北魏從本時期開始，都是憑藉洛陽的施政基礎對南朝作戰。

　　魏孝文帝再度親率大軍南伐，這次戰場主要集中在雍州、司州、襄樊等地，雖然魏軍依然遭到齊軍猛烈的抵抗，不過這次對南齊的作戰獲得不錯的成果，佔領沔北五郡，洛陽南面安全獲得保障。然而當魏孝文帝欲繼續南進完成其混一南北的志願時，襄樊等城戍久攻不下，而齊軍圍魏救趙製造渦陽危機，加上洛陽留守漢臣李沖、李彪的內鬥，以及魏孝文帝的病體日漸羸弱等，這些戰略環境的改變，影響了他主觀的作戰態度，不得不罷兵北返，結

束第一階段的衝突，而這也是魏孝文帝最後一次對南齊的主動出擊，故這一時期第一階段與南齊之戰略關係，其主軸環繞著魏孝文帝「**統一南北之志**」進行，不過這個志願終究無法實現。至於第二階段的衝突可分南齊陳顯達北伐及豫州刺史裴叔業以壽春降魏兩部分。東昏侯爲了收復沔北失地，499 年（魏太和二十三年、齊永元元年）正月遣陳顯達北伐，戰場多集中在沔北地域，其中以馬圈戍的攻防最爲激烈。面對齊軍的北侵，魏孝文帝未命一上將領軍反擊，竟不顧自己的病體，選擇御駕親征，雖最終擊退陳顯達齊軍，卻也付出生命的代價，在班師途中於四月病逝。另外在裴叔業以壽春降魏之事件中，魏齊爲了爭搶這一淮南重鎮，皆派出大軍前往壽春，雙方爭戰於壽春周遭地域，魏軍於 500 年（魏景明元年、齊永元二年）三月大敗齊軍，壽春入魏終告確定。壽春入魏的整個過程都是在魏宣武帝在位時，但是當時他甫繼位，朝政大權掌握在魏孝文帝顧命的輔政大臣手中，當時的政策、國家戰略都是依循魏孝文帝的目標與方向，因此將壽春入魏歸於魏孝文帝之功並不爲過。而第二階段的衝突結果，北魏佔有壽春，向淮南拓展又跨進一步，至於本階段北魏與南齊的戰事多集中在沔北與壽春兩處，故呈現「**區域衝突與紛爭**」的戰略特色。

魏宣武帝前期與南梁之戰略關係，從 499～504 年（魏太和二十三年至正始元年、齊永元元年至梁天監三年）約五年。這一時期南梁取代南齊，與北魏形成新的南北對峙格局，而梁武帝也成爲魏宣武帝的戰略對手，其實從此時開始直至北魏分東西，北魏諸帝與南梁的作戰對象都是梁武帝一人。這一時期南北君主都有主觀的作戰意識，原因在於戰略環境趨於穩定。魏宣武帝自輔政大臣手中奪回皇權得以親政；南梁亦已建立一年半，梁武帝統治基礎穩固，故兩人的戰略思維均朝向外部戰事。其中梁武帝對壽春虎視眈眈，並開始利用南人優勢籌畫水淹壽春戰略，魏宣武帝爲先發制人，503 年（魏景明四年、梁天監二年）十月以東、西二路大軍南伐，爆發魏梁第一次大戰——淮南爭奪戰。

東、西二路魏軍的攻擊箭頭分別指向鍾離、義陽等淮南重鎮，不過有戰爭的地方尚有壽春，原因在於魏軍對鍾離、義陽的進攻對南梁形成莫大防守壓力，而爲了減輕魏軍的攻擊力道與分散其攻勢，梁武帝圍魏救趙命姜慶眞襲擊壽春。雖然偷襲行動攻陷壽春城外郭，但在任城王元澄母孟氏適時挺身而出的固守下，加上梁武帝未續增援軍，使姜慶眞的攻勢功虧一簣，且未能

影響戰爭結果。東路魏軍統帥元澄自鍾離撤軍乃因淮河暴漲，並非馳援壽春，而西路魏軍在鎮南將軍元英的率領下，攻陷義陽。北魏在擁有壽春四年後又攻佔義陽，使淮南局勢爲之一變，這應是北魏在這次戰爭中最大的收穫。由此可見，魏宣武帝前期與南梁之戰略關係，未見和平時期，都是在兵馬倥傯中度過，而魏軍採攻勢入侵鍾離、義陽等地，南梁雖採守勢迎擊，卻也在戰爭過程中採攻勢進攻壽春，因此使該時期北魏與南梁的爭戰，出現「**攻勢與守勢兼具**」的情形。

　　魏宣武帝中期與南梁之戰略關係，從504～507年（魏正始元年至四年、梁天監三年至六年）約有三年左右。其時北魏已取得壽春、義陽，在淮南逐漸佔有優勢，加上魏宣武帝亦受其父魏孝文帝建立大一統王朝志願的影響，對南梁仍是積極主戰。至於梁武帝，由於南梁在淮南的優勢已不復存在，且北方國防線一再南縮，其戰略思維亦是欲大舉北伐，廓清淮南魏軍並收復壽春、義陽，在南北君主皆採攻勢主戰的思維與態度下，南北大戰勢不可免。

　　505年（魏正始二年、梁天監四年）二月爆發的魏梁第二次大戰，可謂全面性的戰爭，戰事遍及兩國東西國境線，分成東、中、西三個戰場激戰。雖然雙方都投入龐大兵力在這場全面性的戰爭中，尤其作爲進攻一方的北魏，有形、無形資源的耗損都比南梁來的巨大。但是戰爭結果並不如魏宣武帝預期，雖然魏軍攻佔不少城戍，但指標性的重鎮如鍾離卻始終未能攻下，而中山王元英在東部戰場的邵陽大敗，乃北魏與南朝對峙以來首度的大敗，北魏遭受嚴重的損失。其實在西部戰場，魏軍進展順利，但由於魏宣武帝的戰略眼光集中在東部戰場，不願乘勝追擊，加上原已任命王足爲益州刺史，竟又命他人接任的決策錯誤，導致攻勢停頓，更成爲日後王足叛魏降梁的遠因。至於梁武帝面對魏軍龐大的攻勢，仍能分兵有效防禦，更利用淮河及雨季等自然因素，使之成爲梁軍防守鍾離城的兩大利器，最終迫使魏軍撤退。事實上，戰後兩國對峙的型態未有多大改變，包括城戍、領土方面南梁並未有太大損失，可見魏宣武帝傾全國之力大舉南伐的結果，收獲不大，而兩國間這種規模龐大的「**全面性的戰爭**」，遂成爲魏宣武帝中期與南梁戰略關係的樣貌。

　　魏宣武帝後期與南梁之戰略關係，從507～515年（魏正始四年至延昌四年、梁天監六年至十四年）約有八年餘，可分成兩階段各約四年時間，第一階段乃507～511年（魏正始四年至永平四年、梁天監六年至十年）。由於北魏、南梁在全面戰爭中均受創嚴重，因此就內部因素君主的主觀戰略思維而言，

南北君主在本階段均表現出愼戰的戰略態度，未有主動作戰的意願，不過並非避戰、畏戰，一旦出現有利契機，魏宣武帝和梁武帝都會出兵把握，也因此，本階段的三個衝突點：義陽、懸瓠、朐山，都是因守將叛降引起的戰爭，兩國君主並非主動挑起戰事，均乃因應形勢遣軍前往接收而與對方爆發戰爭。

北魏與南梁軍隊於 508 年（魏永平元年、梁天監七年）秋冬之際在上述三個軍事重鎮接連引爆衝突，戰爭過程中梁軍曾攻陷北魏義陽三關；魏軍亦攻佔南梁朐山，不過均未能有效佔領皆得而復失，戰後又恢復原狀，但是魏軍卻在朐山遭致大敗，士兵傷亡慘重，與邵陽大敗並列北魏二大敗仗，是故就得失而言，北魏在本階段的損失較南梁來得巨大。而由於兩國君主均有不願擴大戰爭之思維，因此在這三個重鎮各自回到歸屬後，都未見增兵赴援之舉，使戰爭規模控制在區域戰爭範疇，戰爭熱點集中在義陽、懸瓠、朐山三處，使「愼戰與城戍爭奪」成爲第一階段的戰略樣貌。第二階段則是 511～515 年（魏正始四年至延昌四年、梁天監十年至十四年），魏宣武帝和梁武帝仍延續前階段的戰略態度，未見挑起大型戰爭的戰略思維，而是以局部擴張爲主，各自表現出攻守並行的表現，如梁武帝鑑於北魏控制壽春對南梁的威脅，故對壽春展現積極作戰態勢，並構築浮山堰預備水淹壽春；而魏宣武帝的攻勢作爲則是選定以往進攻順利的西部戰場，調動大軍伐蜀。至於守勢表現，一方爲攻，另一方則爲守，故北魏在壽春、南梁在蜀地都呈現防守的態勢。不過，這兩地戰事在初起時即發生重大變化，魏宣武帝崩於 515 年（魏延昌四年、梁天監十四年）正月，使這兩地戰事之後續需由魏宣武帝的後繼者魏孝明帝面對。此外，由於第二階段的戰事聚焦在壽春、蜀地二處，魏宣武帝欲擴張蜀地，梁武帝則欲在壽春擴張，加上南北君主均有將戰爭控制在一定範圍內的戰略思維，故使兩國的戰略關係表現出「有限戰爭與局部擴張」的戰略型態。事實上，魏宣武帝後期與南梁之戰略關係尚有兩個特色值得說明，一是城戍交換的嘗試及對蠻族的爭奪，前者如南梁提出以宿豫換漢中、宿豫換朐山，不過均未成功，但也算是南北以和平解決紛爭的嘗試。後者由於北魏勢力不斷南進，與蠻族接觸愈來愈頻繁，雖然南北政權皆極力爭取蠻族歸附，但是蠻族在其自身利益考量下，大多選擇依附北魏，也使北魏在蠻族勢力的爭取上，略佔上風。

魏孝明帝與南梁之戰略關係可分爲前中後三期，前期與南梁之戰略關係，從 515～517 年（魏延昌四年至熙平二年、梁天監十四年至十六年）約二

年餘。由於魏孝明帝六歲即位，故由靈太后臨朝聽政。梁武帝並未因魏宣武帝的崩逝而停止對壽春的攻勢，因此靈太后執政後，不管其戰略思維是主動或被動，都必須繼承魏宣武帝在壽春、蜀地兩地的戰事。然就其後續的戰略作為而言，顯然對南梁的戰略態度略為消極，如召回伐蜀大軍，雖然有高肇統領大軍懼其兵變的考量，但後續並未更換將領持續伐蜀，即可知其保守的戰略態度。相較於靈太后，梁武帝的戰略態度較為積極，蓋因其政治局勢穩定，不似北魏歷經魏宣武帝崩逝後的政治紛擾，故梁武帝不僅持續構築浮山堰增加對壽春的壓迫，也趁北魏益州刺史元法僧統治不當引起亂事之機，遣軍入寇。

魏孝明帝前期與南梁的戰爭主要在東線的壽春及西線的益州兩地。壽春方面為了搶佔硤石要塞，雙方爆發硤石之戰，雖然魏軍於 516 年（魏熙平元年、梁天監十五年）正月大敗梁軍控制硤石，但是浮山堰的危機仍未解除。靈太后於是決定發動大規模攻勢徹底破壞浮山堰，但大軍未行，浮山堰已於516 年（魏熙平元年、梁天監十五年）九月潰決，北魏壽春危機得已解除。至於益州方面，在靈太后急調前益州刺史傅豎眼回任後，於 515 年（魏延昌四年、梁天監十四年）七月順利敉平益州亂事並擊退梁軍。魏孝明帝因承繼魏宣武帝後期與南梁的戰事，故二年多的時間幾乎都與南梁處於緊繃的戰爭狀態，不過由於戰場僅侷限在壽春的淮南一線及蜀地的益州一線，使「**東西二線的衝突**」成為魏孝明帝前期與南梁之戰略關係主軸。而在上述二線的衝突過後，南北執政者不約而同偃兵息甲專注於內政，對對方不再有積極的戰略思維與主戰態度。北魏因宮廷政變元叉專政，其權力基礎不穩，故須鞏固內部不宜對外開釁，而梁武帝則是因浮山堰潰決對國力影響甚大，故極需休養生息，於是在南北執政者皆有相同的戰略認知下，使魏孝明帝中期與南梁之戰略關係，從 517～524 年（魏熙平二年至正光五年、梁天監十六年至普通五年）近八年時間進入和緩期，雖仍有邊境糾紛與衝突，不過大致上仍是和平的景象。

魏孝明帝後期與南梁之戰略關係，從 524～528 年（魏正光五年至武泰元年、梁普通五年至大通二年）約四年餘。這期間北魏執政者由元叉而至靈太后，而靈太后二次臨朝聽政後，其戰略思維與前次執政未有太大不同，對南梁戰略態度未見積極主戰，原因在於北魏爆發六鎮之亂並引爆一連串的動亂，戰略環境不利，故北魏朝廷以全力戡亂為主，無暇對南梁挑釁生事，加

上長期戰事的耗損與統治集團的貪腐導致財政困難，故用兵南梁需持更審慎的戰略態度。至於南梁則不然，在經過近八年的休養後，國力恢復不少，且內部政治穩定，在戰略環境優於北魏的情況下，梁武帝表現出積極主戰的戰略態度，開始籌畫大舉北討。

這一時期的魏梁戰爭，南梁採攻勢，於 524 年（魏正光五年、梁普通五年）六月沿淮河一線大舉北伐。由於北魏受到內部各地動亂的制約，在兵力和將領都應付內外戰爭二分的情況下，各地魏軍對梁軍的進攻多無力拒敵，一路敗退，北魏不僅在淮南失城陷地，連彭城、壽春、義陽等淮河南北軍事重鎮，以及東豫州的廣陵、渦陽兩大重鎮，均紛紛陷梁，其間雖然魏軍大舉反攻收復彭城，但淮南的壽春、義陽始終無力收復，使北魏歷代君主對淮南長期的經營與成果全部喪失，南梁不僅鞏固了淮南，勢力亦進入淮北，兩國在淮河地域產生此消彼長的態勢。而這次的戰爭，可謂名實雙符的北魏王朝最後一次與南梁的戰爭，因為在本次戰爭中，北魏政權尚能以靈太后、魏孝明帝為政治核心運轉國家體制，故魏孝明帝後期與南梁之戰略關係，可謂「**綜合國力的對抗**」，而此後北魏的皇位繼承與政權均遭權臣控制，君主形同傀儡，北魏已是名存實亡了。

魏孝莊、孝武二朝與南梁之戰略關係，從 528～534 年（魏武泰元年至永熙三年、梁大通二年至中大通六年）約六年左右。北魏自 528 年（魏武泰元年、梁大通二年）四月魏孝明帝崩後，即進入權臣軍閥控制皇帝、專擅朝政局面，而這一時期雖然有多位君主被推往幕前，不過仍是以魏孝莊帝、魏孝武帝兩位有獲得普遍承認的為主。這兩位君主皇權旁落，自然無法主導對南梁的戰略關係，而操控他們的權臣則忙於平定各地動亂，或彼此間的爭鬥，如高歡與尒朱氏，故無力也無暇顧及南梁的戰略形勢，因此北魏在這一時期無法採攻勢，僅能以守勢防禦為主。至於南梁的國情則相對穩定，梁武帝又在魏孝明帝後期攻佔壽春、義陽等淮南重鎮，自然增長其繼續進攻北魏的企圖，是故梁武帝積極主戰的態度當可想見。

梁武帝在這一時期以政治、軍事戰略雙管齊下，由於魏孝莊帝乃尒朱榮所立，故梁武帝於 528 年（魏永安元年、梁大通二年）十月命陳慶之護送南降的元宗室北海王元顥北返，欲以其為號召，分裂北魏內部並競奪政治資源。陳慶之乘北魏軍隊忙於平定內亂而疏於南方國防之際，一路乘勝長進，攻陷都城洛陽，迫使魏孝莊帝出逃，不過這僅是一時的現象。雖然北魏國力日漸

衰弱，但北強南弱格局仍未改變，待尒朱榮會集各路魏軍反攻後，陳慶之的佔領洛陽終究是曇花一現。之後梁武帝的戰略態度略微改變，不再採攻勢，而是轉爲靜觀其變的態勢。至於由高歡所立的魏孝武帝，在他無權力主導國家戰略而高歡也專力鞏固內部權力情況下，對南梁並無積極的進取態度，故其戰略態度以穩定雙方關係爲主，因此兩國間未有大型衝突發生，僅在南兗州和東徐州有地區型的紛爭而已，且在雙方控制下，未擴大成大型戰爭，因此魏孝武帝與南梁的戰略關係，較之魏孝莊帝時洛陽陷落，導致其出逃的高張力衝突，相對和緩許多，由此可見魏孝莊、孝武二朝與南梁之戰略關係，展現了「從高張力戰爭到地區紛爭」的不同樣貌。

　　綜觀北魏與南齊、南梁五十六年的南北對立，在北強南弱的格局下，大致呈現北攻南守的態勢，其間雖有南朝君主戰略態度積極，採攻勢進攻北魏，但僅是少數並非常態。而每位北魏君主或執政者，因其主觀的戰略思維與客觀戰略環境的影響，對南齊、南梁或採攻勢或採守勢，使北魏與南齊、南梁之戰略關係呈現不同的樣貌，緊繃的戰爭狀態及和緩的邊區對峙兼而有之。大致而言，當北魏君主能乾綱獨斷擁有全部皇權時，在混一南北使命的驅策下，對南齊、南梁多是積極主戰態度，如魏孝文帝、魏宣武帝；反之，若皇權不振，而由太后、權臣操控大權的魏孝文帝前期及魏孝明、孝莊、孝武等君主，在太后及權臣專注鞏固內部權力的情況下，率皆對南梁持保守之戰略態度。不過，戰略環境也會有一定程度的影響，若南朝政治動盪或內部動亂不斷，也會影響北魏執政者對南梁的戰略思維。

　　北魏與南齊、南梁之戰略關係，雖然自北魏分東、西魏時已暫告結束，但是中國中古時期的南北對峙仍未停止，東魏、西魏與其後繼者北齊、北周和南朝的梁、陳依然是南北對立的格局，只不過分久必合、合久必分的歷史定律從來沒改變過。隋文帝於 582 年（開皇九年）滅亡陳朝統一南北，完成北魏諸帝未竟的志業，中國歷史的巨輪也暫別南北對立時代，再度向大一統王朝邁進。

　　經由本書詳細的論析與考察，具體呈現北魏與南齊、南梁戰略關係的各種不同樣貌，也對其戰、和的原因以及形成衝突或和緩戰略關係的背景與因素，有全盤且詳盡的瞭解。更重要的是，對北魏與南齊、南梁間的大小戰役，都有充分的闡述與分析，希冀這些研究成果對中國中古時期的戰略研究或戰爭研究能有一番學術貢獻。同時，經由本書研究結果顯示，以科際整合方式，

將現代戰略概念應用於歷史研究實屬可行，因此，期盼能有其他研究者接續
結合戰略研究與歷史研究，爲歷史研究提供新的研究取向，使歷史研究面向
能更加豐富與多元。

參考書目

一、基本史料

（一）廿五史

1. 〔西漢〕司馬遷，《史記》，中華書局點校本。

2. 〔東漢〕班固，《漢書》，中華書局點校本。

3. 〔西晉〕陳壽，《三國志》，中華書局點校本。

4. 〔劉宋〕范曄，《後漢書》，中華書局點校本。

5. 〔南梁〕沈約，《宋書》，中華書局點校本。

6. 〔南梁〕蕭子顯，《南齊書》，中華書局點校本。

7. 〔北齊〕魏收，《魏書》，中華書局點校本。

8. 〔北齊〕魏收，《魏書》，百衲本。

9. 〔唐〕房玄齡等撰，《晉書》，中華書局點校本。

10. 〔唐〕姚思廉，《梁書》，中華書局點校本。

11. 〔唐〕姚思廉，《陳書》，中華書局點校本。

12. 〔唐〕李百藥，《北齊書》，中華書局點校本。

13. 〔唐〕令狐德棻等撰，《周書》，中華書局點校本。

14. 〔唐〕李延壽，《南史》，中華書局點校本。

15. 〔唐〕李延壽，《北史》，中華書局點校本。

16. 〔唐〕魏徵等撰，《隋書》，中華書局點校本。

17. 〔後晉〕劉昫等撰，《舊唐書》，中華書局點校本。

18. 〔北宋〕歐陽修、宋祁，《新唐書》，中華書局點校本。

19. 〔北宋〕薛居正等撰，《舊五代史》，中華書局點校本。

20. 〔北宋〕歐陽修，《新五代史》，中華書局點校本。

21. 〔元〕脫脫等撰，《宋史》，中華書局點校本。

22. 〔元〕脫脫等撰，《金史》，中華書局點校本。

23. 〔明〕宋濂等撰，《元史》，中華書局點校本。

24. 〔清〕張廷玉等撰，《明史》，中華書局點校本。

25. 〔民國〕趙爾巽等撰，《清史稿》，中華書局點校本。

（二）史籍與古籍

1. 〔西周〕姜尚著、徐培根註，《太公六韜》，臺北：臺灣商務印書館，1984年 10 月。

2. 〔東周〕孫武著、吳仁傑注譯，《孫子讀本》，臺北：三民書局，2008 年 1 月。

3. 〔東周〕孟子著、〔東漢〕趙岐注、〔北宋〕孫奭疏，《孟子注疏》上冊，臺北：臺灣古籍出版公司，2001 年 11 月。

4. 〔北魏〕酈道元注，〔清〕楊守敬、熊會貞疏，《水經注疏》，南京：江蘇古籍出版社，1989 年 6 月。

5. 〔北魏〕楊衒之著、劉九洲注譯，《洛陽伽藍記》，臺北：三民書局，1994年 3 月。

6. 〔北齊〕顏之推著、王利器集解，《顏氏家訓集解》，臺北：明文書局，1999 年 3 月。

7. 〔唐〕杜佑，《通典》第一冊，北京：中華書局，1988 年 12 月。

8. 〔唐〕許敬宗等編，《文館詞林》，北京：中華書局，1985 年。

9. 〔唐〕徐堅，《初學記》，臺北：新興書局，1966 年 5 月。

10. 〔北宋〕司馬光，《資治通鑑》，臺北：西南書局，1982 年 9 月。

11. 〔南宋〕鄭樵，《通志》，臺北：新興書局，1959 年 7 月。

12. 〔元〕馬端臨，《文獻通考》第二冊，臺北：新興書局，1963 年 10 月。

13. 〔清〕王夫之，《讀通鑑論》，臺北：里仁書局，1985 年 2 月。

14. 〔清〕王鳴盛，《十七史商榷》，臺北：大化書局，1984 年 5 月。

15. 〔清〕錢大昕，《廿二史考異》，上海：上海古籍出版社，2004 年 4 月。

16. 〔清〕趙翼，《陔餘叢考》，臺北：新文豐出版公司，1975 年 11 月。

17. 〔清〕趙翼著、王樹民校證，《廿二史劄記校證》，北京：中華書局，2007年 9 月。

18. 〔清〕萬斯同，《魏將相大臣年表》，收於《二十五史補編》，第四冊，北

京：中華書局，1991 年 3 月。

19. 〔清〕顧炎武，《顧亭林文集》，臺北：三民書局，2000 年 5 月。

20. 〔清〕顧祖禹，《讀史方輿紀要》，臺北：樂天出版社，1973 年 10 月。

21. 〔民國〕姜義華注譯，《禮記》，臺北：三民書局，1997 年 10 月。

22. 〔民國〕傅傑注譯，《三略讀本》，臺北：三民書局，1997 年 1 月。

23. 〔民國〕吳廷燮，《元魏方鎮年表》，二十五史刊行委員會編，《二十五史補編》第四冊，北京：中華書局，1991 年 3 月。

二、近人論著

（一）專　書

1. 人民解放軍廣州軍區，《中國古代戰爭史》，收入《中國軍事百科全書》，北京：軍事科學出版社，1992 年 10 月。

2. 王仲犖，《北周六典》，臺北：華世出版社，1982 年 9 月。

3. 王仲犖，《魏晉南北朝史》，臺北：漢京文化事業公司，1992 年 9 月。

4. 毛漢光，《中國中古政治史論》，臺北：聯經出版事業公司，1991 年 4 月。

5. 中國古今地名大詞典編纂委員會編著，《中國古今地名大詞典》，上海：上海辭書出版社，2005 年 7 月。

6. 中國軍事史編寫組，《中國軍事史》，北京：解放軍出版社。本書分《兵略》1988 年 3 月、《兵法》1988 年 6 月、《兵壘》1991 年 6 月三次出版。

7. 中國軍事史編寫組，《中國歷代軍事裝備》，北京：解放軍出版社，2006 年。

8. 中國歷代戰爭史編纂委員會，《中國歷代戰爭史》，臺北：黎明文化事業公司，1980 年 4 月。

9. 中國歷代戰爭簡史編寫組，《中國歷代戰爭簡史》，北京：解放軍出版社，2006 年 1 月。

10. 中國魏晉南北朝史學會、武漢大學中國三至九世紀研究所編，《魏晉南北朝史研究：回顧與探索》，武漢：湖北教育出版社，2009 年。

11. 中華戰略學會編，《認識戰略——戰略講座彙編》，臺北：中華戰略學會，1997 年元月。

12. 孔令晟，《大戰略通論》，臺北：好聯出版社，1995 年 10 月。

13. 〔日〕白鳥庫吉著、方壯猷譯，《東胡民族考》，上海：商務印書館，1934 年 9 月。

14. 白翠琴，《魏晉南北朝民族史》，成都：四川民族出版社，1996 年 8 月。

15. 田餘慶，《拓跋史探》，北京：三聯書店，2003 年 3 月。

16. 札奇斯欽，《北亞游牧民族與中原農業民族間的和平戰爭與貿易之關係》，臺北：正中書局，1973 年 1 月。

17. 米文平《鮮卑石室尋訪記》，濟南：山東書報出版社，1997 年 12 月。

18. 朱大渭、張文強，《兩晉南北朝軍事史》，北京：軍事科學出版社，1998 年 10 月。

19. 朱大渭，《六朝史論》，北京：中華書局，1998 年 8 月。

20. 牟發松，《湖北通史》，武漢：華中師範大學出版社，1999 年。

21. 牟潤孫，《注史齋叢稿》，臺北：臺灣商務印書館，1990 年 6 月。

22. 〔日〕谷川道雄著、李濟滄譯，《隋唐帝國形成史論》，上海：上海古籍出版社，2004 年 10 月。

23. 呂光天、古清堯，《貝加爾湖地區和黑龍江流域各族與中原的關係史》，哈爾濱：黑龍江教育出版社，1998 年 12 月。

24. 呂思勉，《兩晉南北朝史》，上海：上海古籍出版社，2009 年 6 月。

25. 呂春盛，《北齊政治史研究——北齊衰亡原因之考察》，國立臺灣大學文史叢刊之 75，臺北：臺灣大學出版委員會，1987 年 6 月。

26. 邱燮友注譯，《唐詩三百首》，臺北：三民書局，2003 年 2 月。

27. 李少軍主編，《國際戰略報告：理論體系、現實挑戰與中國的選擇》，北京：中國社會科學出版社，2005 年 1 月。

28. 李卿，《秦漢魏晉南北朝時期家族、宗族關係研究》，上海：上海人民出版社，2005 年 2 月。

29. 李憑，《北魏平城時代》，北京：社會科學文獻出版社，2000 年 1 月。

30. 李大倫，《廣義戰略論》，北京：軍事科學出版社，2008 年 11 月。

31. 李則芬，《中外戰爭全史》，臺北：黎明文化事業公司，1985 年 11 月。

32. 李樹正，《國家戰略研究集》，臺北：新文化彩色印刷社，1989 年 10 月。

33. 李震，《歷史戰爭論》，臺北：戰爭叢刊社，1953 年 6 月。

34. 李德哈特（B. H. Liddell-Hart）著、鈕先鍾譯，《戰略論》，臺北：麥田出版社，1996 年 6 月。

35. 李祖桓編著，《仇池國志》，北京：書目文獻出版社，1986 年 5 月。

36. 何世同，《中國戰略史》，臺北：黎明文化事業公司，2005 年 5 月。

37. 何茲全，《讀史集》，上海：上海人民出版社，1982 年 4 月。

38. 何敏求，《中國歷代戰爭史簡編》，臺北：黎明文化事業公司，1993 年 3 月。

39. 何德章，《中國魏晉南北朝政治史》，北京：人民出版社，1994 年。

40. 杜士鐸主編，《北魏史》，太原：山西高校聯合出版社，1992 年 8 月。

41. 克勞塞維茲（Carl von Clausewitz）著、艾沙里尼歐（Roger Ashley Leonard）編、鈕先鍾譯，《戰爭論》，臺北：麥田出版社，1996 年 8 月。

42. 周一良，《魏晉南北朝史札記》，北京：中華書局，1985 年 3 月。

43. 周一良，《周一良集》，瀋陽：遼寧教育出版社，1998 年 8 月。

44. 周一良，《魏晉南北朝史論集》，北京：北京大學出版社，2000 年 10 月。

45. 周偉洲，《敕勒與柔然》，桂林：廣西師範大學出版社，2006 年 5 月。

46. 林旅芝，《鮮卑史》，香港：波文書局，1973 年 6 月。

47. 林幹，《東胡史》，呼和浩特：內蒙古人民出版社，1990 年 11 月。

48. 林幹、再思，《東胡烏桓鮮卑研究與附論》，呼和浩特：內蒙古大學出版社，1995 年 8 月。

49. 林瑞翰，《魏晉南北朝史》，臺北：五南圖書出版公司，1990 年 5 月。

50. 〔日〕竺沙雅章著、吳密察譯，《征服王朝的時代》，臺北：稻鄉出版社，1998 年 9 月。

51. 武國卿，《中國戰爭史》，北京：京城出版社，1992 年 8 月。

52. 胡阿祥，《六朝疆域與政區研究》，北京：學苑出版社，2005 年 12 月。

53. 洛陽市文物局編，《洛陽出土北魏墓誌選編》，北京：科學出版社，2001 年 6 月。

54. 柯林斯（John M. Collins）著、鈕先鍾譯，《大戰略》，臺北：黎明文化事業公司，1987 年。

55. 美國國防部（Department of Defence U.S.A）編、國防部史政編譯局譯，《美國國防部軍語詞典》，臺北：國防部史政編譯局，1995 年 6 月。

56. 約米尼（Antoine Henri Jomini）著、鈕先鍾譯，《戰爭藝術》，臺北：麥田出版社，1997 年 5 月。

57. 馬長壽，《烏桓與鮮卑》，上海：上海人民出版社，1962 年 11 月。

58. 孫同勛，《拓拔氏的漢化及其他——北魏史論文集》，臺北：稻鄉出版社，2005 年 3 月。

59. 祝總斌，《兩漢魏晉南北朝宰相制度研究》，北京：中國社會科學出版社，1998 年 4 月。

60. 高敏，《魏晉南北朝兵制研究》，鄭州：大象出版社，2000 年 3 月。

61. 高敏，《秦漢魏晉南北朝史論考》，北京：中國社會科學出版社，2004 年 7 月。

62. 唐長孺，《山居存稿》，北京：中華書局，2011 年 4 月。

63. 唐長孺，《魏晉南北朝史論拾遺》，北京：中華書局，1983 年 5 月。

64. 唐長孺，《魏晉南北朝隋唐史三論》，武漢：武漢大學出版社，1992 年 12

月。

65. 唐長孺，《魏晉南北朝史論叢》，石家莊：河北教育出版社，2002 年 1 月。

66. 唐曉峰，《人文地理隨筆》，北京：三聯書店，2005 年 1 月。

67. 袁偉主編，《中國戰典》，北京：解放軍出版社，1994 年 12 月。

68. 徐培根，《國家戰略概論》，臺北：國防研究院，1959 年 5 月。

69. 國防部編著，《國軍軍語詞典》，臺北：國防部，1973 年 9 月。

70. 國軍軍語辭典編審指導委員會編，《國軍軍語辭典》，臺北：國防部，2003 年 3 月。

71. 許保林，《中國兵書通覽》，北京：解放軍出版社，2002 年 1 月。

72. 康樂，《從西郊到南郊——國家祭典與北魏政治》，臺北：稻禾出版社，1995 年 1 月。

73. 黃寬重、劉增貴主編，《家族與社會》，北京：中國大百科全書出版社，2005 年 4 月。

74. 張文強，《中國魏晉南北朝軍事史》，北京：人民出版社，1994 年 4 月。

75. 張金龍，《北魏政治與制度論稿》，蘭州：甘肅教育出版社，2003 年 3 月。

76. 張金龍，《北魏政治史研究》，蘭州：甘肅教育出版社，1996 年 10 月。

77. 張金龍，《魏晉南北朝禁衛武官制度研究》，北京：中華書局，2004 年 11 月。

78. 張金龍，《北魏政治史》一～十冊，蘭州：甘肅教育出版社，2008 年 9 月。

79. 張國剛主編，《中國中古史論集》，天津：天津古籍出版社，2003 年。

80. 張曉生、劉文彥，《中國古代戰爭通覽（二）》，臺北：雲龍出版社，1995 年 8 月。

81. 張儐生，《魏晉南北朝政治史（上）（下）》，臺北：中國文化大學出版部，1983 年 2 月。

82. 張繼昊，《從拓跋到北魏——北魏王朝創建歷史的考察》，臺北：稻鄉出版社，2003 年 12 月。

83. 陳文尚、雷家驥編，《戰略理論研究》，臺北：聯鳴文化有限公司，1981 年 1 月。

84. 陳金鳳，《魏晉南北朝中間地帶研究》，天津：天津古籍出版社，2005 年 5 月。

85. 陳致平，《中華通史（三）》，臺北：黎明文化事業公司，1988 年 2 月。

86. 陳再勤，《魏晉南北朝時期南北邊境地帶蠻族的地理考察》，武漢：武漢大學出版社，1999 年。

87. 陳琳國,《魏晉南北朝政治制度研究》,臺北:文津出版社,1994 年 3 月。

88. 陳羨,《悠悠南北朝——宋齊北魏的紛爭史》,重慶:重慶出版社,2007 年 7 月。

89. 陳爽,《世家大族與北朝政治》,北京:中國社會科學出版社,1998 年 12 月。

90. 陳寅恪,《隋唐制度淵源略論稿》,臺北:臺灣商務印書館,1998 年 7 月。

91. 陳寅恪著、陳美延編,《金明館叢稿初編》,北京:三聯書店,2001 年 6 月。

92. 陳寅恪著、陳美延編,《金明館叢稿二編》,北京:三聯書店,2001 年 7 月。

93. 陳寅恪著、萬繩楠整理,《陳寅恪魏晉南北朝講演錄》,臺北:雲龍出版社,2002 年 3 月。

94. 程維榮,《拓跋宏評傳》,南京:南京大學出版社,2002 年 4 月。

95. 逯耀東《從平城到洛陽——拓跋魏文化轉變的歷程》,臺北:東大圖書公司,2001 年 1 月。

96. 勞榦,《魏晉南北朝史》,臺北:中國文化大學出版部,1991 年 6 月。

97. 鈕先鍾,《大戰略漫談》,臺北:華欣文化事業公司,1977 年 5 月。

98. 鈕先鍾,《中國戰略思想史》,臺北:黎明文化事業公司,1992 年 10 月。

99. 鈕先鍾,《中國戰略思想新論》,臺北:麥田出版社,2003 年 11 月。

100. 鈕先鍾,《西方戰略思想史》,臺北:麥田出版社,1995 年 7 月。

101. 鈕先鍾,《歷史與戰略——中西軍事史新論》,臺北:麥田出版社,2013 年 10 月。

102. 鈕先鍾,《現代戰略思潮》,臺北:黎明文化事業公司,1989 年 9 月。

103. 鈕先鍾,《論戰略研究》,臺北:黎明文化事業公司,1982 年 7 月。

104. 鈕先鍾,《國家戰略論叢》,臺北:幼獅文化事業公司,1984 年 4 月。

105. 鈕先鍾,《國家戰略概論》,臺北:正中書局,1975 年 1 月。

106. 鈕先鍾,《戰略研究與軍事思想》,臺北:黎明文化事業公司,1982 年 7 月。

107. 鈕先鍾,《戰略研究入門》,臺北:麥田出版社,1998 年 9 月。

108. 鈕先鍾,《戰略思想與歷史訓練》,臺北:軍事譯粹社,1979 年 7 月。

109. 鈕先鍾,《戰略研究與戰略思想》,臺北:軍事譯粹社,1988 年 10 月。

110. 傅啓學編著,《中國古代外交史料彙編》,臺北:國立編譯館,1980 年 9 月。

111. 趙以武,《梁武帝及其時代》,南京:鳳凰出版社,2006 年 4 月。

112. 趙超編，《漢魏南北朝墓誌彙編》，天津：天津古籍出版社，1992 年 6 月。

113. 趙萬里編，《漢魏南北朝墓志集釋》，新文豐出版公司編輯部編，《石刻史料新編》，臺北：新文豐出版公司，1986 年 7 月。

114. 趙國華，《中國兵學史》，福建：福建人民出版社，2004 年 11 月。

115. 萬繩楠，《魏晉南北朝史論稿》，臺北：昭明出版社，1999 年 12 月。

116. 劉俊文主編，《日本學者研究中國史論著選譯》，北京：中華書局，1993 年 8 月。

117. 劉淑芬，《六朝的城市與社會》，臺北：臺灣學生書局，1992 年 10 月。

118. 劉學銚，《鮮卑史論》，臺北：南天書局，1994 年 8 月。

119. 劉學銚，《北亞游牧民族雙軌政治》，臺北：南天書局，1999 年 11 月。

120. 劉學銚，《歷代胡族王朝之民族政策》，臺北：知書房出版社，2005 年 10 月。

121. 熊德基，《六朝史考實》，北京：中華書局，2000 年 7 月。

122. 黎虎，《魏晉南北朝史論》，北京：學苑出版社，1999 年 7 月。

123. 蔡金仁，《北魏道武帝戰略思想研究》，103 年度教育部整體發展獎補助款教師專題研究，計劃編號：SZG10301001。

124. 蔡金仁，《北魏太武帝戰略思想研究》，104 年度教育部整體發展獎補助款教師專題研究，計劃編號：SZG10401001。

125. 蔡金仁，《北魏皇位繼承不穩定性之研究》，臺北：花木蘭文化出版社，2010 年 9 月。

126. 蔡金仁，《北魏與劉宋戰略關係研究——從國家戰略觀點的解析（上）（下）》，新北：花木蘭文化出版社，2011 年 9 月。

127. 蔡美康，《宋魏和戰考（西元四二〇至四七九）》，臺南：文山書局，1990 年 8 月。

128. 鄭欽仁，《北魏官僚機構研究續篇》，臺北：稻禾出版社，1995 年 4 月。

129. 鄭欽仁、李明仁編譯，《征服王朝論文集》，臺北：稻鄉出版社，2002 年 8 月。

130. 潘德深，《中國史學史》，臺北：五南圖書出版公司，1994 年 5 月。

131. 薛國屏編著，《中國古今地名對照表》，上海：上海辭書出版社，2009 年 9 月。

132. 錢汝平，《蕭衍研究》，北京：中國社會科學出版社，2011 年 1 月。

133. 錢穆，《國史大綱》，臺北：國立編譯館，1983 年 11 月。

134. 蔣緯國，《國家戰略概說》，臺北：三軍大學戰爭學院，1979 年 9 月。

135. 潘國鍵，《北魏與蠕蠕關係研究》，臺北：臺灣商務印書館，1988 年 3 月。

136. 薄富爾（Andre Beaufre）著、鈕先鍾譯，《戰略緒論》，臺北：麥田出版社，1996 年 9 月。

137. 魏汝霖、劉仲平，《中國軍事思想史》。臺北：黎明文化事業公司，1985 年 3 月。

138. 韓國磐，《北朝經濟試探》，上海：上海人民出版社，1958 年 5 月。

139. 韓國磐，《魏晉南北朝史綱》，北京：人民出版社，1983 年 4 月。

140. 譚其驤主編，《中國歷史地圖集》第四冊，上海：中國地圖出版社，1989 年 10 月。

141. 蘇小華，《北鎮勢力與北朝政治文化》，北京：中國社會科學出版社，2012 年 10 月。

142. 饒勝文，《布局天下：中國古代軍事地理大勢》，北京：解放軍出版社，2006 年 5 月。

143. 嚴耀中，《北魏前期政治制度》，吉林：教育出版社，1990 年 7 月。

144. 嚴耕望著、李啓文整理，《唐代交通圖考》，中央研究院歷史語言研究所專刊之八十三，臺北：中央研究院歷史語言研究所，2003 年 4 月。

（二）期刊論文

1. 大同市博物館山西省文物工作委員會，〈大同方山北魏永固陵〉，《文物》，1978 年 7 月。

2. 山西省考古博物館，〈大同南郊北魏墓群發掘簡報〉，《文物》，1992 年 8 月。

3. 王永平，〈北魏孝文帝之南征戰略及其相關爭議考論〉，《學術研究》，2013 年第 3 期，2013 年 8 月。

4. 王吉林，〈北魏繼承制度與宮闈鬥爭之綜合研究〉，《華岡文科學報》，第 11 期，1978 年 1 月。

5. 王吉林，〈統一期間北魏與塞外游牧民族之關係〉，《史學彙刊》，第 10 期，1980 年 6 月。

6. 王延武，〈由《魏書·邢巒傳》看北魏軍事制度改革的滯後〉，《中南民族大學學報（人文社會科學版）》，第 25 卷第 6 期，2005 年 11 月。

7. 王延武，〈兩晉南朝的治「蠻」機構與「蠻族」活動〉，《中南民族學院學報》，1983 年第 3 期。

8. 王明蓀，〈中國分裂經驗之歷史研究——中古時期〉，國科會 83 年度研究報告，1994 年。

9. 王曾才，〈北魏時期的胡漢問題〉，《幼獅學報》，第 3 卷第 2 期，1961 年 4 月。

10. 孔毅，〈北魏外戚述論〉，《西南師範大學學報（哲學社會科學版）》，第 4

期，1994 年 10 月。

11. 古齋光，〈三國鼎峙與南北朝分立〉，《禹貢半月刊》，第 5 卷第 2 期，1936 年 3 月。

12. 史念海，〈論我國歷史上東西對立的局面和南北對立的局面〉，《中國歷史地理論叢》，1992 年第 1 期，1992 年 3 月。

13. 朴漢濟，〈北魏王權與胡漢體制〉，收入《中國史研究的成果與展望》，北京：中國社會出版社，1991 年。

14. 米文平〈鮮卑石室的發現與初步研究〉，《文物》，1981 年第 2 期，1981 年 2 月。

15. 米文平〈鮮卑石室所關諸地理問題〉，《民族研究》，1982 年第 4 期，1982 年 7 月。

16. 朱大渭，〈北魏末年各族人民大起義若干史實的辨析〉，收於氏著，《六朝史論》，北京：中華書局，1998 年 8 月。

17. 朱大渭，〈魏晉南北朝時期的套城〉，《齊魯學刊》，1987 年第 4 期。

18. 朱大渭，〈代北豪強酋帥崛起述論〉，《文史》，第 31 輯，1988 年 11 月。

19. 朱大渭，〈南朝少數民族概況及其與漢族的融合〉，《中國史研究》，1980 年第 1 期。

20. 朱俊豪，〈南北朝時期的水戰〉，《新北大史學》，第 5 期，2007 年 10 月。

21. 朱葉俊，〈魏晉南北朝戰爭中的「用間」〉，《南京曉莊學院學報》，第 26 卷第 2 期，2010 年 3 月。

22. 余遜，〈讀魏書李沖傳論宗主制〉，《中央研究院歷史語言研究所集刊》，第 20 本下冊，1948 年 12 月。

23. 谷川道雄，〈北魏末的內亂與城民〉，收於劉俊文主編，《日本學者研究中國史論著選譯》，北京：中華書局，1993 年 8 月。

24. 李民，〈南北朝軍事武藝訓練鉤沉〉，《蘭台世界》，第 36 期，2012 年 8 月。

25. 李傑，〈南朝江漢地區蠻漢融合之探微〉，《中南民族學院學報》，1988 年第 4 期。

26. 李靖莉，〈南北朝國策比較〉，《濱州教育學院學報》，創刊號，1995 年第 1 期，1995 年 3 月。

27. 李靖莉，〈南北朝北強南弱局面的成因〉，《濱州師專學報》，第 12 卷第 3 期，1996 年 3 月。

28. 沈家平，〈靈活多變：魏晉南北朝騎兵的戰術特點〉，《寧夏師範學院學報》，第 31 卷第 2 期，2010 年 4 月。

29. 汪奎，〈劉宋元嘉時期的中外軍體制〉，《浙江師範大學學報（社會科學

版）》，第 32 卷第 2 期，2007 年 4 月。

30. 何榮昌，〈略論六朝的江防〉，收入江蘇省六朝史研究會編，《六朝史論集》，合肥：黃山書社，1993 年 9 月。

31. 何茲全，〈府兵制前的北朝兵制〉，收入氏著，《讀史集》，上海：上海人民出版社，1982 年 4 月。

32. 何茲全，〈魏晉南北朝的兵制〉，收入氏著，《讀史集》，上海：上海人民出版社，1982 年 4 月。

33. 肖黎，〈北魏孝文帝時期之南北關係〉，《北方論叢》，1986 年 5 月。

34. 車傳鼎，〈元魏權貴官僚之聚斂貲財〉，《國立中央大學文史學報》，第 22 期，1992 年 3 月。

35. 長部悦弘，〈北魏尒朱氏軍閥集團考〉，中國魏晉南北朝史學會、武漢大學中國三至九世紀研究所編，《魏晉南北朝史研究：回顧與探索》，武漢：湖北教育出版社，2009 年。

36. 周一良，〈領民酋長與六州都督〉，收於氏著，《魏晉南北朝史論集》，北京：北京大學出版社，2000 年 10 月。

37. 周一良，〈《魏書》札記・魏宣武帝元恪〉，收於氏著，《魏晉南北朝史札記》，北京：中華書局，1985 年 3 月。

38. 吳永章，〈南朝對「蠻」族的統治與「撫納政策」〉，《江漢論壇》，1983 年第 6 期。

39. 吳傳國，〈戰略與政策〉，《中華戰略學刊》，1997 年春季刊，1997 年 3 月。

40. 吳慧蓮，〈魏齊之間的和戰關係〉，《淡江史學》，第 11 期，2000 年 6 月。

41. 林正弘，〈科際整合的一個面向——各學科間方法的互相借用〉，《科學月刊》，第 22 卷第 9 期，1991 年 9 月。

42. 苗福盛、宗克強、仲偉海，〈魏晉南北朝軍事武藝的綜述〉，《文體用品與科技》，2013 年第 10 期，2013 月 5 月。

43. 胡阿祥，〈東晉南朝的守國形勢——兼論歷史上的南北對立〉，《江海學刊》，1998 年第 2 期。

44. 馬彩蘭，〈南北朝時期武術器械之考究〉，《商丘師範學院學報》，第 30 卷第 9 期，2014 年 9 月。

45. 徐勝一，〈北魏孝文帝遷都洛陽與氣候變化之研究〉，《國立臺灣師範大學地理研究報告》，第 38 期，2003 年 5 月。

46. 秦公，〈釋北魏高道悅墓誌〉，《文物》，1979 年第 9 期。

47. 孫瑞寧、孫瀘松，〈論淮北〉，《安徽史學》，1995 年第 4 期。

48. 夏毅成，〈北魏的南進政策與國勢的消長〉，收入張國剛主編，《中國中古史論集》，天津：天津古籍出版社，2003 年。

49. 唐長孺，〈北魏的青齊土民〉，收入氏著，《魏晉南北朝史論拾遺》，北京：中華書局，1983 年 5 月。

50. 唐長孺，〈北魏南境諸州的城民〉，收於氏著，《山居存稿》，北京：中華書局，2011 年 4 月。

51. 郭沛一，〈鐵騎繞龍城——南北朝重騎兵的輝煌〉，《國立歷史博物館學報》，第 51 期，2015 年 7 月。

52. 郭黎安，〈六朝建都與軍事重鎮的分布〉，《中國史研究》，1999 年第 4 期。

53. 常彧，〈從突騎到甲騎具裝——魏晉南北朝騎兵之演進〉，《中國中古史研究》，第 9 期，2009 年 12 月。

54. 許輝，〈南北朝戰爭特點探析〉，《江海學刊》，1991 年 3 月。

55. 許輝，〈南北朝關係述論〉，《江蘇社會科學》，2002 年第 3 期，2002 年 7 月。

56. 盛險峰，〈論淮河在中國古代南北方的分界地位〉，《古代文明》，第 2 卷第 1 期，2008 年 1 月。

57. 陳宏對，〈壽春在我國古代南北對峙中的軍事戰略地位〉，《華東冶金學院學報》，第 1 卷第 3 期，1999 年 9 月。

58. 陳金全，〈試論北魏的官營苑囿與國營牧場〉，《宜春學院學報》，第 33 卷第 6 期，2011 年 6 月。

59. 陳金鳳、姜敏，〈南北朝時期北魏與中間地帶蠻族合作探微——以北魏和桓誕、田益宗合作為中心〉，《中南民族大學學報（人文社會科學版）》，第 22 卷第 6 期，2002 年 11 月。

60. 陳習剛，〈義陽三關的演變與地位〉，《信陽師範學院學報（哲學社會科學版）》，第 24 卷第 1 期，2004 年 2 月。

61. 陳習剛，〈武陽、黃峴二關考〉，《武漢交通管理幹部學院學報》，第 5 卷第 4 期，2003 年 12 月。

62. 陳愛平，〈南宋對六朝南北軍事對峙經驗的理論研究〉，《沙洋師範高等專科學校學報》，2006 年第 3 期，2006 年 9 月。

63. 黃樸民，〈魏晉南北朝軍事學術雜識〉，《北方論叢》，2009 年第 3 期（總第 215 期），2009 年 7 月。

64. 宿白，〈北魏洛陽城和北邙墳墓——鮮卑遺跡輯錄之三〉，《文物》，1978 年 7 月。

65. 陶賢都，〈高歡父子霸府述論〉，《青島大學師範學院學報》，第 23 卷第 1 期，2006 年 3 月。

66. 張南，〈戰爭衝突中的江北城市〉，《安徽史學》，1991 年第 2 期。

67. 張敏，〈論水災在南北朝對峙及戰爭中的作用〉，《鄂州大學學報》，第 11

卷第 3 期，2004 年 7 月。

68. 張光明，〈山東淄博市發現北魏傅豎眼墓志〉，《考古》，1987 年第 2 期。

69. 張雄，〈南朝「荊雍蠻」的分佈和族屬試探〉，《江漢論壇》，1983 年第 5 期。

70. 張雄，〈從南朝荊雍雍州僑、左郡建置看漢胡蠻的遷徙與融合〉，《中南民族學院學報》，1996 年第 3 期，1996 年 9 月。

71. 張澤洪，〈魏晉南朝蠻、僚、俚族的北徙〉，《四川大學學報》，1988 年第 4 期。

72. 程有為，〈南北朝時期的淮漢蠻族〉，《鄭州大學學報（哲學社會科學版）》，第 36 卷第 1 期，2003 年 7 月。

73. 逯耀東，〈北魏與南朝對峙期間的外交關係〉，《新亞書院學術年刊》，第 8 期，1966 年 9 月。

74. 楊恩玉，〈蕭梁部曲制的特徵探析〉，《理論學刊》，2011 年第 11 期（總第 213 期），2011 年 7 月。

75. 楊恩玉，〈蕭梁部曲制的盛行及其影響〉，《南京曉莊學院學報》，2012 年第 1 期，2012 年 1 月。

76. 楊天亮，〈論南北朝時期南北雙方的主要戰爭及其影響〉，《史林》，1998 年第 4 期，1998 年 12 月。

77. 蒙默，〈魏晉南北朝時期的「蠻」〉，《香港中文大學中國文化研究所學報》，第 19 卷，1988 年。

78. 魯峰，〈淮河流域戰爭多發的動因與戰略地位〉，《人文地理》，第 15 卷第 4 期，2000 年 8 月。

79. 熊德基，〈鮮卑漢化與北朝三姓的興亡〉，收於氏著，《六朝史考實》，北京：中華書局，2000 年 7 月。

80. 劉心長，〈試論北朝的社會機制〉，《鄴城暨北朝史研究》，1991 年 4 月。

81. 劉淑芬，〈北魏時期的蜀薛〉，收於黃寬重、劉增貴主編，《家族與社會》，北京：中國大百科全書出版社，2005 年 4 月。

82. 劉精誠，〈魏孝文帝時期的南北關係〉，《北朝研究》，1993 年 3 月。

83. 蔡金仁，〈論爾朱榮奪取北魏政權的政治戰略〉，《大葉大學通識教育學報》，第 17 期，2016 年 5 月。

84. 蔡金仁，〈拓跋珪創建北魏政治戰略論析〉，《大葉大學通識教育學報》，第 2 期，2008 年 11 月。

85. 蔡金仁，〈論符堅的大戰略與前秦興亡之關係〉，《人文社會科學研究》，第 2 卷第 2 期，2008 年 12 月。

86. 蔡金仁，〈論北魏孝文帝遷都的心理戰略〉，《國立虎尾科技大學學報》，

第 28 卷第 1 期，2009 年 3 月。

87. 蔡金仁，〈淮南四鎮在南北戰爭中的戰略角色分析──以北魏與南朝戰爭爲中心的考察〉《中臺學報（人文社會卷）》，第 26 卷第 1 期，2014 年 9 月。

88. 蔡金仁，〈陳慶之在蕭梁軍事上的貢獻與影響〉，《實踐博雅學報》，第 24 期，2016 年 7 月。

89. 蕭啓慶，〈北亞游牧民族南侵各種原因檢討〉，《食貨》復刊，第 1 卷，1972 年 3 月。

90. 魏復古（Karl A. Wittfogel）著，蘇國良、江志宏譯，〈中國遼代社會史（907～1125）總述〉，收於鄭欽仁、李明仁編譯，《征服王朝論文集》，臺北：稻鄉出版社，2002 年 8 月。

91. 薩孟武，〈晉隋之間的南北形勢〉，《社會科學論叢》，第 3 期，1953 年。

（三）學位論文

1. 丘立崗，《論秦的統一戰略：一個結構化分析的個案研究》，臺北：淡江大學國際事務與戰略研究所碩士論文，1986 年 6 月。

2. 何世同，《中國中古時期之陰山戰爭及其對北邊戰略環境變動與歷史發展影響研究》，嘉義：國立中正大學歷史研究所博士論文，2001 年 4 月。

3. 李文欽，《文化力對晚清政治變革之影響──政治系統理論之觀點》，臺北：淡江大學國際事務與戰略研究所碩士論文，2002 年 1 月。

4. 洪文琪，《姚察父子修撰梁、陳二書之研究》，臺北：中國文化大學史學研究所碩士論文，2005 年 12 月。

5. 陳建青，《康熙政治戰略之研究》，臺北：淡江大學國際事務與戰略研究所碩士論文，2002 年 6 月。

6. 張永樂，《秦帝國衰亡原因之研究──以總體戰略觀點分析》，臺北：淡江大學國際事務與戰略研究所碩士論文，2009 年 6 月。

7. 張繼昊，《北魏變亂問題初探（西元三九六～五三四年）》，臺北：國立臺灣大學歷史研究所碩士論文，1984 年 6 月。

8. 郭啓瑞，《東晉南朝國防結構的演變──以北境州鎮爲主》，臺北：中國文化大學史學研究所博士論文，1993 年 6 月。

9. 蔡金仁，《北宋與遼、西夏戰略關係研究──從權力平衡觀點的解析》，臺北：淡江大學國際事務與戰略研究所碩士論文，1997 年 6 月。

10. 蔡宗憲，《南北朝交聘與中古南北互動（三六九──五八九）》，臺北：國立臺灣大學歷史研究所博士論文，2006 年 1 月。

11. 賴柏丞，《戰國時代合縱連橫之研究──行動戰略觀點》，臺北：淡江大學國際事務與戰略研究所碩士論文，2011 年 6 月。

12. 盧星廷，《政經改革與國力增長關係之研究——以秦商鞅變法爲例》，臺北：淡江大學國際事務與戰略研究所碩士論文，2004 年 6 月。

13. 簡孝儒，《東晉南北朝淮水軍事戰略地位之研究》，臺南：國立成功大學歷史研究所碩士論文，2009 年 1 月。

14. 羅慶生，《先秦戰略思想的研究》，臺北：淡江大學國際事務與戰略研究所博士論文，2014 年 6 月。

三、日 文

（一）專 書

1. 白鳥庫吉，《白鳥庫吉全集》第 8 卷，東京：岩波書店，1970 年 10 月。

2. 田村實造，《中國史上の民族移動期》，東京：創文社，1985 年 3 月。

3. 船木勝馬，《古代游牧騎馬民の國——草原から中原へ》，東京：誠文堂新光社，1989 年 2 月。

4. 越智重明，《中國古代の政治と社會》，福岡：中國書店，2000 年 3 月。

5. 福島繁次郎，《中國南北朝史研究》，東京：名著出版社，1979 年增訂版。

6. 窪添慶文，《魏晉南北朝官僚制研究》，東京：汲古書院，2003 年 9 月。

（二）期刊論文

1. 川本芳昭，〈胡族國家〉，收入《魏晉南北朝隋唐時代史の基本問題》，東京：汲古書院，1997 年 6 月。

2. 西野正彬，〈北魏的軍制和南邊〉，《北陸史學》，第 25 期，1976 年 11 月。

3. 越智重明，〈北魏的丁兵制〉，《東方學》，第 32 期，1966 年 6 月。

4. 塚本善隆，〈北魏の佛教匪〉，《支那佛教史研究——北魏篇》，東京：弘文堂書房，1942 年。

5. 濱口重國，〈高齊出自考——高歡の制霸と河北の豪族高乾兄弟の活躍（上）〉，《史學雜誌》，第 49 卷第 7 號；〈高齊出自考——高歡の制霸と河北の豪族高乾兄弟の活躍（下）〉，同卷第 8 號，1938 年。

四、英 文

1. Holmgren,Jennifer. "The making of an elite:local politics and social relations in Northeastern China during the fifth century A.D." *Papers on Far Easten History* . No.30. 1984.

2. Eisenberg Andrew. "Retired Emperorship Medieval China: The Northern Wei". *T'oung Pao* . No.77. 1991.

3. Holmgren Jennifer. "Empress Dowager Ling of the Northern Wei and the

T'o-Pa Sinicization Question". *Papers on Far Eastern History*. No. 18.1978.

五、網路資源

1. 中央研究院歷史語言研究所｜漢籍電子文獻｜http://hanji.sinica.edu.tw/

附表、附圖

表六：北魏與南齊戰略關係大事表

西元	紀　　年	魏齊戰略關係	相　關　大　事
479	魏孝文帝太和三年 宋順帝昇明三年 齊高帝建元元年	四月，齊高帝遷兗州刺史垣崇祖為豫州刺史鎮守壽春，備戰魏軍南侵。 十一月，魏趁齊初創之際，以三路大軍南伐，入寇司、豫二州。	四月，蕭道成簒宋建齊，是為齊高帝。 五月，齊高帝殺宋順帝。 七月，齊以李叔獻為交州刺史。 十一月，柔然受羅部眞可汗應齊之約出師攻魏，至塞而還。齊高帝以初即位不宜出師，未出兵應柔然。
480	魏太和四年 齊建元二年	三月，魏軍攻齊之壽春、鍾離，遭齊軍擊退。 七月，齊角城戍主舉城降魏。 八月，魏遣徐州刺史、假梁郡王拓跋嘉等率六路魏軍進攻齊之朐山、角城等濱海地區。 八月，齊梁州刺史崔慧景遣軍寇武興，魏關城氏帥楊鼠擊破之。 十月，魏軍沿淮河岸入侵齊境，與各地齊軍展開激烈爭戰。	九月，齊汝南太守常元眞以城降魏。 十月，魏蘭陵民桓富殺其縣令，與盜匪張和顏等聚黨保五固，推司馬朗之為主。魏以淮陽王尉元討之。

481	魏太和五年 齊建元三年	正月，魏軍入寇齊角城、淮陽，俱遭齊軍擊退。 二月，魏撤軍北返，結束與齊的首次戰爭。	二月，沙門法秀謀反於平城，河東王苟頹率禁軍平定。 五月，魏青州主簿崔次恩聚眾謀叛，州軍擊破之。 七月，尉元於兗州斬司馬朗之，亂平。
482	魏太和六年 齊建元四年	九月，魏以李崇為荊州刺史。李崇命邊戍掠得齊人者悉還之，由是齊人亦還其生口二百許人，二境無復烽燧之警。	三月，齊高帝崩，太子蕭賾繼位，是為齊武帝。 九月，魏以氐酋楊後起為武都王。
483	魏太和七年 齊武帝永明元年	七月，魏遣使於齊。 十一月，齊遣使於魏。	四月，齊武帝殺五兵尚書垣崇祖、散騎常侍荀伯玉。 五月，齊武帝殺車騎將軍張敬兒。
484	魏太和八年 齊永明二年	十月，齊雙城戍主王繼宗降魏。	六月，魏行俸祿制。
485	魏太和九年 齊永明三年	五月，齊遣使於魏。 十月，魏遣使於齊。	十月，魏行均田制。 十二月，柔然犯塞，魏以任城王拓跋澄討之。 十二月，齊因卻籍問題爆發唐寓之之亂。
486	魏太和十年 齊永明四年	三月，齊遣使於魏。	正月，齊平唐寓之之亂。 二月，魏行三長制。
487	魏太和十一年 齊永明五年	正月，大陽蠻酋桓誕引魏軍攻略齊雍、司二州。 二月，齊軍於舞陰敗桓誕蠻魏聯軍。 五月，桓誕復出攻舞陰，再遭齊軍擊退。	八月，柔然犯塞，魏遣平原王陸叡討之。
488	魏太和十二年 齊永明六年	三月，齊角城戍將張蒲與魏勾結，乘大霧以船載魏軍直衝角城東門，遭角城齊軍擊退之。 四月，桓誕再引魏軍為援佔隔城。齊遣將抗擊，並乘勝攻陷醴陽，後遭魏將韋珍擊退。	十二月，柔然伊吾戍主高羔子率眾三千以城內附。
489	魏太和十三年 齊永明七年	正月，齊遣將寇魏邊，魏淮陽太守王僧儁擊走之。	七月，魏立孔子廟於京師。

490	魏太和十四年 齊永明八年	四月，魏遣使於齊。	四月，柔然地豆于頻犯塞，魏征西大將軍、陽平王拓跋頤擊走之。 九月，文明太后卒，魏孝文帝始親政。
491	魏太和十五年 齊永明九年	二月，齊遣使於魏。 四月，魏遣使於齊。	七月，魏孝文帝詔議祖宗，以魏道武帝爲太祖。
492	魏太和十六年 齊永明十年	十二月，齊遣使於魏。	八月，魏遣陽平王拓跋頤、左僕射陸叡等將領軍七萬北討柔然。
493	魏太和十七年 齊永明十一年	八月，魏孝文帝大舉伐齊，親率大軍南下。 九月，魏孝文帝至洛陽罷兵，宣布遷都洛陽。	正月，齊太子蕭長懋薨。 四月，齊武帝立皇孫蕭昭業爲皇儲。 四月，光城蠻酋田益宗率部落四千餘戶降附於魏。 七月，魏孝文帝立長子拓跋恂爲太子。 七月，齊武帝崩，蕭昭業嗣立。 三月，齊人王蕭奔魏。
494	魏太和十八年 齊鬱林王隆昌元年 齊海陵王延興元年 齊明帝建武元年	十一月，齊雍州刺史曹虎據襄陽降魏，後證實爲詐降。 十二月，魏大舉南伐，攻齊襄陽、義陽、鍾離、南鄭等重鎮。 十二月，魏孝文帝詔壽陽、鍾離、馬頭之師所獲男女之口皆放還南。	七月，蕭鸞廢鬱林王蕭昭業，改立海陵王蕭昭文。 七月至十月，蕭鸞殘殺十二位齊宗室諸王。 十月，蕭鸞廢殺蕭昭文，自立爲帝，是爲齊明帝。
495	魏太和十九年 齊建武二年	二月，魏軍屢攻鍾離、義陽不下而還。 四月，魏軍攻漢中，齊梁州刺史蕭懿拒退之。魏軍攻赭陽，齊軍擊退之。	正月，齊龍陽縣開國侯王朗自渦陽來降。 三月，齊明帝下詔減免遭魏軍肆虐之家戶稅調。 三月至五月，魏孝文帝幸下邳、彭城、小沛、瑕丘、魯城、碻磝、滑臺、石濟等地。 六月，魏孝文帝詔不得以北俗之語言於朝廷，若有違者，免所居官。

			六月，魏孝文帝詔遷洛之民，死葬河南，不得還北。於是代人南遷者，悉爲河南洛陽人。六月，齊明帝再度殺戮齊高、武二帝子孫。
496	魏太和二十年 齊建武三年	四月，魏洛州刺史賈異寇甲口，爲齊上洛太守李靜所破。 四月，魏又攻司州櫟城，爲戍主魏僧岷所拒。 四月，魏遣田益宗攻司州龍城戍，爲戍主朱僧起所破。 秋，魏軍襲漣口，齊遣冠軍將軍徐玄慶救援，魏軍敗退。	正月，魏改姓氏，魏孝文帝將帝姓拓跋氏改爲元氏。 八月，魏孝文帝廢太子元恂。 十月，魏保守派穆泰、陸叡謀反。 十二月，任城王元澄討平保守派亂事。
497	魏太和二十一年 齊建武四年	六月，魏孝文帝興師南伐，爆發魏齊第三次大戰。 八月，魏孝文帝率軍親攻南陽，不克。 十一月，魏軍於沔北大敗齊軍。 十一月，齊前軍將軍韓秀方、弋陽太守王副之、後軍將軍趙祖悅等十五將降魏。 十二月，齊將王曇紛等萬餘人寇魏南青州黃郭戍，戍主崔僧淵擊破之。 十二月，齊將魯康祚等侵魏太倉口，遭魏將傅永所敗。 十二月，齊明帝遣崔慧景等救雍州。	正月，魏孝文帝改立次子元恪爲太子。 八月，魏南梁州刺史氏酋楊靈珍舉州降齊。 九月，魏軍討平氏亂，攻克武興，以李崇爲梁州刺史。
498	魏太和二十二年 齊建武五年 齊永泰元年	正月，魏軍攻佔齊新野及沔北諸城戍。 正月，齊遣太尉陳顯達持節救雍州。 二月，魏軍攻陷宛（鄧）城，齊南陽太守房伯玉降。 三月，魏鎮南將軍王肅攻齊義陽。 三月，齊豫州刺史裴叔業攻魏渦陽以救義陽，未果。 九月，魏孝文帝以齊明帝崩禮不發喪，班師北返。	正月，齊明帝殺河東王蕭鉉等十位齊高、武帝子孫。 四月，齊大司馬會稽太守王敬則舉兵反。 五月，齊遣輔國將軍劉山陽率軍東討，斬王敬則，亂平。 七月，齊明帝崩，太子蕭寶卷繼位，史稱東昏侯。 八月，高車諸部推袁紇樹者爲首領起兵叛變 十二月，魏江陽王元繼平高車之亂。

499	魏太和二十三年 齊東昏侯永元元年	正月，齊太尉陳顯達領軍二路伐魏，分攻馬圈戍、順陽。 二月，齊軍攻陷馬圈戍。 三月，魏孝文帝抱病御駕親征擊退陳顯達。	四月，魏孝文帝崩於穀塘原行宮，太子元恪繼立，是爲魏宣武帝。 八月，東昏侯開始誅殺六貴。 十一月，齊陳顯達率眾數千人反於尋陽。 十二月，陳顯達兵敗被殺。
500	魏宣武帝景明元年 齊永元二年	正月，齊豫州刺史裴叔業以壽春降魏。 二月，魏遣彭城王元勰、王肅，齊遣陳伯之領軍趕赴豫州爭奪壽春。 三月，東昏侯遣平西將軍崔慧景增援壽春，詎料崔慧景舉兵反，壽春遂入魏。 四月，元勰魏軍大破陳伯之齊軍。 七月，東昏侯又遣陳伯之寇淮南。 八月，魏元勰、傅永率軍擊退陳伯之齊軍。 九月，魏東豫州刺史田益宗破齊將吳子陽、鄧元起於長風。 十月，魏於壽春置兵四萬人。	四月，齊崔慧景兵敗而亡。 六月，大陽蠻酋田育丘等率所屬部落附魏。 十月，東昏侯殺尚書令蕭懿。 十二月，蕭衍起兵於襄陽。
501	魏景明二年 齊永元三年 齊和帝中興元年	七月，魏東豫州刺史田益宗破齊將黃天賜於赤亭。 十月，魏以任城王元澄都督淮南諸軍事。	正月，魏宣武帝始親政 三月，蕭衍立南康王蕭寶融，即帝位於江陵，是爲齊和帝。 五月，魏咸陽王元禧謀反，失敗遭賜死。 七月，王肅卒。 九月，魏免壽春營戶爲揚州民。 十月，齊零陵戍主華侯率戶降魏。 十二月，蕭衍攻入建康推翻東昏侯，自此控制齊之朝政大權。

| 502 | 魏景明三年
齊中興二年
梁武帝天監元年 | 五月，魏小峴戍主党法宗襲梁大峴戍，破之，擒其龍驤將軍郟菩薩送洛陽。
八月，魏揚州刺史任城王元澄上表請伐鍾離，未獲魏宣武帝同意。
十二月，元澄破梁將張嚚之，斬首二千。 | 三月，齊鄱陽王蕭寶夤奔魏。
三月，魯陽蠻反。
四月，魏左衛將軍李崇領軍平魯陽蠻亂。
四月，蕭衍篡位自立，創梁王朝，是為梁武帝。
五月，梁江州刺史陳伯之舉兵反。
八月，陳伯之奔魏。
十一月，梁武帝立皇子蕭統為太子。 |

資料來源：依《魏書》、《宋書》、《南齊書》、《梁書》、《北史》、《南史》、《資治通鑑》
　　　　　等史籍編排。

表七：北魏與南梁戰略關係大事表

西元	紀　年	魏梁戰略關係	相　關　大　事
502	魏景明三年 齊中興二年 梁武帝天監元年	五月，魏小峴戍主党法宗襲梁大峴戍，破之，擒其龍驤將軍邾菩薩送洛陽。 八月，魏揚州刺史任城王元澄上表請伐鍾離，未獲魏宣武帝同意。 十二月，元澄破梁將張囂之，斬首二千。	三月，齊鄱陽王蕭寶夤奔魏。 三月，魯陽蠻反。 四月，魏左衛將軍李崇領軍平魯陽蠻亂。 四月，蕭衍篡位自立，創梁王朝，是為梁武帝。 五月，梁江州刺史陳伯之舉兵反。 八月，陳伯之奔魏。 十一月，梁武帝立皇子蕭統為太子。
503	魏景明四年 梁天監二年	三月，魏揚州刺史任城王元澄遣軍續攻梁淮南各鎮戍。 六月，魏宣武帝謀畫南伐，發冀、定、瀛、相、并、濟六州二萬人、馬千匹，增配壽春。 十月，魏二路伐梁，元澄攻鍾離、鎮南將軍元英攻義陽。 十二月，元英破梁將吳子陽於白沙，擒斬千數。	正月，魏梁州氐楊會反。 五月，魏將楊椿、羊祉大破反氐，亂平。 十一月，魏東荊州蠻作亂。 十二月，魏遣李崇領軍平東荊州蠻亂。
504	魏景明五年 魏正始元年 梁天監三年	二月，梁武帝圍魏救趙命姜慶真偷襲壽春，雖攻入外郭，但最終仍失敗。 二月，魏揚州統軍劉思祖於邵陽大破梁軍，擒張惠紹等十餘位梁將。 三月，元英破梁將王僧炳於樊城。 三月，元澄自鍾離撤退，引兵歸壽春。 八月，梁將曹景宗、馬先琾馳援義陽，魏軍擊退之，佔領義陽。 九月，梁霍州刺史田道龍、義州刺史張宗之附魏。 十二月，梁梁州長史兼漢中太守夏侯道遷以州降魏。	八月，魏宣武帝封元英為中山王。 九月，柔然犯邊，魏以左僕射源懷討之。

| 505 | 魏正始二年
梁天監四年 | 二月，魏以邢巒率軍入漢中，接應夏侯道遷。
二月，魏梁州氐反，絕漢中運路，邢巒大破之。
四月，邢巒遣統軍王足西伐，頻破梁軍，遂入劍閣。
六月，梁豫州刺史王超宗率眾圍逼小峴，魏將李叔仁擊破之，俘斬三千。
七月，王足連敗益州各地梁軍，進逼涪城。
七月，邢巒魏軍取梁州十四郡。
八月，梁湘州刺史楊公則率軍攻壽春外圍鎮戍。
九月，魏揚州刺史元嵩破楊公則。
十月，梁武帝以臨川王蕭宏掛帥大舉伐魏。
十一月，王足圍涪城，益州諸城戍降者十二三，既而未獲益州刺史，遂引軍還。 | 八月，梁沔東太守蠻酋田清喜率郡七、縣三十一、一萬九千戶叛梁降魏。
十一月，魏武興王楊紹先叔父楊集起謀反，魏遣楊椿討之。 |
| 506 | 魏正始三年
梁天監五年 | 正月，梁北伐軍攻壽春三鎮戍：梁城、合肥、洛口。
二月，梁將蕭昞率眾五萬寇淮陽。
三月，魏平南將軍陳伯之率八千兵馬叛魏歸梁。
三月，梁將劉思效破魏青州刺史元繫於膠水。
四月，梁江州刺史王茂先寇荊州，屯河南城，魏將楊大眼擊破之。
四月，魏以中山王元英為征南將軍，都督揚徐二道諸軍事，率眾十餘萬以拒梁軍。
五月，梁軍連陷魏宿豫、梁城、合肥、羊石、霍丘等城戍。
六月，魏將奚康生破梁將張惠紹於彭城高塚戍。
六月，梁將桓和克魏朐山城。 | 正月，魏邢巒敉平武興氐亂，傅豎眼攻陷仇池，置武興鎮，尋改為東益州。
十月，柔然庫者可汗卒，子伏圖立，號佗汗可汗。 |

		六月，梁軍陷魏小峴戍。 七月，梁將桓和寇孤山，陷固城。 八月，魏邢巒破梁將桓和於孤山。 九月，邢巒大破梁軍於宿豫。 九月，元英率魏軍於淮南大敗蕭宏梁軍。 十月，魏軍圍鍾離。梁武帝命曹景宗、韋叡赴援鍾離。 十月，梁將馬仙琕率眾三萬寇義陽，魏郢州刺史婁悅擊走之。	
507	魏正始四年 梁天監六年	四月，梁將曹景宗、韋叡大敗元英魏軍於鍾離之邵陽洲，魏軍傷亡十餘萬。	六月，梁馮翊太守宇文子生等七郡附魏。 八月，魏宣武帝追究鍾離敗戰之責，免中山王元英、齊王蕭寶夤為民。 十二月，魏淮陽鎮軍主常邕和以城降梁。
508	魏正始五年 魏永平元年 梁天監七年	九月，魏郢州司馬彭珍等謀叛，引梁軍攻義陽及三關，三關遭梁軍攻佔。魏以中山王元英率步騎三萬赴援。 十月，魏陽關主許敬珍以城附梁。 十月，魏懸瓠軍主白早生殺豫州刺史司馬悅以懸瓠降梁。魏遣邢巒、梁遣齊苟仁率軍赴懸瓠。 十月，魏人成景儁殺宿豫戍主嚴仲賢，以城降梁。 十一月，魏以安東將軍楊椿率眾四萬攻宿豫。 十二月，魏將邢巒克懸瓠，斬白早生。	元月，魏潁川太守王神念奔梁。 八月，魏冀州刺史、京兆王元愉據州反。 八月，魏復前中山王元英本封。 九月，魏遣李平討平元愉之反。 九月，高肇殺彭城王元勰。
509	魏永平二年 梁天監八年	正月，魏中山王元英收復義陽三關。 三月，魏荊州刺史元志率軍寇梁潺溝，梁雍州司馬朱思遠領軍抗擊，大敗之。	四月，魏楚王城主李國興以城降梁。

510	魏永平三年 梁天監九年		三月，魏宣武帝皇子元詡生。 十月，魏中山王元英薨。
511	魏永平四年 梁天監十年	三月，梁人王萬壽殺朐山戍主劉晰，以城降魏。 四月，魏徐州刺史盧昶遣琅琊戍主傅文驥率軍佔朐山。 五月，梁遣張稷、馬先琕圍攻朐山。 十一月，魏遣李崇、奚康生等治兵壽春，以分朐山之寇。 十一月，梁軍收復朐山。 十二月，馬先琕乘勝追擊，於朐山之役大敗盧昶魏軍。	九月，梁九山戍主苟仁以戍降魏。
512	魏永平五年 魏延昌元年 梁天監十一年		十月，魏宣武帝立皇子元詡爲太子，未殺其母胡充華，魏立太子而殺其母之制遂告終。
513	魏延昌二年 梁天監十二年	二月，梁鬱州民徐玄明等斬青冀二州刺史張稷，以州降魏。魏以前南兗州刺史樊魯率眾赴之。梁以北兗州刺史康絢鎮壓，徐玄明遂敗。 五月，壽春大水，魏揚州治中裴絢暗通梁，謀欲爲亂，遭魏揚州刺史李崇遣軍撲滅之。	
514	魏延昌三年 梁天監十三年	二月，魏東豫州刺史蠻酋田益宗子侄田魯生、田魯賢、田超秀等叛魏投梁，引梁軍攻取光城以南諸戍。 三月，魏將李世哲擊破田魯生等，復置郡戍。 十一月，魏宣武帝以高肇爲平蜀大都督，率十萬大軍伐蜀。	六月，魏南荊州刺史桓叔興破梁軍於九山，斬蔡令孫等梁將。 十月，梁武帝用魏降人王足計，開始構築浮山堰。
515	魏延昌四年 梁天監十四年	正月，魏召回伐蜀大軍。 二月，梁寧州刺史任太洪，率眾寇關城，魏益州長史成興孫擊破之。 三月，魏以平南將軍楊大眼討浮山堰。 四月，浮山堰首度潰決。 九月，梁修復浮山堰。 九月，梁將趙祖悅襲據西硤	正月，魏宣武帝崩，太子元詡繼位，是爲魏孝明帝。 二月，魏誅高肇。 四月，魏梁州刺史薛懷古破反氐於沮水。 五月，魏南秦州刺史崔暹擊破氐賊，解武興圍。 八月，梁定州刺史田超秀率眾三千降魏。

		石以逼壽春，魏以定州刺史崔亮率眾討之，並以冀州刺史蕭寶夤增援浮山堰。 九月，梁軍發動攻勢三路進攻魏壽春城。	九月，靈太后首度臨朝。
516	魏孝明帝熙平元年 梁天監十五年	正月，魏以尚書李平節制淮南諸軍。 二月，魏軍於硤石之戰大敗梁軍，斬梁將趙祖悅。 二月至四月，魏梁二軍爭戰於浮山堰周遭。 三月，梁武帝招降蕭寶夤未果。 四月，浮山堰竣工。 四月，梁軍進圍魏武興。 四月，梁衡州刺史張齊率軍入寇益州，於葭萌大敗元法僧之子元景隆並陷十餘座城戍。 五月，魏召傅豎眼回任益州刺史。 七月，傅豎眼大破張齊盡逐梁軍規復益州。 七月，武興魏軍擊退梁軍。 九月，浮山堰潰決，淹沒南梁沿淮村落十餘萬口。	九月，梁武帝赦天下。 是歲，靈太后好佛於洛陽建永寧寺。
517	魏熙平二年 梁天監十六年		正月，梁武帝頒恤民詔書。 十一月，梁平西將軍、巴州刺史牟漢寵遣使降魏。
518	魏熙平三年 魏神龜元年 梁天監十七年		正月，梁武帝頒恤民詔書。 二月，梁武帝大赦天下。 三月，魏南秦州氐反，魏遣龍驤將軍崔襲持節喻之。
519	魏神龜二年 梁天監十八年		四月，梁武帝大赦天下。 十二月，魏任城王元澄薨。
520	魏神龜三年 魏正光元年 梁普通元年	十二月，魏遣使於梁。	正月，梁武帝大赦天下。 正月，梁武帝頒恤民詔書。 七月，魏侍中元叉、中侍中劉騰幽靈太后、魏孝明帝，專權擅政。 九月，柔然主阿那瓌奔魏。

521	魏正光二年 梁普通二年	六月，梁義州刺史蠻酋文僧明（朗）以其所部降魏。 七月，梁以信武將軍裴邃討義州，敗魏義州刺史封壽，克復義州。 七月，梁以裴邃爲豫州刺史，裴邃欲襲取壽春，陰結壽春民李瓜花爲內應，魏揚州刺史長孫稚察覺之，裴邃裡應外合之計未成。	正月，魏遣懷朔鎮將楊鈞率一萬五千人送柔然主阿那瓌返國。 正月，梁武帝大赦天下。 正月，梁武帝頒恤民詔書。 五月，魏南荊州刺史蠻酋桓叔興以其所屬降梁。
522	魏正光三年 梁普通三年		五月，梁武帝赦天下。 五月，梁武帝頒恤民詔書。
523	魏正光四年 梁普通四年		正月，柔然主阿那瓌縱兵南侵。 正月，梁武帝大赦天下。 二月，梁武帝頒恤民詔書。 三月，魏司空劉騰卒。 四月，魏遣尚書李崇抗擊柔然，阿那瓌敗逃北遁。
524	魏正光五年 梁普通五年	六月，梁以員外散騎常侍元樹爲平北將軍、北青兗二州刺史，率眾北伐。 八月至十一月，梁軍攻佔魏之童城、睢陵、建陵、瑯琊、檀丘、狄城、曲陽、馬頭等近二十座城戍。 十二月，梁軍攻陷義陽三關。 十二月，梁將李國興圍魏郢州，魏郢州刺史裴詢與西郢州刺史蠻酋田朴特拒退之。	三月，魏沃野鎮民破六韓拔陵聚眾反，爆發六鎮之亂。魏以臨淮王元彧領軍討之。 四月，高平酋長胡琛反。 五月，破六韓拔陵敗元彧魏軍。 五月，魏以尚書令李崇爲大都督，率廣陽王元淵等北討六鎮亂事。 六月，魏秦州莫折太提聚眾反。
525	魏正光六年 魏孝昌元年 梁普通六年	正月，魏徐州刺史元法僧據彭城降梁。梁遣胡龍牙等將、魏遣安樂王元鑒率軍赴彭城爭奪之。 二月，元法僧趁元鑒不備，大敗其魏軍，元鑒奔歸。 三月，梁遣豫章王蕭綜入守彭城。 四月，梁益州刺史蕭淵猷遣將樊文熾、蕭世澄等率眾圍	三月，柔然主阿那瓌勒眾十萬，自武川西向沃野，屢破破六韓拔陵。 四月，靈太后二度臨朝聽政，殺元叉。 五月，梁經略壽春大將裴邃卒於軍中。梁以中護軍夏侯亶代之。 八月，柔玄鎮民杜洛周反於上谷。

		小劍戍。魏益州刺史邴虯遣子邴子達、行臺魏子建遣別將淳于誕拒擊之。 五月，淳于誕等大破梁軍，俘斬萬計，擒蕭世澄等十一將，樊文熾僅以身免。 五月，蕭綜築宿預堰、修曹公堰強化彭城防禦力量。 五月，魏遣安豐王元延明率軍二萬進攻彭城。 六月，蕭綜叛梁投魏，魏復據彭城。	
526	魏孝昌二年 梁普通七年	七月，梁將元樹、湛僧智等寇魏壽春。 十一月，梁將夏侯亶等攻佔壽春。 十一月，梁將曹義宗攻魏新野，魏遣都督魏承祖拒退之。	正月，魏五原民鮮于脩禮舉兵反。 八月，鮮于脩禮遭其部下元洪業所殺，另一部將葛榮殺元洪業盡領其眾。 九月，葛榮敗魏廣陽王元淵、章武王元融於白牛邏，元融歿於陣，葛榮勢力大盛，遂稱天子。
527	魏孝昌三年 梁普通八年 梁大通元年	正月，梁將夏侯夔攻佔義陽三關進圍義陽城。 正月，梁將湛僧智圍魏東豫州廣陵，魏遣散騎常侍元暐抗之。 正月，梁將彭羣等率眾逼琅邪，魏以青州、南青州二州州軍擊走之。 二月，梁將成景儁寇彭城，魏以崔孝芬為行臺領軍禦之。 十月，梁將湛僧智、夏侯夔攻陷廣陵。 十月，梁將曹仲宗、陳慶之攻渦陽，魏遣元昭率軍救之。魏軍大敗，梁軍佔渦陽。	正月，葛榮陷殷州。 三月，梁武帝首次捨身同泰寺。 七月，魏相州刺史、安樂王元鑒據州反。 十月，魏雍州刺史蕭寶夤據州反。魏以長孫稚為行臺討之。 十一月，葛榮陷冀州。
528	魏孝昌四年 魏武泰元年 魏孝莊帝建義元年 魏永安元年 梁大通二年	八月，魏太山太守羊侃引梁將王辯攻兗州。 十月，梁武帝以魏北海王元顥為魏主，遣東宮直閤將軍陳慶之北伐。 十一月，魏高歡、于暉等將，	二月，靈太后害魏孝明帝，立臨洮王元釗為帝。 三月，尒朱榮起兵，謀立彭城王元勰三子元子攸。 四月，元子攸即帝位，是為魏孝莊帝。

		與徐兗行臺崔孝芬、大都督刁宣大破羊侃於瑕丘，兗州平。	四月，尒朱榮殺魏宗室大臣二千餘人，史稱「河陰之變」。 四月，魏汝南王元悅、北海王元顥、臨淮王元彧前後奔梁。 四月，魏郢州刺史元願達以義陽降梁。 六月，魏南荊州刺史李志據城降梁。 六月，魏幽州平北府主簿邢杲，率河北流民十餘萬戶反。 七月，光州人劉舉聚眾數千反於濮陽。 七月，高平鎮人万俟醜奴僭稱大位。 九月，魏尒朱榮於滏口大破葛榮，餘眾悉降。 十月，魏豫州刺史鄧獻以所屬降梁。
529	魏永安二年 梁大通三年 梁中大通元年	四月，梁陳慶之對睢陽發動攻勢，一路乘勝長進，攻陷睢陽、考城、滎陽、虎牢等魏多座城戍。 五月，陳慶之陷魏都洛陽，魏孝莊帝出逃。 六月，尒朱榮整軍反攻。 七月，尒朱榮盡滅陳慶之梁軍，殺元顥，收復洛陽。	二月，燕州民王慶祖聚眾於上黨，尒朱榮討擒之。 四月，魏元天穆大破邢杲於濟南，邢杲降。 九月，梁武帝二度捨身同泰寺。 十二月，梁兗州刺史張景邕、荊州刺史李雲起、雄信將軍蕭進明等降魏。
530	魏永安三年 魏長廣王建明元年 梁中大通二年	是歲，梁南北司二州刺史陳慶之領軍攻魏懸瓠，破魏潁州刺史婁起於溱水。	四月，魏軍擒蕭寶夤，魏孝莊帝以其謀反，賜死。 九月，魏孝莊帝計殺尒朱榮，尒朱兆、尒朱世隆舉兵反。 十月，尒朱兆、尒朱世隆立長廣王曄為帝，改元建明。 十二月，尒朱兆陷洛陽弒魏孝莊帝。
531	魏建明二年 魏前廢帝普泰元年 魏後廢帝中興元年 梁中大通三年		二月，尒朱世隆廢長廣王元曄，改立廣陵王元恭，是為魏前廢帝，改元普泰。 四月，梁太子蕭統卒。 七月，梁武帝立晉安王蕭綱為太子。

			十月、十一月，梁武帝兩幸同泰寺。 十一月，高歡立渤海太守元朗，是爲魏後廢帝，改元中興。
532	魏普泰二年 魏中興二年 魏孝武帝太昌元年 魏永興元年 魏永熙元年 梁中大通四年	七月，魏東南道大行臺樊子鵠大破梁軍於譙城，擒其鄡王元樹及譙州刺史朱文開。	閏三月，高歡於韓陵一戰大敗尒朱氏軍隊。 四月，高歡入洛陽，連廢魏前廢帝、魏後廢帝二君，擁平陽王元脩爲北魏主，是爲魏孝武帝，改元太昌。
533	魏永熙二年 梁中大通五年	五月，魏東徐州城民王早殺刺史崔庠，以下邳降梁。 十一月，魏以殷州刺史邸珍爲徐州大都督，率將討下邳，未果。	正月，梁勞州刺史曹鳳、東荊州刺史雷能勝等舉城降魏。 二月，梁武帝行幸同泰寺。 四月，魏青州人耿翔襲據膠州，殺刺史裴粲，通於梁。 六月，魏以樊子鵠爲青、膠大使討耿翔。 七月，樊子鵠至青州，耿翔遂降。
534	魏永熙三年 魏孝靜帝天平元年 梁中大通六年		二月，梁豫州刺史、南昌王毛香以州降魏。 七月，魏孝武帝自洛陽西奔長安，依關西大行臺宇文泰。 十月，高歡立元善見爲北魏主，是爲東魏孝靜帝，年號天平，並遷都鄴城。 閏十二月，宇文泰弒魏孝武帝，改立南陽王元寶炬爲帝，是爲西魏文帝。

資料來源：依《魏書》、《宋書》、《南齊書》、《梁書》、《北史》、《南史》、《資治通鑑》等史籍編排。

表八：北魏帝系表

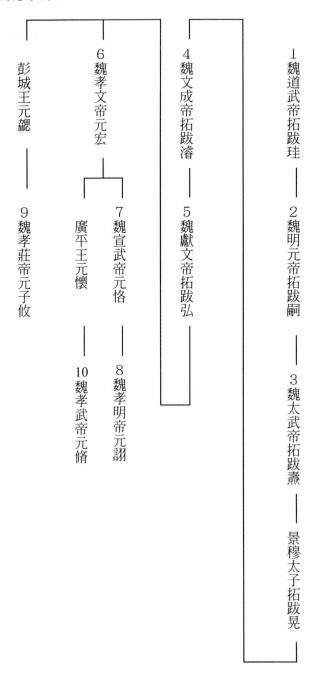

說明：魏孝莊帝和魏孝武帝間尚有長廣王元曄、魏前廢帝元恭、魏後廢帝元朗，因旋立旋廢，未列本書研究範圍，故略過不提。

表九：北魏皇帝、年號對照表

君　主	姓　名	使 用 年 號	在 位	備　註
魏道武帝	拓跋珪	登國、皇始、天興 天賜	23年	
魏明元帝	拓跋嗣	永興、神瑞、泰常	15年	
魏太武帝	拓跋燾	始光、神䴥、延和 太延、太平眞君、正平	28年	
魏文成帝	拓跋濬	興安、興光、太安 和平	13年	
魏獻文帝	拓跋弘	天安、皇興	5年	
魏孝文帝	元宏	延興、承明、太和	29年	魏孝文帝改拓跋氏爲 元氏。
魏宣武帝	元恪	景明、正始、永平 延昌	16年	
魏孝明帝	元詡	熙平、神龜、正光 孝昌、武泰	13年	
魏孝莊帝	元子攸	建義、永安	3年	
長廣王	元曄	建明	4個月	
魏前廢帝	元恭	普泰	8個月	
魏後廢帝	元朗	中興	6個月	
魏孝武帝	元脩	太昌、永興、永熙	3年	《魏書》稱出帝。

表十：南齊帝系表

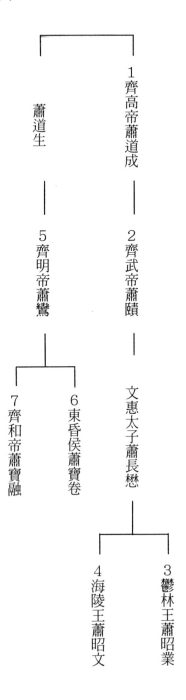

表十一：南齊皇帝、年號對照表

君　主	姓　名	使 用 年 號	在 位	備　註
齊高帝	蕭道成	建元	3 年	
齊武帝	蕭賾	永明	12 年	
鬱林王	蕭昭業	隆昌	1 年	
海陵王	蕭昭文	延興	4 個月	
齊明帝	蕭鸞	建武、永泰	5 年	
東昏侯	蕭寶卷	永元	3 年	
齊和帝	蕭寶融	中興	1 年	

表十二：南梁帝系表

表十三：南梁皇帝、年號對照表

君　　主	姓　　名	使　用　年　號	在　位	備　　註
梁武帝	蕭衍	天監、普通、大通、中大通、大同、中大同、太清。	48年	
梁簡文帝	蕭綱	大寶	3年	
梁元帝	蕭繹	承聖	3年	
梁敬帝	蕭方智	紹泰、太平	2年	

表十四：重要地名古今對照表

序　號	古 地 名	今　　　　　　地
1	小沛	江蘇沛縣
2	下蔡	安徽鳳台
3	下邳	江蘇邳州市
4	仇池	甘肅西和東南
5	石濟	河南滑縣西南
6	竹里	江蘇南京市龍潭鎮東
7	羊石	安徽霍丘東南
8	考城	河南蘭考
9	安定	甘肅鎮原
10	角城	江蘇淮陰西南
11	邵陽	安徽鳳陽東北淮河中
12	沘陽	河南泌水北
13	長子	山西長治
14	河內	河北定興
15	河內	河南沁陽
16	盱眙	江蘇盱眙
17	京口	江蘇鎮江
18	虎牢	河南泗水
19	武興	陝西略陽
20	胸山	江蘇連雲港西南
21	胸城	江蘇連雲港
22	洮陽	甘肅臨潭
23	美陽	陝西扶風縣法門鎮
24	南鄭	陝西漢中東
25	南陽	河南南陽
26	虹城	安徽五河西
27	馬圈	河南鄧縣東北
28	建安	河南正陽南
29	馬頭	安徽懷遠東南
30	海西	江蘇灌南東南
31	連口	江蘇漣水

32	涪城	四川綿陽
33	淮陰	江蘇淮陰
34	淮陽	江蘇宿豫東南
35	淮陽	河南周口
36	宿豫	江蘇宿遷東南
37	彭城	江蘇徐州市
38	順陽	河南淅川
39	渦陽	安徽蒙城
40	崿岅	河南登封東南
41	新野	河南新野
42	隔城	河南桐柏西北
43	瑕丘	山東兗州市東北
44	滎陽	河南滎陽
45	滎城	河南寧陵南
46	睢陽	河南商丘
47	滑臺	河南滑縣東
48	綿竹	四川德陽北
49	義陽	河南信陽
50	廣陵	江蘇揚州市
51	廣陵	河南息縣
52	漢中	陝西漢中
53	樂陵	河南唐縣
54	壽春	安徽壽縣
55	銍縣	安徽宿縣西南
56	樂口	河南漯河
57	劍閣	四川劍閣東北
58	膠水	山東膠縣
59	赭陽	河南方城東
60	礛磟	山東茌平西南
61	魯城	山東曲阜
62	魯陽	河南魯山
63	樊諧	江蘇宿遷

64	歷陽	安徽和縣
65	鍾離	安徽鳳陽東北
66	襄陽	湖北襄陽
67	鄴城	河北臨漳
68	懸瓠	河南汝南
69	醴陽	河南葉縣
70	轘轅	河南偃師
71	鬱洲	江蘇連雲港市東雲台山

說明：古淮陽同名之地名有兩處，一在今江蘇，一在今河南。河內同名之地名亦有兩處，一在今河南，一在今河北。廣陵同名之地名也有兩處，一在今河南，一在今江蘇。

圖十一：北魏、南齊（南梁）南北對抗形勢簡圖
（北魏、南梁南北對抗形勢與此圖略同）

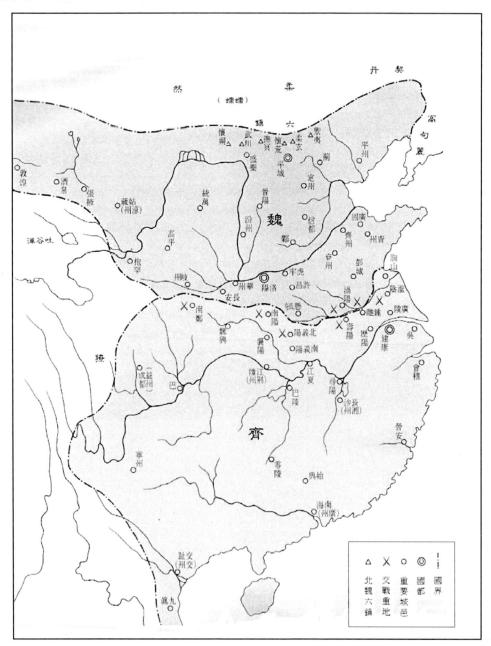

資料來源：陳致平，《中華通史（三）》（臺北：黎明文化事業公司，1988 年 2 月），頁
234～235。

圖十二：北魏、南齊南北對抗形勢圖

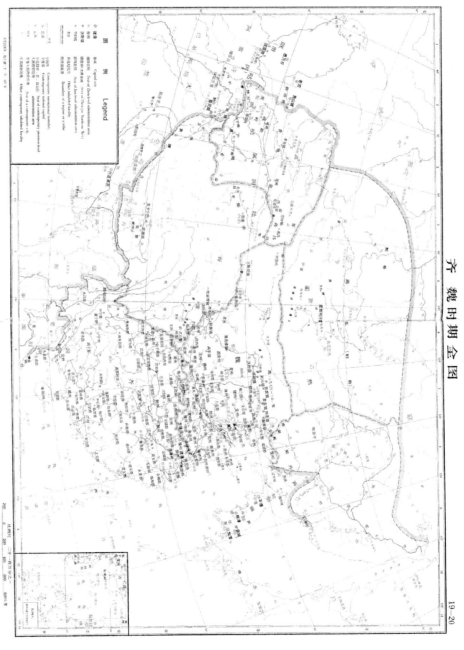

資料來源：譚其驤主編，《中國歷史地圖集》第四冊（上海：中國地圖出版社，1989年10月），頁19～20。

圖十三：北魏、南梁南北對抗形勢圖

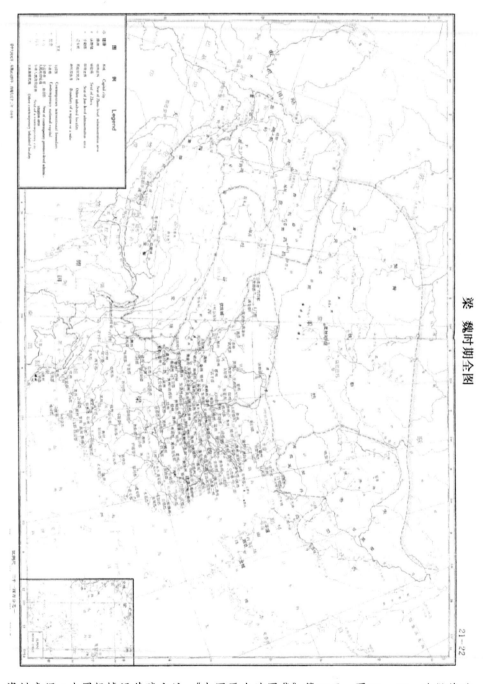

資料來源：本圖根據譚其驤主編，《中國歷史地圖集》第四冊，頁21～22，略做修改。